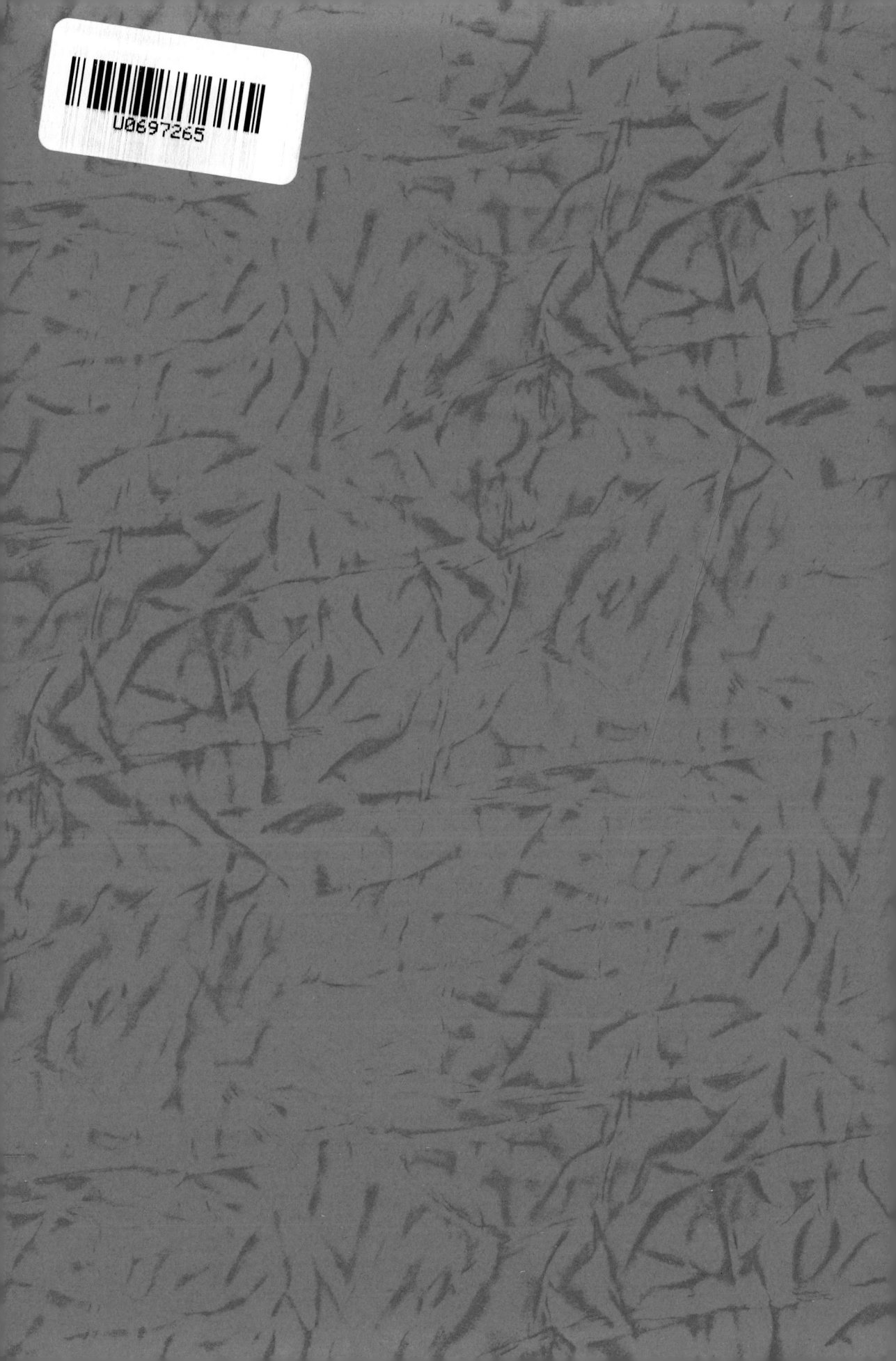

中國第一歷史檔案館編

宣統帝起居注

廣西師範大學出版社·桂林

责任编辑：宾长初
封面设计：冰　寒

图书在版编目（CIP）数据

宣统帝起居注／中国第一历史档案馆编．—影印本．
桂林：广西师范大学出版社，2007.11
ISBN 978-7-5633-6596-8

Ⅰ．宣…　Ⅱ．中…　Ⅲ．中国—近代史—史料—清后期
Ⅳ．K252.06

中国版本图书馆 CIP 数据核字（2007）第 100979 号

广西师范大学出版社出版发行
（广西桂林市中华路22号　邮政编码：541001
网址：http://www.bbtpress.com）
出版人：肖启明
全国新华书店经销
北京市通州大中印刷厂印刷
（北京市通州区潞城镇大营村　邮政编码：100117）
开本：787 mm×1 092 mm　1/16
印张：42.25　　字数：410 千字
2007 年 11 月第 1 版　　2007 年 11 月第 1 次印刷
定价：600.00 元

《宣統帝起居註》編輯委員會

向奉德

金長守

桂龍玉

元真龍

鄭基賢

金榮

金官

金德

徐達

金成

金昌

鮑家也

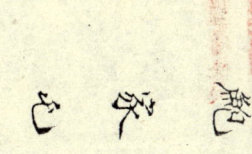

出版說明

清代起居注是記載清代帝王言行的珍貴史料。自中國第一歷史檔案館館藏康熙、雍正、乾隆、嘉慶四朝起居注相繼出版以來，受到了海內外學術同仁的廣泛歡迎。在光緒朝起居注即將出版同時，中國第一歷史檔案館現決定繼續影印出版宣統朝起居注（至此館藏較完整起居注已基本出齊），得到了廣西師範大學出版社的大力支持。

一、本次影印選用的宣統朝起居註冊，均出自中國第一歷史檔案館館藏。選用的原則是：僅限於漢文本；以正本爲主，沒有正本則用稿本替代；正本和稿本都沒有時，則作空缺處理。爲便於讀者閱讀需要，個別空缺則用館藏現有內起居注冊補充，以附錄形式置於該朝年之後。實際選用的情況如下：

宣統朝：

元年，正月至十二月，二十六冊（正本）。

二年，正月至十二月，二十四冊（正本）。

附錄：

三年，正月至十二月（內起居注）。

以上共計五十冊，均系正本。另附內起居注一冊。

二、宣統起居註冊每月兩冊，一律用墨筆繕寫。每冊約在四十頁上下。其正本的大小：宣統本長度在二十九釐米左右，寬度在十六釐米左右。黃綾封面，每隔一頁於騎縫處加蓋翰林院印信。

三、爲保存歷史原貌，本次出版的宣統朝起居注均據原檔影印，依年代順序分冊出版。根據起居注編年類日記體史料的特點，爲方便讀者使用，編者特分年編制目錄，列於卷首。

編　者

二〇〇六年九月

目錄

宣統元年（公元一九〇九年）

正月

二月

閏二月

三月

四月

六月

七月

八月

九月

十月

十一月

十二月

宣統二年（公元一九一〇年）

正月

初一日……（三〇八）
初二日……（三〇八）
初三日……（三〇九）
初四日……（三一〇）
初五日……（三一一）
初六日……（三一二）
初七日……（三一二）
初八日……（三一三）
初九日……（三一四）
初十日……（三一五）
十一日……（三一六）
十二日……（三一七）
十三日……（三一八）
十四日……（三一九）
十五日……（三一九）
十六日……（三二〇）
十七日……（三二一）
十八日……（三二二）
十九日……（三二四）
二十日……（三二五）
二十一日……（三二六）
二十二日……（三二六）
二十三日……（三二七）
二十四日……（三二八）
二十五日……（三二九）
二十六日……（三三〇）
二十七日……（三三〇）
二十八日……（三三一）
二十九日……（三三三）

二月

初一日……（三三三）
初二日……（三三三）
初三日……（三三四）
初四日……（三三四）
初五日……（三三五）
初六日……（三三六）
初七日……（三三七）

三月

四月

五月

九月

二十日……（五〇八）
二十一日……（五〇八）
二十二日……（五〇九）
二十三日……（五〇九）
二十四日……（五一〇）
二十五日……（五一〇）
二十六日……（五一一）
二十七日……（五一一）
二十八日……（五一二）
二十九日……（五一三）
三十日……（五一三）

十月

初一日……（五一四）
初二日……（五一四）
初三日……（五一五）
初四日……（五一七）
初五日……（五一七）
初六日……（五一八）
初七日……（五一九）
初八日……（五一九）
初九日……（五二〇）
初十日……（五二〇）

十一日……（五二二）
十二日……（五二二）
十三日……（五二三）
十四日……（五二三）
十五日……（五二四）
十六日……（五二五）
十七日……（五二五）
十八日……（五二六）
十九日……（五二七）
二十日……（五二七）
二十一日……（五二九）
二十二日……（五三〇）
二十三日……（五三〇）
二十四日……（五三一）
二十五日……（五三一）
二十六日……（五三二）
二十七日……（五三三）
二十八日……（五三三）
二十九日……（五三四）
三十日……（五三五）

十一月

初一日……（五三六）

十二月

附錄：宣統三年（公元一九一一年）

正月

二月

三月

二十二日……（六〇一）
二十三日……（六〇一）
二十四日……（六〇一）
二十五日……（六〇一）
二十六日……（六〇二）
二十七日……（六〇二）
二十八日……（六〇二）
二十九日……（六〇二）
三十日……（六〇二）

四月

初一日……（六〇二）
初二日……（六〇二）
初三日……（六〇二）
初四日……（六〇二）
初五日……（六〇三）
初六日……（六〇三）
初七日……（六〇三）
初八日……（六〇三）
初九日……（六〇三）
初十日……（六〇三）
十一日……（六〇三）
十二日……（六〇三）

十三日……（六〇三）
十四日……（六〇四）
十五日……（六〇四）
十六日……（六〇四）
十七日……（六〇四）
十八日……（六〇四）
十九日……（六〇四）
二十日……（六〇四）
二十一日……（六〇四）
二十二日……（六〇五）
二十三日……（六〇五）
二十四日……（六〇五）
二十五日……（六〇五）
二十六日……（六〇五）
二十七日……（六〇五）
二十八日……（六〇五）
二十九日……（六〇五）

五月

初一日……（六〇五）
初二日……（六〇六）
初三日……（六〇六）
初四日……（六〇六）

六月

十九日……（六一二）
二十日……（六一二）
二十一日……（六一二）
二十二日……（六一二）
二十三日……（六一二）
二十四日……（六一二）
二十五日……（六一二）
二十六日……（六一二）
二十七日……（六一二）
二十八日……（六一二）
二十九日……（六一三）
三十日……（六一三）

閏六月

初一日……（六一三）
初二日……（六一三）
初三日……（六一三）
初四日……（六一三）
初五日……（六一四）
初六日……（六一四）
初七日……（六一四）
初八日……（六一四）
初九日……（六一四）
初十日……（六一四）
十一日……（六一四）
十二日……（六一四）
十三日……（六一四）
十四日……（六一五）
十五日……（六一五）
十六日……（六一五）
十七日……（六一五）
十八日……（六一五）
十九日……（六一五）
二十日……（六一五）
二十一日……（六一五）
二十二日……（六一六）
二十三日……（六一六）
二十四日……（六一六）
二十五日……（六一六）
二十六日……（六一六）
二十七日……（六一六）
二十八日……（六一六）
二十九日……（六一六）

七月

初一日……（六一六）

初二日……（六一七）
初三日……（六一七）
初四日……（六一七）
初五日……（六一七）
初六日……（六一七）
初七日……（六一七）
初八日……（六一七）
初九日……（六一七）
初十日……（六一八）
十一日……（六一八）
十二日……（六一八）
十三日……（六一八）
十四日……（六一八）
十五日……（六一八）
十六日……（六一八）
十七日……（六一九）
十八日……（六一九）
十九日……（六一九）
二十日……（六一九）
二十一日……（六一九）
二十二日……（六二〇）
二十三日……（六二〇）
二十四日……（六二〇）
二十五日……（六二〇）

二十六日……（六二〇）
二十七日……（六二〇）
二十八日……（六二〇）
二十九日……（六二〇）

八月

初一日……（六二一）
初二日……（六二一）
初三日……（六二一）
初四日……（六二一）
初五日……（六二一）
初六日……（六二一）
初七日……（六二一）
初八日……（六二一）
初九日……（六二一）
初十日……（六二二）
十一日……（六二二）
十二日……（六二二）
十三日……（六二二）
十四日……（六二二）
十五日……（六二二）
十六日……（六二二）
十七日……（六二三）

九月

十月

初一日……（六二八）
初二日……（六二八）
初三日……（六二八）
初四日……（六二八）
初五日……（六二八）
初六日……（六二八）
初七日……（六二九）
初八日……（六二九）
初九日……（六二九）
初十日……（六二九）
十一日……（六二九）
十二日……（六二九）
十三日……（六二九）
十四日……（六二九）
十五日……（六三〇）
十六日……（六三〇）
十七日……（六三〇）
十八日……（六三〇）
十九日……（六三〇）
二十日……（六三〇）
二十一日……（六三〇）
二十二日……（六三〇）
二十三日……（六三一）
二十四日……（六三一）
二十五日……（六三一）
二十六日……（六三一）
二十七日……（六三一）
二十八日……（六三一）
二十九日……（六三一）

十一月

初一日……（六三一）
初二日……（六三二）
初三日……（六三二）
初四日……（六三二）
初五日……（六三二）
初六日……（六三二）
初七日……（六三二）
初八日……（六三二）
初九日……（六三二）
初十日……（六三二）
十一日……（六三三）
十二日……（六三三）
十三日……（六三三）

十二月

宣統元年歲次己酉正月初一日壬午

上詣 長春宮

隆裕皇太后前請安 卯刻

詣 皇極殿

大行太皇太后梓宮前行元旦令節禮畢 辰刻

詣 觀德殿

大行皇帝梓宮前行元旦令節禮畢

駕還養心殿

是日

起居注官錫鈞惲毓鼎

初二日癸未

上詣 長春宮

隆裕皇太后前請安 辰刻

詣 觀德殿

大行皇帝梓宮前行朝上食禮畢

駕還養心殿

內閣奉

諭旨桂祥著加恩賞食八分輔國公俸又奉

諭旨載澍著加恩賞給二品頂戴又奉

諭旨外務部會辦大臣大學士那桐著補授軍機大臣

又奉

諭旨外務部尚書會辦大臣著梁敦彥補授鄒嘉來著

補授外務部右侍郎又奉

諭旨上年順天直隸各屬被災地方業經分別蠲緩糧

租小民諒可不至失所惟念今春青黃不接之時民
力未免拮据加恩著將被災歉收之武清等州縣廳
各村莊應徵本年春賦地丁錢糧等項並原緩光緒
三十四年及節年地丁錢糧等項分別緩至本年麥
後及秋後啟徵其坐落武清天津二縣地方之津軍
廳葦漁課納糧地畝歸入該二縣災歉村莊一律辦
理以紓民力該督撫即按照原奏開明詳細數目刊
刻謄黃偏行曉諭務使實惠均霑毋任吏胥舞弊用
副朝廷履端布闓嘉惠畿疆之至意該部即遵諭行
又奉
諭旨端方等奏江甯等屬秋禾被災請將新舊錢糧分
別蠲緩一摺江蘇江甯等屬上年入夏以來連被大
雨湖河泛漲田禾多被淹浸復受風災收成歉薄若
將新舊錢糧照常徵收民力實有未逮加恩著照所
請所有上元等二十八州縣廳同淮安等四衛歸併
各州縣經徵被災田地及未墾荒田營壘壓廢各田
應徵三十四年地丁錢糧均著分別蠲緩其上元等
州縣廳衛節年未完原緩遞緩各款均著分別展緩
帶徵以紓民力該督撫即照所奏詳細開明區圖村
莊頃畝數目刊刻謄黃偏行曉諭務使實惠均霑毋
任吏胥舞弊用副朝廷軫念民艱至意餘著照所議
辦理該部知道又奉
諭旨端方等奏蘇州等屬秋收歉薄請將應徵錢漕分
別蠲減緩徵一摺江蘇蘇州等屬上年入夏以來霪
雨連綿江湖並漲田禾半被淹浸秋後又復亢晴通
省收成均形歉薄若將應徵錢漕照常徵收民力實
有未逮加恩著照所請所有長州等二十八廳州縣
拋荒坍廢等田銀米昭文等二縣被淹無收田冊徒

縣被旱無收漕屯田各銀米崑山等二縣拋荒蘆價
田條銀靖江縣被歉無收漕田銀米同蘆田課溧陽
縣被淹被旱田下忙條銀及漕米一律蠲免崑山等
縣歉田條銀漕米各等項均著分別減免以紓民力
餘著照所議辦理該督撫即照所奏詳細開明區圖
村莊頃畝及應行蠲免細數刊刻謄黃徧行曉諭務
使實惠均霑毋令吏胥舞弊用副朝廷軫念民艱至
意該部知道

是日

起居注官景禩 周克寬

初三日甲申

上詣 長春宮

隆裕皇太后前請安

內閣奉

諭旨外務部左丞著張蔭棠補授所遺外務部右參議
著周自齊補授仍署理左參議

是日

起居注官恩祥 許澤新

初四日乙酉
上詣 長春宮
隆裕皇太后前請安 辰刻
詣 皇極殿
大行太皇太后梓宮前行朝上食禮畢
駕還養心殿
內閣奉
諭旨徐世昌等奏考察屬員分別獎懲一摺吉林賓州
直隸廳同知李澍恩署延吉廳同知奉天興仁縣知
縣陶彬伊通佐領保英阿連科既據該督等臚陳政
績均著傳旨嘉獎五常廳同知田蓀綬聽斷輕率尚
無別項劣迹准補綏芬廳同知前署榆樹縣知縣康慈
馭下無方尚能實心任事署磐石縣知縣准補大同
縣知縣劉贊棠素有能名因不洽輿情屢被控告均
著開缺另補留吉試用知縣韓勳貌似有才操守難
信候補知縣張維棣聲名狼藉劣迹顯著留吉補用
知縣聶履中年少輕浮供差舞弊升用直隸州知州
候補主事文哲渾縱容丁役通同作弊榆樹縣司獄巡
檢郭元孝庸懦無識擅受民詞署五常廳司獄巡檢
試用州同金渭源舉止輕率遇事生風署五常廳蘭
彩橋巡檢本任長壽縣一面坡巡檢朱縉樞縱差勒
索致釀人命署一面坡巡檢候補巡檢吳金鑑任役
私押斃命有案長春府教授李喬年年老昏庸縱子
聚賭烏拉協領全吉藉端攤派均著革職另片奏署
雙城協領本任拉林協領連春署拉林協領本任雙
城協領喜勝赫爾蘇邊門防禦倭西布筆帖式倭恒
額吉林正藍旗佐領富常阿阿勒楚喀佐領鳳和或
侵吞公款或剋扣兵餉或賄差賣缺或私刑濫法著

一併革職歸案訊辦其貪勀苛派得贓有據各員並
著分別監追以示懲儆該部知道又奉
諭旨上年山東被災各州縣業經分別蠲緩錢漕小民
諒可不至失所惟念今春青黄不接之時民力未免
拮据加恩著將被災之濟寧等州縣各村莊應徵本
年上忙錢漕租課等項分別緩至本年麥秋後及秋
後啟徵其坐落該州縣境内之寄莊竈課與裁併衛
所並永利等場隨同民田一律辦理以紓民力該撫
即按照單開詳細數目刊刻謄黄徧行曉諭務使實惠
均霑毋任吏胥舞弊用副朝廷始和布澤惠愛羣黎
之至意該部即遵諭行
是日
起居注官延清 黄思永

初五日丙戌
上詣長春宫
隆裕皇太后前請安
是日
起居注官世榮 李士鉁

初六日丁亥
上諭 長春宮
隆裕皇太后前請安
内閣奉
諭旨本年三月十二日
大行皇帝梓宮奉移
山陵暫安朕本應親往恭送以盡哀忱茲奉
皇太后懿旨此次
大行皇帝梓宮係屬暫安皇帝尚在沖齡銜哀遠出實非
所宜屆時予當前往恭送用伸哀敬皇帝不必同行欽
此
慈命尊切敢不祗遵一俟數年後
陵寢工程告成再行諏吉舉行恭謁典禮此次應派近支
王公恭代行禮及一切應行禮節事宜著各該衙門

直隸總督敬謹預備
是日
起居注官崇山楊捷三

初七日戊子
上詣長春宮
隆裕皇太后前請安　辰刻
詣觀德殿
大行皇帝梓宮前行朝上食禮畢
駕還養心殿
内閣奉
諭旨三月十二日
大行皇帝梓宮奉移
西陵暫安所有經由道路著各該衙門及直隸總督敬謹
預備是日
皇太后恭送
梓宮禮畢於十三日啟鑾乘坐火車行抵梁格莊
行宮駐蹕勿庸另備
蹕路十四日恭謁各
陵十五日恭迎
大行皇帝梓宮暫安禮成十六日仍乘火車迴鑾其沿途
地方一切應備事宜務從簡省所需經費著楊士驤
核實撙節辦理准其作正開銷絲毫不許攤派民間以
免擾累又奉
諭旨前任吏部右侍郎溥頲由司員洊升卿貳補授右
翼總兵辦事勤慎克勤厥職前因患病准其開缺玆
聞溘逝軫惜殊深加恩著照侍郎例賜卹任内一切
處分悉予開復應得卹典該衙門察例具奏
是日
起居注官覺羅文華　吳士鑑

初八日己丑

上詣 長春宮

隆裕皇太后前請安

內閣奉

諭旨龐鴻書奏特參庸劣不職各員請旨分別懲處一摺貴州候補知州張奎藹頑成性聽斷不明試用知州李大森恃才自用辦案草率甕安縣知縣曹履中性近苛暴不洽輿情即用知縣施汝欽懵昧無識不諳治理普安縣新城縣丞張斯行行止不謹為人指摘安順府羊場塘巡檢雷世繼縱差釀事聲名甚劣普安縣典史王嘉謨違例擅受被控有案試用典史范用烜舉動乖張不知檢束均著即行革職鎮遠縣知縣余應雲迂緩無能事多廢弛開泰縣知縣王乃霖習染已深不知振作天柱縣柳霽縣丞李煒年老多病均著原品休致鎮寧州知州趙一鶴遇事因循多涉軟行清鎮縣知縣李建章才具竭蹶不勝繁劇均著開缺另補餘著照所議辦理該部知道

是日

起居注官榮光周爰諏

初九日庚寅
上詣 長春宮
隆裕皇太后前請安 辰刻
詣 皇極殿
大行太皇太后梓宮前行朝上食禮畢
駕還養心殿
內閣奉
諭旨加恩阿拉善親王多羅特色楞之子鎮國公銜頭
等台吉塔旺喇布坦著挑在乾清門行走
是日
起居注官景潤 汪鳳藻

初十日辛卯
上詣 長春宮
隆裕皇太后前請安
內閣奉
諭旨岑春蓂奏查明澧州南州等州廳縣受水被旱請
分別蠲緩遞緩錢漕蘆課等項一摺湖南上年夏秋
間澧州等屬湖北泛漲低窪田畝悉被淹沒濱湖堤
垸間被沖潰高阜田禾入秋被淹收成均形歉薄若
將應徵錢漕蘆課等項照常徵收民力實有未逮加
恩著照所請所有澧州南州安鄉等州廳縣均著按
照被災輕重情形將應徵錢漕蘆課等項分別蠲緩
遞緩以紓民力該撫即將所開詳細數目刊刻謄黃
徧行曉諭務使實惠及民毋任吏胥舞弊用副朝廷
軫念民艱之至意餘著照所議辦理該部知道

是日

起居注官錫鈞熊方燧

十一日壬辰

上詣長春宮

隆裕皇太后前請安

是日

起居注官景稷鄭沅

十二日癸巳
上詣　長春宮
隆裕皇太后前請安　辰刻
詣　觀德殿
大行皇帝梓宮前行朝上食禮畢
駕還養心殿
是日禮部奏正月二十日祭
祈穀壇視牲看牲奏
聞一摺奉
諭旨知道了
是日
起居注官恩祥惲毓鼎

十三日甲午
上詣　長春宮
隆裕皇太后前請安
是日
起居注官延清周克寬

十四日乙未

上詣 長春宮

隆裕皇太后前請安 辰刻

詣 皇極殿

大行太后太后梓宮前行朝上食禮畢

駕還養心殿

内閣奉

諭旨陝西延綏鎮總兵員缺著張定邦補授

是日

起居注官世榮 許澤新

十五日丙申

上詣 長春宮

隆裕皇太后前請安

是日

起居注官崇山 黃思永

宣統元年歲次己酉正月十六日丁酉

上詣 長春宮

隆裕皇太后前請安

內閣奉

諭旨二月初八日祭

社稷壇由

監國攝政王代詣行禮又奉

諭旨前因御史謝遠涵奏參陳璧虛糜國帑徇私納賄各款當經派令大學士孫家鼐那桐秉公查辦茲據查明覆奏陳璧於訂借洋款秘密分潤開設糧行公行賄賂各節雖屬嘖有煩言究未指有確據惟開支用款頗多糜費前後所調各員不免冒濫等語方今時事艱難該尚書責任綦重自應整躬率屬於用人理財力求實際現據查明各節實屬有負委任郵傳部尚書陳璧著交部嚴加議處員外郎金恭壽候補小京官王守爵屑鄙委瑣迹近營私均著即行革職民政部員外郎丁惟忠以曾經被參奉旨撤差人員未及數年復至今職較前尤招物議著即行革職永不敘用餘著照所議辦理該部知道

是日禮部奏二月初八日祭

社稷壇奉

諭旨由

監國攝政王代詣行禮

是日

起居注官覺羅文華李士鉁

十七日戊戌

上詣　長春宮

隆裕皇太后前請安　辰刻

詣　觀德殿

大行皇帝梓宮前行朝上食禮畢

駕還養心殿

内閣奉

諭旨禮部奏擬請舉行

升祔典禮一摺本年三月十二日

德宗景皇帝梓宮奉移

西陵梁格莊行宮暫安距永遠奉安之期為時尚遠若

俟永安

山陵後始行

升祔歲月稽遲殊無以妥

先靈而昭誠敬朕心實有未安

德宗景皇帝神牌即於

奉先殿神庫内擇吉恭製先行

升祔

奉先殿俟將來

山陵永遠奉安禮成後再行

升祔

太廟該衙門其詳查典禮敬謹遵行又奉

諭旨現在時事艱難需才佐治國家原不惜重祿以勸

士破格以用人乃近來京外各衙門於舉辦要政奏

調人員及請加經費往往未能綜核名實或以微員

而膺不次之擢或以一人而兼多處之差究之所薦

者未必皆奇特之士所用者實不免奔競之人近年

新設衙門新建省分往往多坐此弊冒濫虛糜實為

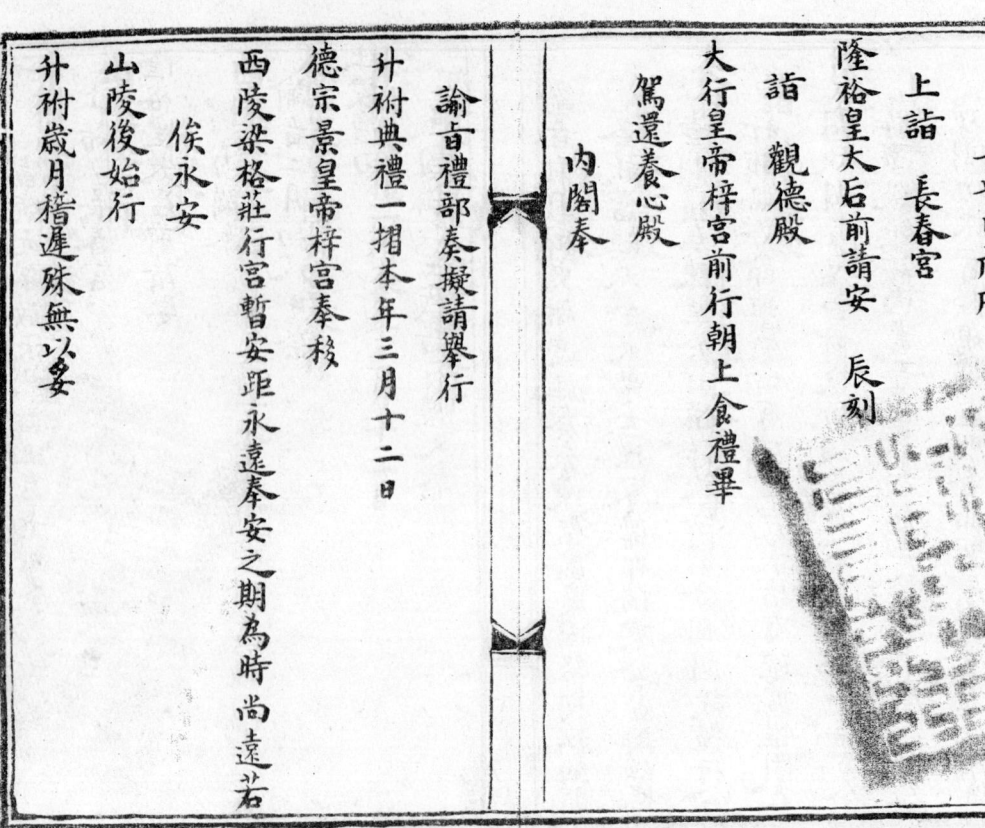

惡習嗣後各部院堂官及各省督撫奏調咨調各員均由吏部切實考覈官階履歷相符再准發行其所得薪金有多至數處者亦應由該管長官切實裁汰至各衙門官員薪費並著覈實釐定毋得漫無限制用副朝廷循名覈實餼廪稱事之至意又奉

諭旨湖北勸業道員缺著鄒履和補授

軍機大臣面奉

諭旨

大行太皇太后几筵前行三滿月禮由

監國攝政王代詣行禮

軍機大臣面奉

諭旨

大行皇帝几筵前行三滿月禮由

監國攝政王代詣行禮

是日

起居注官榮光楊捷三

十八日己亥

上詣　長春宮

隆裕皇太后前請安

内閣奉

諭旨吏部奏遵旨嚴議處分一摺郵傳部尚書陳壁著

照部議即行革職又奉

諭旨郵傳部尚書著李殿林暫行署理

是日

起居注官景潤吳士鑑

十九日庚子

上詣　長春宮

隆裕皇太后前請安　辰刻

詣　皇極殿

大行太皇太后梓宫前行朝上食禮畢

駕還養心殿

内閣奉

諭旨正黄旗漢軍都統著載振署理又奉

諭旨郵傳部尚書著徐世昌補授又奉

諭旨錫良著授為欽差大臣調補東三省總督兼管三

省將軍事務雲貴總督著李經羲補授未到任以前

著沈秉堃暫行護理

是日

起居注官錫鈞周爰諏

二十日辛丑
上詣　長春宮
隆裕皇太后前請安
內閣奉
諭旨奎元存鍾均著賞給委散秩大臣恩特和圖偉功
均賞給頭等侍衛在大門上行走
是日
起居注官景禨汪鳳藻

二十一日壬寅
上詣　長春宮
隆裕皇太后前請安
詣　觀德殿
大行皇帝梓宮前行三滿月禮致祭跪送衣版畢
駕還養心殿
軍機大臣面奉
諭旨二月初一日
大行太皇太后几筵前
大行皇帝几筵前行百日禮均由
監國攝政王代詣行禮
是日
起居注官恩祥熊方燧

二十二日癸卯

上詣長春宮

隆裕皇太后前請安

詣皇極殿

孝欽顯皇后梓宮前行三滿月禮致祭跪送衣服畢

詣觀德殿

大行皇帝梓宮前行朝上食禮畢

駕還養心殿

內閣奉

諭旨科爾沁貝子銜輔國公博迪蘇著加恩賞戴雙

眼花翎

是日

起居注官延清鄭沅

二十三日甲辰

上詣長春宮

隆裕皇太后前請安

是日

起居注官世榮惲毓鼎

二十四日乙巳
上詣 長春宮
隆裕皇太后前請安 辰刻
詣 皇極殿
孝欽顯皇后梓宮前行朝上食禮畢
駕還養心殿
是日禮部奏二月初三日祭
文昌廟等處遣官一摺奉
諭旨二月初三日告祭
文昌帝君廟派載潤行禮後殿派郭曾炘行禮初四日祭
先醫廟派郭曾炘行禮兩廡派張仲元李崇光各分獻
初六日祭
黑龍潭派海年行禮同日祭
玉泉山派璞玉行禮同日祭

白龍潭派左景祐行禮同日祭
昆明湖派繼祿行禮十二日祭
昭忠祠派德茂同日祭
雙忠祠派希璋十四日祭
關聖帝君廟派懋林行禮後殿派景厚行禮
又奏二月初七日祭
先師孔子廟奉
諭旨派載功行禮
四配派陸潤庠溥良戴鴻慈溥頲
十二哲及兩廡派瑞良寶熙紹昌沈雲沛達壽恩順
各分獻
崇聖祠派榮慶行禮配位及兩廡派麒德那晉吳郁生
王垿各分獻
又奏二月初七等日各

忌辰遣官一摺奉
諭旨二月初七日
孝淑睿皇后忌辰祭
昌陵派溥霱行禮十一日
孝康章皇后忌辰祭
孝陵派壽全行禮二十日
孝哲毅皇后忌辰祭
惠陵派毓亨行禮二十六日
孝昭仁皇后忌辰祭
景陵派載瀛行禮
是日
起居注官崇山周克寬

二十五日丙午
上詣　長春宮
隆裕皇太后前請安
是日
起居注官覺羅文華許澤新

二十六日丁未

上詣　長春宮

隆裕皇太后前請安

內閣奉

諭旨戴鴻慈等奏請飭催京外各衙門籤註新訂刑律草案一摺法律為憲政始基亟應修改以備頒布所有新訂刑律草案著京外各衙門照章籤註分別咨送毋稍延緩以憑覈訂而昭畫一

是日

起居注官榮光黃思永

二十七日戊申

上詣　長春宮

隆裕皇太后前請安　辰刻

詣　觀德殿

大行皇帝梓宮前行朝上食禮畢

駕還養心殿

內閣奉

諭旨前經憲政編查館奏定頒行分年籌備事宜本年各省均應舉行諮議局選舉及籌辦各州縣地方自治設立自治研究所並頒布資政院章程等事積小而大乃能綱舉目張若階級不具則統匯之區無從措手著各省督撫及管理地方之將軍都統等督率所屬選用公正明慎之員紳一律依限成立其範圍限制及擇人之權應盡之職均應遵守頒行章程辦

理不得延閣遲誤各省如有不能如期舉辦或雖已
設局而員紳違背定章及辦法參差不齊者統由憲
政編查館查催暨考覈駁正務須妥速完備俾可依
限開辦資政院以副朝廷勤求民隱期臻上理之至
意又奉
諭旨前據修訂法律大臣奏呈刑律草案當經憲政編
查館分咨內外各衙門討論參考以期至當嗣據學
部及直隸兩廣安徽各督撫先後奏請將中國舊律
與新律詳慎互校再行妥訂以維倫紀而保治安復
經諭令修訂法律大臣會同法部詳慎斟酌修改刪
併奏明辦理上年所頒[illegible]憲籌備事宜新刑律限本
年核定來年頒布事關憲政不容稍事緩圖著修訂
法律大臣會同法部迅遵前旨修改刪併剋日進呈
以期不誤核定頒布之限惟是刑法之源本乎禮教
中外各國禮教不同故刑法亦因之而異中國素重
綱常故於干犯名義之條立法特為嚴重良以三綱
五品闡自唐虞聖帝明王兢兢保守實為數千年相
傳之國粹立國之大本[illegible]通國際每多交涉
固不宜墨守故常致失通變宜民之意但祇可採彼
所長益我所短凡我舊律義關倫常諸條不可率行
變革庶以維天理民彝於不敝該大臣等務本此意
以為修改宗旨是為至要至該大臣前奏請編訂現
行刑律已由憲政編查館核議著一併從速編訂請
旨頒行以示朝廷變通法律循序漸進之至意又奉
諭旨陸軍部右侍郎著[illegible]理又奉
諭旨陸軍部左丞著朱彭壽署理許秉琦著署理右丞
左參議著慶蕃署理錫嘏著署理右參議

是日

起居注官景潤李士鉁

二十八日己酉

上詣 長春宮

隆裕皇太后前請安

内閣奉

諭旨貝勒載洵等奏

崇陵工程請擇吉動土等語著欽天監於本年二月十五日

以前選擇動土吉期具奏又奉

諭旨四川巡警道員缺著高增爵補授

是日

起居注官錫鈞楊捷三

二十九日庚戌

上詣 長春宮

隆裕皇太后前請安 辰刻

詣 皇極殿

孝欽顯皇后梓宮前行朝上食禮畢

駕還養心殿

内閣奉

諭旨肅親王善耆奏籌辦海軍基礎一摺所奏不為無見方今整頓海軍實為經國要圖著派肅親王善耆鎮國公載澤尚書鐵良提督薩鎮冰按照所陳各節妥慎籌畫先立海軍基礎並著慶親王奕劻隨時總核稽察以昭慎重俟規模大定再候諭旨鐵良任重事繁著開去專司訓練禁衛軍大臣之差俾得專心擘畫以固邦圉又奉

諭旨朱家寶奏查明屬員優劣據實舉劾一摺安徽安慶府知府豫咸蕪湖縣知縣沈寶琛調署亳州知州懷遠縣知縣李維源署理建德縣知縣試用直隸州知州張贊巽署理蒙城縣補用知縣王樹鼎署理壽州知州補用知縣馬宏圖署理靈璧縣試用知縣袁勵衡試用通判蔣汝中既據該撫臚陳政績均著傳旨嘉獎宿州知州張守誠捕務懈弛難期振奮署理合肥縣補用知縣鄭東璘縱丁需索被控有據署理黟縣補用知縣羅賀瀛丁役弄權兼有嗜好署理涇縣補用知縣包惠疇性耽安逸公務頹廢均著即行革職無為州知州彭名保治行平常不勝繁劇著開缺另補績溪縣知縣張廷權久病誤公事權旁落著以原品休致婺源縣縣丞劉燧章聲名狼藉兼有嗜好太湖縣白沙巡檢郭秉璋舉動乖謬兼有嗜好宿松

縣小姑巡檢焦延禧貪鄙嗜利物議沸騰宿州時村
巡檢張作霖利慾薰心罔恤名檢署理無為州土橋
巡檢試用巡檢李湲悳藉端科斂兼有嗜好前署祈
門縣大洪巡檢試用巡檢姚源輕佻喜事不洽輿情
均著即行革職餘著照所議辦理該部知道

是日

起居注官景褑吳士鑑

宣統元年歲次己酉二月初一日辛亥

上詣長春宫

隆裕皇太后前請安　辰刻

詣皇極殿

孝欽顯皇后梓宫前行百日祭禮跪送衣版畢　午刻

詣觀德殿

德宗景皇帝梓宫前行百日祭禮跪送衣版畢

駕還養心殿　未刻

上薙髮

内閣奉

諭旨欽天監奏謹擇

崇陵工程動土吉期二月初八日卯時吉一摺著承修大

臣謹遵辦理

是日

起居注官恩祥周爰諏

初二日壬子
上詣 長春宮
隆裕皇太后前請安
內閣奉
諭旨著派大學士世續為監修總裁官大學士那桐張
之洞尚書陸潤庠溥良為總裁官侍郎唐景崇瑞良
郭曾炘熙彥署侍郎王垿內閣學士麒德為副總裁
官侍郎恩順為蒙古總裁官餘依議又奉
諭旨鎮國公載澤奏請收回成命一摺海軍關繫重要
亟應籌辦以立始基該鎮國公向來辦事妥慎籌畫
精詳現充度支總司財政著仍遵前旨實力計畫以
期早日觀成所請收回成命之處著毋庸議
是日
起居注官延清汪鳳藻

初三日癸丑
上詣 長春宮
隆裕皇太后前請安
內閣奉
諭旨都察院代奏學部參事江瀚條陳請清訟獄等語
據稱自停止刑鞫以後殘酷之風雖減拖延之害愈
深因證據未備兩造爭執遂以不了了之民間受累
無窮各省訟費名目繁多百端需索究縱獲理家產
已傾若如所陳情形實堪痛恨著京外問刑各衙門
將一切弊端認真釐剔不得視此旨為具文儻再查
有各項情弊定行嚴加懲處
是日禮部奏二月十七日祭
文昌帝君廟奉
旨派樾林行禮後殿派景厚行禮

又奏十九日祭
奬忠祠派恩輝同日祭
褒忠祠派榮塈二十四日祭
賢良祠派德茂二十七日祭
旌勇祠派秀綸同日祭
顯忠祠派鐵麟同日祭
表忠祠派希璋三十日祭

朝日壇派載功行禮

是日

起居注官世榮熊方燧

初四日甲寅

上詣長春宮

隆裕皇太后前請安

內閣奉

諭旨湖南長沙府知府員缺緊要著該撫於通省知府內揀員調補所遺員缺著庶朝卿補授又奉

諭旨張鳴岐奏舉劾屬員一摺廣西調署懷集縣事富川縣知縣全開祥署左州事興業縣知縣陳善濬卸署灌陽縣知縣捐升知府翁綬琪既據該撫臚陳政績均著傳旨嘉奬准補象州知州趙宗海學務廢弛尚明例案桂平縣知縣曾廣致緝捕不力才尚可造均著留省察看開缺另補武緣縣知縣倪育萬巧滑性成前在容縣署任諱匿盜案多起陸川縣知縣梁祖訓工於鑽營前在試署任內議罰違章用人不當

試用知縣劉祖恩前署平南縣任內學務甚為廢弛
捕務亦極玩視向武土州州判魯厚堃條理不清辦
事竭蹶前在代理天保縣任內並有違章加收稅契
之事試用知州方中昫少條理辦事因循委充土思
州彈壓委員並有玩視要案之事試用通判黃蔭福
貌似有才心術險詐試用通判易祥麟在署來賓縣
任內苛罰婪贓查有實據周羅司巡檢趙志達違例
擅受被控有案署下雷土州吏目候選巡檢戴式潛
把持公款藉學漁利署五山司巡檢試用典史袁文
煥沾濡嗜好不堪造就藤縣典史陶壽熊巧飾戒煙
諸多不謹均著即行革職灌陽縣知縣魏志良試用
道陳鳴惠補用直隸州知州汪文畲即用知縣李肇
律候補知縣周翰試用知縣謝國南謝寶森區應庚
沈秉惠補用知縣何寶符另補知縣續曾熊光瓚均
屬才具平庸難資造就魏志良著開缺同陳鳴惠等
十一員一併咨送回籍餘著照所議辦理該部知道

是日

起居注官崇山鄭沅

初五日乙卯

上詣　長春宮

隆裕皇太后前請安

是日

起居注官覺羅文華惲毓鼎

初六日丙辰

上詣　長春宮

隆裕皇太后前請安

是日

起居注官榮光周克寬

初七日丁巳

上詣　長春宮

隆裕皇太后前請安

是日

起居注官景潤許澤新

初八日戊午

上詣　長春宮

隆裕皇太后前請安

是日

起居注官錫鈞黃思永

初九日己未

上詣　長春宮

隆裕皇太后前請安

內閣奉

諭旨廣西太平思順道員缺著李開侁補授又奉

諭旨內閣奏請勘修尊藏

實錄紅本大庫工程一摺著派鹿傳霖查勘修理

是日

起居注官景禐李士鉁

初十日庚申

上詣　長春宮

隆裕皇太后前請安

是日

起居注官恩祥楊捷三

十一日辛酉

上詣　長春宮

隆裕皇太后前請安

內閣奉

諭旨甘肅甯夏鎮總兵員缺著馬安良調補巴里坤鎮

總兵著馬福祥補授

是日

起居注官延清吳士鑑

十二日壬戌

上詣　長春宮

隆裕皇太后前請安

是日

起居注官世榮周爰諏

十三日癸亥

上詣 長春宮

隆裕皇太后前請安

是日

起居注官崇山汪鳳藻

十四日甲子

上詣 長春宮

隆裕皇太后前請安

是日

起居注官覺羅文華熊[illegible]

十五日乙丑

上詣　長春宮

隆裕皇太后前請安　辰刻

詣　皇極殿

孝欽顯皇后梓宮前行朝上食禮畢

詣　觀德殿

德宗景皇帝梓宮前行朝上食禮畢

駕還養心殿

內閣奉

諭旨國家豫備憲政變法維新疊奉

先朝明諭分年豫備切實施行朕御極後復行申諭依限

籌辦毋得延緩今特將朝廷一定實行豫備立憲維

新圖治之宗旨再行明白宣示總之國是已定期在

必成嗣後內外大小臣工皆當共體此意翊贊新猷

其有言責諸臣亦當慎體朕殷殷求言之至意於一

切新政得失利病剴切敷陳俾臻上理儻敢私心揣

摹意存嘗試摭拾腐敗浮言淆亂聰明亦有應得之

咎也將此通諭知之

是日

起居注官

宣統元年歲次己酉[illegible]月十六日丙寅

上詣　長春宮

隆裕皇太后前請安

内閣奉

諭旨此次驗放之卓異官候選道前直隸雄縣知縣謝

愷著以道員即選又奉

諭旨此次驗放之卓異官知府用在任候補直隸州知

州直隸清苑縣知縣黄國瑄著以知府在任即補

是日

起居注官景潤惲毓鼎

十七日丁卯

上詣　長春宮

隆裕皇太后前請安

内閣奉

諭旨前據御史常徽奏叅兩淮運司趙濱彥威權自擅

縱勇殃民各節當經諭令陳夔龍確查茲據查明覆

奏趙濱彥平日辦事尚屬認真惟整頓緝私捐形操

切著交部察議兩淮緝私水師左營管帶拔補把總

張文注左營左哨哨官儘先把總邵春棠著一併革

職新軍營管帶前督帶水師三營候選通判李祖培

著端方切實察看餘著照所議辦理該部知道又奉

諭旨安徽皖南鎮總兵吳繼培甘肅河州鎮總兵羅平

安均著開缺四川按察使和爾賡額著開缺另候簡

用福建興泉永道劉慶汾吉林伊蘭府知府王嘉禾

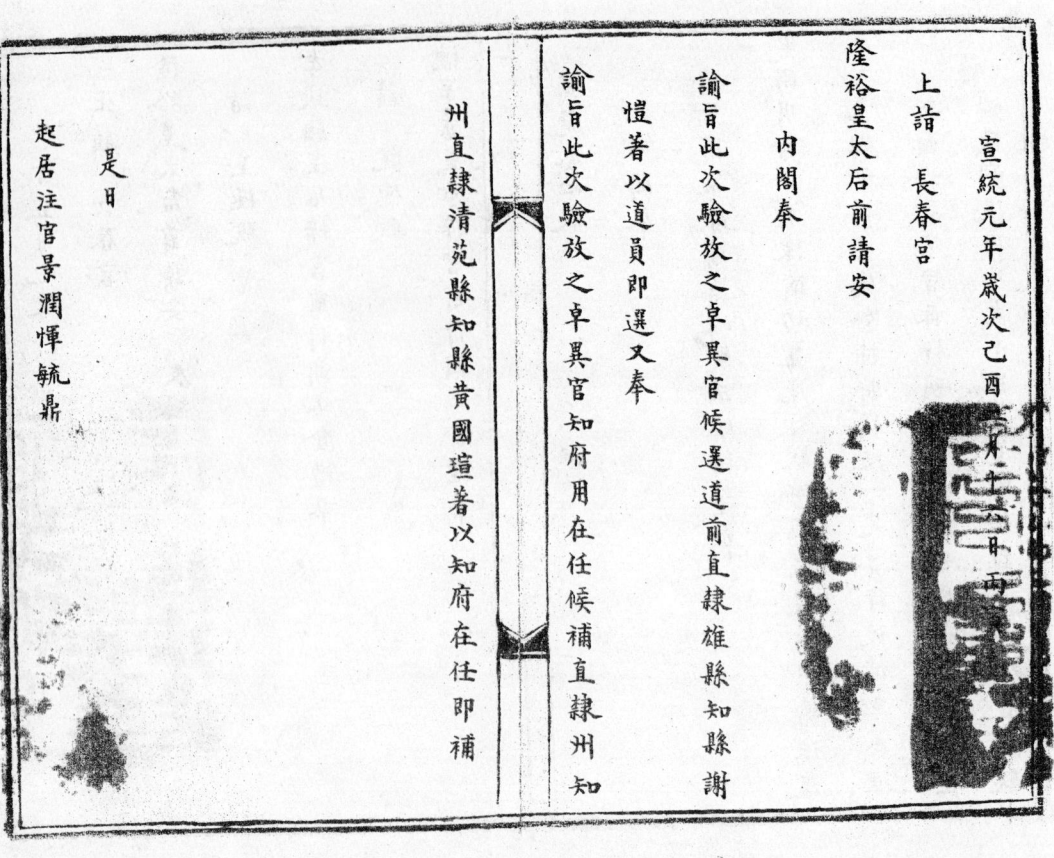

江西瑞州府知府吳祖椿雲南楚雄府知府尹[illegible]熙
貴州思南府知府余雲煥均著開缺送部引見裁缺
江西督糧道錫恩著送部引見又奉
諭旨呈進經史國朝掌故各國歷史講義著仍派榮慶
陸潤庠張英麟唐景崇寶熙朱益藩添派熙彥喬樹
枏劉廷琛吳士鑑周自齊勞乃宣趙炳麟譚學衡輪
班撰擬並著派孫家鼐張之洞總司核定進呈又奉
諭旨四川署提學使方旭著開去署缺以道員仍留四
川補用又奉
諭旨直隸熱河道員缺著王東恩補授
是日
起居注官錫鈞周克寬

十八日戊辰
上詣長春宮
隆裕皇太后前請安
內閣奉
諭旨那桐現在穿孝外務部會辦大臣著世續署理又奉
諭旨四川按察使著江毓昌補授又奉
諭旨趙啟霖著以道員用署理四川提學使又奉
諭旨福建興泉永道員缺著郭道直補授又奉
諭旨安徽皖南鎮總兵員缺著王文煥補授又奉
諭旨甘肅河州鎮總兵員缺著何宗蓮補授
是日
起居注官景禐許澤新

十九日己巳

上詣　長春宮

隆裕皇太后前請安

内閣奉

諭旨廣州漢軍副都統莊健奏因病懇請開缺一摺莊

健著准其開缺回京當差

是日

起居注官恩祥黄思永

二十日庚午

上詣　長春宮

隆裕皇太后前請安

是日

起居注官延清李士鉁

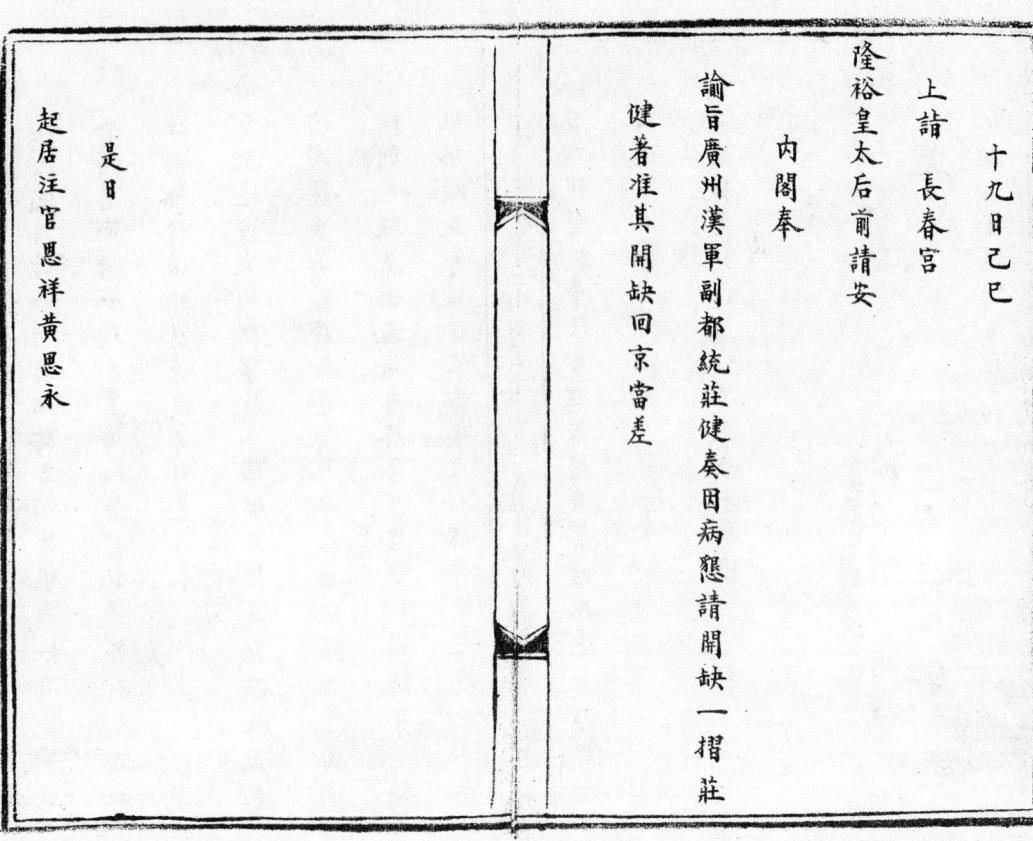

二十一日辛未

上詣　長春宮

隆裕皇太后前請安

是日

起居注官世榮楊捷三

二十二日壬申

上詣　長春宮

隆裕皇太后前請安　辰刻

詣　皇極殿

孝欽顯皇后梓宮前行四滿月禮致祭跪送衣版畢

詣　觀德殿

德宗景皇帝梓宮前行朝上食禮畢

駕還養心殿

內閣奉

諭旨河南南汝光道員缺著于滄瀾補授

是日

起居注官崇山吳士鑑

二十三日癸酉

上詣長春宮

隆裕皇太后前請安

是日

起居注官覺羅文華周爰諏

二十四日甲戌

上詣長春宮

隆裕皇太后前請安

內閣奉

諭旨禁煙一事乃今日自强實政教養大端於衛生足民興地利塞漏卮各節皆有極大關繫萬國屬目贊助同殷特是禁吸禁種及籌款抵補洋土藥稅釐三事相為表裏儻一端辦理不力則其二端不免牽制觀望恐限滿仍難收效比年以來雖經禁煙大臣暨各省督撫將沾染嗜好各官查驗參處然玩違欺飾者仍復實繁有徒至各省種煙地畝初定章程本限十年遞減嗣據雲南四川山西直隸黑龍江等省奏請該省於一年內全行禁種任事頗屬奮往惟究竟各省禁種是否一律認真地方官能否於禁種鴉片

之外勸種有益衣食各項植物俾令小民樂從至此項稅釐關繫軍餉大宗近據度支部奏請酌加各省鹽價以為抵補此項稅釐之策當經允行惟鹽斤加價合計不過四五百萬不敷尚多朝廷求治維殷既憤國民積弱之難振復慮友邦期望之難副言念及此宵旰憂焦特此再行申諭禁吸一事文武職官責之禁煙大臣及京外各衙門長官務須認真糾察不得徇情避怨各營兵夫各學堂師生責之該管長官尤須立即嚴行禁絕至於商民人等責之民政部暨各省督撫順天府府尹及管理地方之將軍都統等亦須多訪良方設局施藥勵其廉恥酌采東西各國辦法設法減癮由少而無期於比戶可封而後已其禁種一事亦責之各省督撫順天府府尹及管理地方之將軍都統等酌量本省情形督飭所屬認真禁拔相其土宜改莠為良定當考其成績優予獎擢並由民政部查核其抵補稅釐一事責之度支部悉心擘畫此時籌款誠艱要當權其利害經畫多方籌集迅速舉行各省督撫如有抵補良策亦著奏陳備采俾查禁者不至瞻顧進款因循寡效國家財用雖絀豈恃此鴆酒漏脯以救饑渴而不為吾民除此巨害耶似此各分權限各專責成不得互相推諉務須各盡乃職相助為理以冀成朝廷利用厚生之盛治京外各衙門接奉此旨後各將該衙門如何辦法自行切實覆奏

是日

起居注官榮光汪鳳藻

二十五日乙亥

上詣長春宮

隆裕皇太后前請安

是日禮部奏閏二月十三日祭

歷代帝王廟奉

旨派懋林行禮兩廡派瑞良達壽麒德伊克坦各分獻

又奏閏二月十五日清明祭

永陵派靈熙

福陵派樂誠

昭陵派恩常

昭西陵派載瀛

孝陵派壽全

孝東陵派溥植

景陵派溥釗

泰陵派溥霱

泰東陵派奎瑛

裕陵派毓炤

昌陵派廣壽

昌西陵派毓璋

慕陵派毓櫹

慕東陵派溥閭

定陵派毓亨

菩陀峪

定東陵派毓亨

惠陵派溥倬

端慧皇太子園寢派全榮

莊順皇貴妃園寢派毓櫹各行禮

又奏閏二月十五日清明祭

醇賢親王園寢奉
旨派溥堥行禮

是日
起居注官景潤熊方燧

二十六日丙子
上詣　長春宮
隆裕皇太后前請安

是日
起居注官錫鈞鄭沅

二十七日丁丑

上詣長春宮

隆裕皇太后前請安

内閣奉

諭旨雲貴總督李經義著加恩在紫禁城内騎馬

是日

起居注官景禐惲毓鼎

二十八日戊寅

上詣長春宮

隆裕皇太后前請安

内閣奉

諭旨廣西提督著龍濟光補授

是日

起居注官恩祥周克寬

二十九日己卯

上詣　長春宮

隆裕皇太后前請安　辰刻

詣　皇極殿

孝欽顯皇后梓宮前行朝上食禮畢

詣　觀德殿

德宗景皇帝梓宮前行朝上食禮畢

駕還養心殿

內閣奉

諭旨廣西左江道員缺著紀堪謹補授

是日

起居注官延清許澤新

三十日庚辰

上詣　長春宮

隆裕皇太后前請安

內閣奉

諭旨度支部奏酌擬清理財政處各項章程一摺清理
財政為豫備立憲第一要政各省監理官又為清理
財政第一關鍵所有正監理官著該部自丞參以下
開單請簡俾昭慎重其副監理官著即由該部奏派
餘依議單併發又奉

諭旨廣西桂林府知府員缺緊要著該撫於通省知府
內揀員調補所遺員缺著敦崇補授

是日

起居注官世榮黃思永

宣統元年歲次己酉二月初一日辛巳

上詣 長春宮

隆裕皇太后前請安

是日

起居注官崇山李士鉁

初二日壬午

上詣 長春宮

隆裕皇太后前請安

內閣奉

諭旨三載考績為國家激揚大典內外滿漢諸臣有能共濟時艱勞勣最著者允宜特加甄敘其平庸衰病者亦難曲予優容茲當京察屆期吏部開單奏請朕詳加披閱軍機大臣總理外務部事務慶親王奕劻謹慎忠純勳勞懋著竭誠籌畫悉協機宜著交宗人府從優議敘大學士世續張之洞協辦大學士尚書鹿傳霖大學士那桐同心襄贊共矢慎勤均着宗部議敘大學士孫家鼐老成厚重衆望交孚新授東三省總督錫良力任艱鉅勞怨不辭直隸總督楊士驤宣勤畿輔籌畫精詳兩江總督端方規模宏遠應變

有方山東巡撫袁樹勛籌辦新政任事實心均著交
部議敘民政部右侍郎趙秉鈞聲名平常著原品休
致餘著照舊供職又奉
諭旨民政部左侍郎著烏珍補授林紹年著調補民政
部右侍郎

是日
起居注官覺羅文華楊捷三

初三日癸未
上詣　長春宮
隆裕皇太后前請安
內閣奉
諭旨都察院奏現居舉行京察之期謹將聲名平常未
孚衆望之員據實參劾一摺給事中李灼華掌雲南
道御史俾壽掌浙江道御史常徽均著回原衙門行
走又奉
諭旨倉場侍郎著俞廉三補授又奉
諭旨左翼總兵著鶴春署理

是日
起居注官榮光吳士鑑

初四日甲申
上詣　長春宮
隆裕皇太后前請安
內閣奉
諭旨禮部議奏滿漢服制一摺現當豫備立憲滿漢服
制一事尤為倫紀攸關自應統歸畫一嗣後內外各
衙門丁憂人員無論滿漢一律離任終制其有責任
重要關繫大局勢難暫離不能不從權奪情者應聽
候特旨遵行至一切喪服事宜著禮學館詳細編訂
奏明辦理另片奏丁憂之漢員在外投効滿員在部
當差應如何定章請飭吏部詳議具奏等語著會議
政務處會同吏部議奏又奉
諭旨國家設官分職各有應盡責任現在朝廷豫備立
憲屢降諭旨不啻三令五申然所望於贊助新猷實
為內外諸臣是賴近觀內外諸臣中公忠體國勤勞
將事者固不乏人然涉於推諉敷衍者仍所難免自
此宣諭以後內則責成各該部院衙門堂官外責則
成各省督撫大吏舉凡應辦要政及一切關於豫備
立憲各事宜皆當次第籌畫督率所屬官員認真辦
理上以副朝廷倚畀之隆下以慰薄海蒼生之望如
能各盡其職定必優加賞賚儻敢敷衍因循空言塞
責放棄責任上以諉過於朝廷下以累及於民庶朕
惟治以應得之咎決不姑從寬貸也將此通行曉諭
知之又奉
諭旨昨據都察院奏參李灼華等一摺已照所請懲處
矣朝廷為言路中揚清激濁具有深衷嗣後凡有言
責諸臣仍當慎體朕意於一切新政得失利病吾民
疾苦皆須剴切敷陳屏除邪説當以李灼華等為戒

毋蹈故轍用副朝廷虛懷納諫期裨萬幾之至意又奉
諭旨昨日吳士鑑所進西洋通史講義尚屬可觀嗣後
進講諸臣務當於各書中有關一切新政憲法之處
詳慎采擇剴切敷陳俾有益於朕殷殷求治變法維
新之至意斷不可摭拾空言謬論無補時艱為要
軍機大臣欽奉
諭旨本月十五日
孝欽顯皇后几筵前
德宗景皇帝几筵前行清明致祭禮均由
監國攝政王代詣行禮
軍機大臣欽奉
諭旨禮部奏禮學開館酌擬凡例開單進呈並擬派提
調一摺著依議又片奏請特簡大員會同該部總理
禮學館事宜兼綜纂訂等語著派前內閣學士陳寶琛

是日
起居注官景潤周爰諏

初五日乙酉

上詣　長春宮

隆裕皇太后前請安

內閣奉

諭旨蘇州織造仍著棫興接管毋庸更換

是日禮部具奏閏二月十九日祭

先農壇遣官一摺奉

諭旨派載功行禮

是日

起居注官錫鈞汪鳳藻

初六日丙戌

上詣　長春宮

隆裕皇太后前請安　辰刻

詣　皇極殿

孝欽顯皇后梓宮前行朝上食禮畢

詣　觀德殿

德宗景皇帝梓宮前行朝上食禮畢

駕還養心殿

內閣奉

諭旨大學士那桐所司一切職任均屬重要關繫大局

現在丁憂穿孝均著改為署任俟百日孝滿後即行

照常入直並進署辦事該大學士務當移孝作忠勉

圖報稱又奉

諭旨步軍統領貝勒毓朗農工商部左侍郎熙彥均係

丁憂尚未服闋惟毓朗所任步軍統領管轄地面關繫重要熙彥係開辦農工商部在事之員情形熟悉均著改為署任照常進署辦事又奉

諭旨署江北提督王士珍署歸化城副都統三多均係丁憂尚未服闋著仍留署任又奉

諭旨此次驗看之辦學期滿翰林院庶吉士馬蔭榮林世燾均著授職編修又奉

諭旨此次補行驗看之游學畢業生顧德鄰著賞給法政科進士

是日

起居注官景禐熊方燧

初七日丁亥

上詣　長春宮

隆裕皇太后前請安

內閣奉

諭旨前雲南巡撫督辦雲南礦務大臣唐炯起家牧令於咸豐同治年間在四川貴州等省守城剿匪歷著戰功並經丁寶楨奏派創辦四川官運鹽務歲增鉅款洊擢雲南巡撫因事革職朝廷念其前勞派令督辦礦務復因病准其開去差使並賞還巡撫銜上年重逢鄉舉賞加太子少保銜茲聞溘逝軫惜殊深著加恩照巡撫例賜卹一切處分悉予開復應得卹典該衙門察例具奏

是日

起居注官恩祥鄭沅

初八日戊子

上詣長春宮

隆裕皇太后前請安

內閣奉

諭旨榮慶等奏查驗續經報到薦舉各員分别加考開

單呈覽一摺所有開復原銜前湖南候補道全還著

查驗大臣榮慶等帶領引見前署江西提學使汪詒

書調補江西吉南贛甯道俞明頤存記海關道留直

補用道李德順升用道廣西平樂府知府徐宗蔭著

自本月初十日起按照名次先後每日二員呈遞膳

牌伺候召見如是日未經召見仍於次日豫備又奉

諭旨墨麒奏懇請開缺終制一摺內閣學士墨麒著准

其開缺終制

是日

起居注官延清惲毓鼎

初九日己丑

上詣　長春宮

隆裕皇太后前請安

内閣奉

諭旨占鳳奏懇請開缺終制一摺内閣侍讀學士占鳳

著准其開缺終制

是日

起居注官世榮周克寬

初十日庚寅

上詣　長春宮

隆裕皇太后前請安

内閣奉

諭旨良揆奏懇請開缺終制一摺禮部左参議良揆著

准其開缺終制

是日

起居注官崇山許澤新

十一日辛卯

上詣　長春宮

隆裕皇太后前請安

是日

起居注官覺羅文華黃思永

十二日壬辰

上詣　長春宮

隆裕皇太后前請安

內閣奉

諭旨續經報到保薦人才經派榮慶等查驗詢問茲已

一律召見引見完竣所有單開之前署江西提學使

汪詒書著交軍機處存記調補江西吉南贛甯道俞

明頤著以應升之缺交軍機處存記存記海關道留

直補用道李德順著仍以海關道記名簡放升用道

廣西平樂府知府徐宗蔭著在任以道員記名簡放

開復原銜前湖南候補道金還著以知府補用補行

引見之補用直隸州知州前河南候補知縣陳文藻

著以直隸州知州仍發往河南遇缺即補又奉

諭旨聯魁奏府廳州縣興學考成分別舉劾一摺所有

實心典學之新疆焉耆府知府張銑前署烏什廳同知温宿府知府彭緒瞻均著交部從優議敘其典學不力之前莎車府知府降補通判甘曜湘前代理英吉沙爾廳同知候補通判劉傑甯遠縣知縣李方學前署伽師縣知縣孚逵縣知縣王懋勳前署于闐縣知縣准補哈密廳通判安允升均著即行革職餘著照所議辦理該部知道

是日

起居注官崇山周爰諏

十三日癸巳

上詣長春宮

隆裕皇太后前請安　辰刻

詣皇極殿

孝欽顯皇后梓宮前行朝上食禮畢

詣觀德殿

德宗景皇帝梓宮前行朝上食禮畢

駕還養心殿

是日

起居注官景潤楊捷三

十四日甲午

上詣 長春宮

隆裕皇太后前請安

内閣奉

諭旨度支部奏請派充清理財政各省正監理官免開底缺分別派員署理一摺劉世珩管象頤程利川方碩輔王清穆均賞加三品卿銜其餘派出各員均賞加四品卿銜一律十六日起每日三員預備召見現在外省者均著迅速來京預備召見單併發

是日

起居注官錫鈞吳士鑑

十五日乙未

上詣 長春宮

隆裕皇太后前請安 巳刻

詣 皇極殿

孝欽顯皇后梓宮前行清明令節禮致祭宣讀祭文奠酒畢

詣 觀德殿

德宗景皇帝梓宮前行清明令節禮致祭宣讀祭文奠酒畢

駕還養心殿

内閣奉

諭旨禮部左參議著曹廣權轉補李擢英著補授禮部右參議

是日

起居注官景褑周爰諏

宣統元年歲次己酉閏二月十六日丙申

上詣　長春宫

隆裕皇太后前請安

內閣奉

諭旨此次驗看進士館游學畢業及補習畢業各學員所有考列優等之翰林院庶吉士程叔琳著授職檢討並賞加侍講銜翰林院庶吉士王慶麟鴻志高毓浵均著授職編修並賞加侍講銜又奉

諭旨欽天監右監副常海奏請開缺終制一摺欽天監職司推測係屬專官常海著改為署任毋庸開缺

是日

起居注官恩祥汪鳳藻

十七日丁酉

上詣　長春宫

隆裕皇太后前請安

內閣奉

諭旨杭州織造仍著彬格接管

是日

起居注官延清熊方燧

十八日戊戌

上詣　長春宮

隆裕皇太后前請安

內閣奉

諭旨憲政編查館奏遵設貴胄法政學堂擬訂章程並籌撥經費開單呈覽各摺片現正豫備立憲需才孔亟凡宗室外藩王公滿漢世爵若不豫為培植其何以儲政才而裨治本應即設立貴胄法政學堂以廣造就著派貝勒毓朗充貴胄法政學堂總理農工商部左侍郎熙彥翰林院學士錫鈞充貴胄法政學堂監督務宜認真經理毋負委任至宗室王公暨其子弟實為滿漢及外藩世臣之表率如有及歲尚未入學與入學後半途退學或不恪守學規等事該總理等尤宜破除情面勸懲一切照章辦理勿稍寬假至陸軍貴胄學堂最關緊要仍須認真勸勉廣儲干城總期安勉兼施用副朝廷興學教胄文武兼資之至意餘依議單片併發又奉

諭旨榮慶奏病請續假並請派員署缺一摺協辦大學士學部尚書翰林院掌院學士榮慶著賞假一箇月安心調理所任各缺均毋庸派員署理

是日

起居注官世榮鄭沅

十九日己亥

上詣 長春宮

隆裕皇太后前請安

內閣奉

諭旨徐世昌奏特參謬妄庸劣及素有嗜好各員請分別懲處一摺卸署吉林濱江關道杜學瀛顢頇自私罔知政體吉林候補道宋春鰲假公濟私前辦吉長鐵路糜款甚多黑龍江呼蘭府知府李鴻桂引援求進志趣卑污吉林候補道松毓淆惑衆聽把持學務破壞政權奉天安東縣知縣吳光國玩視學務不洽輿情署奉天開原縣知縣保清心地糊塗擅用刑訊准補開原縣典史許鴻藻派充幫審聽斷粗率均著即行革職花翎知府銜綸昌串結匪類到處招搖著革去職銜盤山廳通判柴樸馭下不嚴難期振作甯遠州知州馬鴻階庸葸無能不勝衝要海城縣知縣曹祖培辦事草率難膺繁劇廣甯縣知縣宋廷標才具平庸不諳新政寬甸縣知縣秋桐孚才欠開展人地不宜柳河縣知縣張晉辦事竭蹶聲名平常均著開缺另補正紅旗滿洲佐領德吉正藍旗漢軍佐領承恩鑲黃旗漢軍驍騎校洪福祥正藍旗漢軍驍騎校楊春和錦州正紅旗驍騎校寶麟鳳凰城驍騎校緒彬復州驍騎校純謙遼陽鑲黃旗防禦兆麟候補防禦聯喜宗室營筆帖式寶崑均屬嗜好甚深有意規避著一併即行革職餘著照所議辦理該部知道

又奉

諭旨吉林交涉使著鄧邦述補授度支使著陳玉麟補授勸業道著徐鼎康補授又奉

諭旨黑龍江提法使著秋桐豫補授民政使著倪嗣沖

補授度支使著談國楫補授

是日

起居注官崇山惲毓鼎

二十日庚子

上詣長春宮

隆裕皇太后前請安

詣皇極殿

孝欽顯皇后梓宮前行朝上食禮畢

詣觀德殿

德宗景皇帝梓宮前行朝上食禮畢

駕還養心殿

内閣奉

諭旨增韞奏查明浙江各屬田禾被災請將應徵地漕
等項分別蠲緩一摺上年浙江杭州等屬田禾自夏
徂秋被水旱風蟲受傷復遭山洪暴發致成災歉及
歷年沙淤石積尚未墾復各田地塘若將應徵地漕
照常徵收民力實有未逮加恩著照所請所有仁和

等一十二縣成災十分各田地仁和等二十五州縣
及嘉湖衛之嘉所歉收各田地與富陽等十三縣及
衛所沙淤石積各田地塘應徵光緒三十四年分地
丁等項正耗錢糧漕白等項米石暨學租銀兩分別
蠲免緩征其被災各縣蠲免銀米各災戶已輸在官
者准其流抵次年新賦至秋收減色之臨安等廳縣
及杭嚴嘉湖台州衢州各衛所與被災歉各州縣所
未完各年舊欠暨原緩帶徵地漕屯餉各銀米均著
遞緩一年徵收以紓民力該撫即按照單開各廳州
縣衛所田地塘頃畝分數應蠲應緩銀錢米石各細
數刊刻謄黃徧行曉諭務使實惠均霑毋任吏胥舞
弊用副朝廷軫念民艱至意餘著照所議辦理該部
知道又奉
諭旨禮部奏恭鑄
祺皇貴太妃鍍金銀寶請發銀兩並造模呈覽各一
摺首一字均繕寫錯誤實屬疏忽禮部堂司各官均
著交部議處
是日
起居注官覺羅文華周克寬

二十一日辛丑

上詣　長春宫

隆裕皇太后前請安　巳刻

詣　觀德殿

德宗景皇帝梓宫前行閏滿月禮致祭跪送衣版畢

駕還養心殿

内閣奉

諭旨貝勒載濤等面奏創立禁衛軍一切事宜實屬繁

重難以兼顧要差懇請酌減差務等語載濤毓朗著

准其開去總司稽查守衛事宜之差嗣後尤當專心

擘畫妥籌訓練禁衛事宜期於早觀厥成毋稍鬆懈

著改派科爾沁博多勒噶台親王阿穆爾靈圭貝勒

載潤總司稽查守衛事宜會同原派之尚書鐵良認

真整頓毋得廢弛

是日

起居注官榮光許澤新

二十二日壬寅

上詣 長春宮

隆裕皇太后前請安 巳刻

詣 皇極殿

孝欽顯皇后梓宮前行閏滿月禮致祭跪送衣版畢

駕還養心殿

内閣奉

諭旨榮勲著補授内閣學士兼禮部侍郎銜又奉

諭旨鑾儀衛著改為鑾輿衛鑾儀使著改為鑾輿使治

儀正著改為治宜正整儀尉著改為整宜尉内務府

掌儀司著改為掌禮司

是日

起居注官景潤黄思永

二十三日癸卯

上詣 長春宮

隆裕皇太后前請安

内閣奉

諭旨民政部内城巡警總廳廳丞著章宗祥補授

是日

起居注官錫鈞李士鉁

二十四日甲辰

上詣 長春宫

隆裕皇太后前請安

軍機大臣欽奉

諭旨恭親王溥偉等奏續擬禁煙辦法以期畫一開單

呈覽一摺又奏開單飭催各省未到禁煙册表一片

均着依議

軍機大臣欽奉

諭旨度支部奏派充各省副監理官開單呈覽一摺又

奏奉天吉林黑龍江江甯蘇州兩淮鹽務擬各派副

監理官一員一片又奏江西在任候補道九江府知

府孫毓駿請開缺仍以江西候補道充正監理官一

片均着依議

是日

起居注官景禐楊捷三

二十五日乙巳

上詣　長春宮

隆裕皇太后前請安

内閣奉

諭旨趙爾巽奏舉劾屬吏一摺四川巡警道高增爵川東道陳遹聲署重慶府知府本任邛州直隸州知州耿葆煃潼川府知府吳保齡保甯府知府瑞齡調署瀘州直隸州本任眉州直隸州知州鍾壽康署打箭爐廳同知王典章署漢州知州廷繼署華陽縣知縣試用知縣鈕傳善南部縣知縣史久龍富順縣知縣熊廷權部署富順縣本任南江縣知縣王扶署合江縣知縣薛宜璜名山縣知縣唐嗣祿新都縣知縣鄧隆以上各員既據該督臚陳政績均著傳旨嘉獎郜署巫山縣本任新都縣知縣李恩榮庸闇無能貽害地方郜署安縣本任隆昌縣知縣伍生輝任情玩忽釀患厲民巴州知州趙萬春不諳治理訾議甚多梓潼縣知縣沈希濂不恤民艱營利廢事慶符縣知縣蕭澤寰縱容家丁不恤人言夾江縣知縣熊振翮治理甚拙利心未除候補直隸州知州姚汝芳前署城口廳通判不理詞訟紳民交怨均著即行革職綦江縣知縣李桂芳志氣衰頹毫無展布著勒令休致打箭鑪廳同知武文源敷衍無實酉陽直隸州知州申轄治盜無能雙流縣知縣鄭毓琨才短性執珙縣知縣陳其訓輿論不孚峨眉縣知縣蕭茂芬疏庸怠忽墊江縣知縣張六翮榮縣知縣趙維新銅梁縣知縣李景晉榮經縣知縣彭文翰永川縣知縣俞寶奎榮昌縣知縣趙詠清等六員俱難勝繁劇人地不宜以上十一員均著開缺另補另片奏綏甯協副將唐珊

峰禦夷無方用人乖謬難勝閫寄崇化營都司李孔
周才力庸邁心術難問均著即行革職馬邊右營守
備劉德昭衰邊右營守備何學章年力就衰聲名平
常均著勒令休致又片奏戒煙不力各員據實糾參
等語保甯府教授喻鎮藩邛州學正戴綸喆龍安府
訓導唐棣華彰明縣訓導王式彝試用巡檢陳祖望
試用典史任慶瑞補用縣丞張貞吉均著即行革職
彰明縣知縣姚良椿戒煙不力居官尚無廢事著暫
行革職調省查看餘著照所議辦理該部知道又奉
諭旨禮部奏甘肅固原州回民李生潮年逾百歲覈與
乾隆年間趙元寅之案相同而年復較多應如何優
加賞賚聲明請旨一摺李生潮著照列旌表並於例
賞外加恩多賞一倍再行加賞御書匾額一方用昭
嘉惠耆民至意又奉
諭旨廣西左江鎮總兵員缺著陸榮廷調補李國治著
署理右江鎮總兵又奉
諭旨江西九江府知府員缺著璞良補授
軍機大臣欽奉
諭旨三月十一日
德宗景皇帝几筵前行祖奠禮由
監國攝政王代詣行禮
是日禮部奏三月初十日等日各
忌辰遣官一摺奉
諭旨三月初十日
孝貞顯皇后忌辰祭
普祥峪
定東陵派溥倬行禮十一日
孝賢純皇后忌辰祭

裕陵派壽全行禮

是日

起居注官恩祥吳士鑑

二十六日丙午

上詣長春宮

隆裕皇太后前請安

內閣奉

諭旨龐鴻書奏武職庸妄溺職請旨懲處一摺貴州普安營遊擊姚承恩聲名甚劣被控有案擅用非刑衆論不孚署平越營遊擊凱里營都司崔恩仲貪鄙無恥用親隨頂充兵額並有缺糧情事撤任後復與署中軍守備儘先補用守備黃大元滋鬧黃大元亦縱兵爭毆大玷官常長壩營遊擊譚玉和缺額不補發餉婪索私開押當出佃官屋以上四員均屬武營敗類著一併革職該部知道又奉

諭旨欽差大臣東三省總督兼管三省將軍事務錫良著加恩在紫禁城內騎馬

軍機大臣欽奉
諭旨翰林院侍讀汪鳳藻奏懇辭分科大學監督一摺
所請著毋庸議

是日
起居注官延清周爰諏

二十七日丁未
上詣長春宮
隆裕皇太后前請安　辰刻
詣皇極殿
孝欽顯皇后梓宮前行朝上食禮畢
詣觀德殿
德宗景皇帝梓宮前行朝上食禮畢
駕還養心殿

是日
起居注官世榮汪鳳藻

二十八日戊申

上詣 長春宮

隆裕皇太后前請安

是日

起居注官崇山熊方燧

二十九日己酉

上詣 長春宮

隆裕皇太后前請安

是日

起居注官覺羅文華鄭沅

宣統元年歲次己酉三月初一日庚戌

上詣　長春宮

隆裕皇太后前請安

內閣奉

諭旨慶親王奕劻奏遵保恭修

菩陀峪

定東陵工程出力人員開單呈覽各摺片

菩陀峪

定東陵工程自光緒二十一年開工以來歷經十餘載該

承修王大臣督率各員悉心經理備著勤勞自應量

予恩施承修王大臣慶親王奕劻著交宗人府從優

議敘監督鐵良著交部從優議敘紹英耆齡榮勳均

著賞給頭品頂戴在工出力人員開單之內務府郎

中繼祥著以三院卿儘先題奏護軍參領三旗虎槍

領祥麟右翼翼尉德瑞均著以副都統記名簡放在

任即選知府度支部郎中寧恆著俟得知府後在任

以道員候補並賞加二品銜內務府候補員外郎德

崑著免補員外郎以郎中遇缺即補內務府員外郎

德麟著俟升郎中後在任以三院卿儘先題奏記名

繁缺知府禮部員外郎德祜著仍以知府記名簡放

並賞加三品頂戴內務府郎中連璧著開缺以副都

統記名簡放陸軍部署右丞左參議許東琦著以應

升之缺開列在前並隨帶加一級前內閣侍讀學士

占鳳著以副都統記名簡放吏部郎中鍾崙著以應

升之缺升用特用道年其汶著仍以道員交軍機處

存記並賞加二品銜陸軍部候補員外郎主事隆凱

著仍以本部員外郎遇缺先前即補並賞加三品頂

戴郵傳部員外郎光裕著在任以知府即選並賞加

三品銜委散秩大臣承恩公榮泉著交部從優議敘
分省補用道何炳瑩著以副都統記名簡放度支部
郎中李毓芬著以應升之缺開列在前俟升缺後賞
加二品銜內務府郎中希賢著在任以道員儘先即
選並賞加二品銜花翎二品頂戴巳革郎中文錦著
開復原銜翎枝禮部員外郎存志著賞戴花翎都察
院筆帖式存義著在任以理事同知儘先帶領引見
並先換頂戴即選布理問趙保三著以知州分省補
用並賞加四品銜吏部主事盛昆著在任以本部員
外郎無論宗室滿洲缺出遇缺先前即補即補主事
宗人府筆帖式文桐著以主事分部遇缺即補內務
府候補員外郎延年著俟補缺後以郎中計三缺補
用都察院候補都事孟康壽著以員外郎分部遇缺
儘先即補內務府七品筆帖式堃輔著在任以內管

領儘先前升用並賞加副護軍參領銜禮部即補主
事筆帖式榮福著免補主事以本部員外郎遇缺即
補前禮部左參議良揆著以副都統記名簡放知縣
用候選教諭張兆鈞著以知縣分省歸候補班補用
並賞加四品銜內務府郎中繼銘著在任以三院卿
儘先題奏吏部郎中榮厚著以應升之缺開列在前
並賞加二品銜湖北候補道衡永著以副都統記名
簡放記名繁缺知府陸軍部郎中崇福著俟得缺後
以道員在任補用並賞加二品銜理藩部候補主事
瑞麟著免補主事以本部員外郎遇缺即補議敘筆
帖式毓鋆著以主事分部遇缺即補法部員外郎續
麟著在任以本部郎中儘先即補並賞加四品銜郵
傳部左丞李焜瀛著賞加二品銜並隨帶加一級江
蘇候補知府陸宗游著以道員仍留原省補用並賞

加二品銜候補四品京堂宗室占鼇著俟補缺後以
應升之缺開列在前並賞加二品銜法部學習郎中
崔步騆著作為學習期滿以本部郎中無論題序遇
缺儘先補用宗人府筆帖式宗室毓彩著免補本班
以主事分部補用員外郎銜候選主事世忠著以員
外郎分部遇缺即補四品宗室寶泰著以筆帖式歸
宗人府遇缺儘先即補陸軍部候補員外郎錫元著
免補員外郎以郎中遇缺先前即補謄錄官毓琨著
賞加五品銜分省補用知縣房漢章俟補知縣後著
以直隸州知州補用離工監督監修辦事官兩江總
督端方等十八員均著交部從優議敘
裕陵郎中即選知府文蔭著俟得知府後在任以道員用
定東陵郎中麟祥著以知府在任選用
孝陵員外郎博爾莊武著賞加三品銜直隸補用知縣竇
信著免補本班以直隸州知州仍留原省補用道員
用直隸候補知府陶式鋆著免補知府仍以道員儘
先補用把總陳全貴郝國盛盧承祜均著免補千總
以守備儘先補用額外外委陳瑞卿著免補經制外
委以把總儘先即補直隸補用參將葛振全著以副
將仍留原省補用並賞加總兵銜把總崔保棠著以
千總補用遊擊張鵬舉著在任以參將升用千總李
振鵬著以守備升用守備王建功著以都司補用千
總梁鋼環著賞加四品銜額外外委楊蘊秀著免補
經制外委以把總補用前鋒參領志廣著賞戴花翎
副護軍參領文景著以護軍參領補用護軍參領慶
貴著以應升之缺補用護軍校慶林著遇有空花翎
缺出儘先前即補外火器營掌關防營總額勒賀著
俟升缺後賞加二品銜軍功五品銜文珊著以本旗

驍騎校補用即補員外郎武備院筆帖式湧清著賞加三品銜候選縣丞王文瑞著以知縣分省補用並賞加運同銜在任候補同知直隸州知州遵化縣知縣韓寶濂著免補同知直隸州知州開缺以知府仍留原省補用分省補用知府楊立濱著免補知府以道員仍分省補用知府用即用知州徐樹瑾著以知府分省補用分部候補司務徐世麟著以主事即補

候選主簿王曾鑑著以知縣補用候補知縣方文光著以知縣分省儘先即補江蘇候補縣主簿何天元著免補本班以縣丞仍留原省補用候選巡檢夏文瀚著以縣丞補用陸軍部學習筆帖式李文光著作為本部主事補用監生王秉賢著以從九品選用候選布經歷包德昌著以知州分省補用光祿寺署正銜王治著賞給四品封典監生王福寬著以從九品

選用鹽大使銜王文銳著以鹽大使選用分省布理問李和張文郁均著以知州分省補用縣丞銜李啟雲韓世昌均著以縣丞選用監生陳朝元耿治廣均著以從九品選用候選州同耿步武著以知州選用分省補用知縣馬文盛著以直隸州分省補用候選主事馬增祺著賞加員外郎銜候選布理問楊逢春著以知州選用同知銜耿步芳著賞加四品頂戴前

內閣學士兼禮部侍郎銜宗室墨麒著交部從優議敘翰林院侍講學士延清著以應升之缺升用宗人府主事溥平俟得五品後著賞加三品頂戴前度支部主事毓郊著俟補主事後在任以本部員外郎遇缺即補湖北候補知縣古東彝著免補知縣以直隸州知州仍留原省補用分省補用知縣鄔永齡著以直隸州知州仍分省補用分省補用州判陳寵鉞著

以知縣仍分省補用候選知縣劉棨第著以直隸州
知州分省補用欽天監博士古彭年著以五官正儘
先補用其已故之承修大臣監督監修等著查明開
單請旨片一件單四件併發又奉
諭旨廣東高雷陽道員缺著徐士佳補授

是日
起居注官榮光惲毓鼎

初二日辛亥
上詣長春宮
隆裕皇太后前請安
內閣奉
諭旨理藩部奏章嘉呼圖克圖呈請隨從兼祧
皇考德宗景皇帝梓宮奉移
山陵諷經一摺章嘉呼圖克圖著准其每日帶領喇嘛四
名在
梓宮前諷經

是日
起居注官景潤周克寬

初三日壬子

上詣長春宮

隆裕皇太后前請安

是日

起居注官錫鈞許澤新

初四日癸丑

上詣長春宮

隆裕皇太后前請安

軍機大臣欽奉

諭旨都察院代奏福建官紳等呈請開復已革署禮部左侍郎詹事府少詹事王錫蕃等語王錫蕃著准其開復原官

是日

起居注官景褑黄思永

初五日甲寅

上詣 長春宮

隆裕皇太后前請安

詣 皇極殿

孝欽顯皇后梓宮前行朝上食禮畢

詣 觀德殿

德宗景皇帝梓宮前行朝上食禮畢

駕還養心殿

是日

起居注官恩祥李士鉁

初六日乙卯

上詣 長春宮

隆裕皇太后前請安

内閣奉

諭旨四月初一日孟夏時享

太廟遣訥勒赫恭代行禮

後殿派懋林行禮東廡西廡派布璋承蔭各分獻又奉

諭旨四月初七日常雩大祀

天於

圜丘遣溥偉恭代行禮

四從壇派錫露榮墪德壽恩輝各分獻

是日

起居注官延清楊捷三

初七日丙辰

上詣 長春宮

隆裕皇太后前請安

內閣奉

諭旨慶親王奕劻奏遵旨查明已故承修大臣開單呈

覽一摺原任大學士崇祿承修

菩陀峪

定東陵工程曾經著有勞績加恩著賜祭一壇該衙門知道

是日

起居注官世榮吳士鑑

初八日丁巳

上詣 長春宮

隆裕皇太后前請安

是日

起居注官崇山周爰諏

初九日戊午

上詣　長春宮

隆裕皇太后前請安

內閣奉

諭旨左翼前鋒統領印鑰著棍扎布布暫行佩帶正黃旗護軍統領印鑰著景恩暫行佩帶正白旗護軍統領印鑰著蘇嚕岱暫行佩帶正紅旗護軍統領印鑰著塔克什訥暫行佩帶鑲白旗護軍統領印鑰著溥倬暫行佩帶又奉

諭旨御鳥槍處印鑰著訥勒赫暫行佩帶又奉

諭旨鑲白旗蒙古副都統印鑰著博迪蘇暫行佩帶

是日

起居注官覺羅文華汪鳳藻

初十日己未

上詣　長春宮

隆裕皇太后前請安

內閣奉

諭旨前內閣學士兼禮部侍郎銜陳寶琛著開復降調處分

是日

起居注官榮光熊方燧

十一日庚申

上詣　長春宮

隆裕皇太后前請安　辰刻

詣　觀德殿

德宗景皇帝梓宮前行祖奠禮致祭跪送衣版畢

駕還養心殿

內閣奉

諭旨

監國攝政王面奉

隆裕皇太后懿旨每年度支部交進年節另款銀二十八

萬兩著自本年起毋庸交進又奉

諭旨右翼前鋒統領印鑰著祥年暫行佩帶又奉

諭旨武英殿修書處印鑰著葛寶華暫行佩帶又奉

諭旨中正殿印鑰著奎俊暫行佩帶又奉

諭旨樂部及音律處印鑰著溥偉暫行佩帶

是日

起居注官景潤鄭沅

十二日辛酉

上詣　長春宮

隆裕皇太后前請安　辰刻

詣　皇極殿

孝欽顯皇后梓宮前行朝上食禮畢　午刻

詣　觀德殿

德宗景皇帝梓宮前奠酒舉哀行禮畢奉移

德宗景皇帝梓宮啟行跪送畢

駕還養心殿

是日

起居注官錫鈞惲毓鼎

十三日壬戌

上詣　長春宮

隆裕皇太后前請安

是日

起居注官景湲周克寬

十四日癸亥
上詣長春宮
隆裕皇太后前請安
是日
起居注官景潤許澤新

十五日甲子
内閣奉
諭旨廣西巡警道員缺著劉永滇補授
是日
起居注官延清黄思永

宣統元年歲次己酉三月十六日乙丑

上詣長春宮

隆裕皇太后前請安

内閣奉

諭旨奉天東邊道員缺著沈承俊補授

是日

起居注官世榮李士鉁

十七日丙寅

上詣長春宮

隆裕皇太后前請安

内閣奉

諭旨上年恭請

德宗景皇帝梓宮暫安

觀德殿所有守衛景山内外之護軍營兵丁及内務府三

旗兵丁步軍統領衙門兵丁等均著加恩每名賞給

半月錢糧民政部警兵每名賞給半月薪餉該衙門

知道又奉

諭旨

德宗景皇帝梓宮奉移

山陵饗奠禮成所有恭辦喪禮之禮親王世鐸睿親王魁

斌喀爾喀親王那彥圖奉恩鎮國公度支部尚書載

澤禮部尚書溥良內務府大臣繼祿增崇均能恪恭
將事著各賞加三級恭辦喪禮之大學士世續協辦
大學士鹿傳霖因留京辦事未派恭送亦均著賞加
三級禮部民政部堂官除溥良業經賞加三級外禮
部侍郎景厚郭曾炘民政部尚書肅親王善耆侍郎
烏珍林紹年及承辦喪禮之內務府堂司各官暨禮
部民政部堂司辦理一切悉臻妥協俱各賞加二級
各營派出
蘆殿管營各官各賞加一級恭送
梓宮及隨從
皇太后赴
陵之文武大小官員侍衛章京等並守護
陵寢大臣奎瑛溥霱總兵希廉均著賞加一級守護
梁格莊行宮之拜唐阿兵丁並隨從

皇太后之各營兵丁均賞給半月錢糧以示朕推廣仁施
至意該部知道又奉
諭旨
德宗景皇帝梓宮奉移
山陵所有派出
蘆殿各營管營各官已有旨均賞加一級其
蘆殿管營大臣兆欽善豫著加恩再各賞加一級其所管
該營兵丁均著賞給半月錢糧又奉
諭旨
德宗景皇帝梓宮奉移
山陵沿途州縣方春東作正麥苗滋長之時所有由京至
易州一帶經過地方除隙地不計外凡有平毀麥田
者著加恩每畝賞給銀一錢俾農民購買籽種補植
新禾即於直隸藩庫節年耗羨款內動支給須覈實

報銷又奉
諭旨
德宗景皇帝奉移
山陵沿途恭請
大轝之直隸僱備民夫著加恩賞銀八千兩即在廣儲司
動支交楊士驤分別給領又奉
諭旨此次
隆裕皇太后躬送
德宗景皇帝梓宮奉移
山陵直隸大小官員辦理一切差務均屬妥協總督楊士
驤及辦差文武大小員弁著加恩各賞加一級所有
沿途當差兵丁著加恩賞給一月錢糧該部知道又奉
諭旨連日恭請
隆裕皇太后轎之鑾輿衛校尉著加恩每名賞給一兩重
銀錁一箇由廣儲司給發又奉
諭旨
德宗景皇帝梓宮奉移
山陵所過橋梁路途皆歷年
輦路經行萬姓瞻依之地宜加渥澤用廣
恩施著將沿途經過之宛平良鄉涿州房山淶水五州縣
地方本年地丁錢糧蠲免十分之五易州蠲免十分
之七該部遵諭速行又奉
諭旨鑾輿衛恭請
德宗景皇帝小昇轝之校尉及內務府僱備夫役俱著加
恩每名賞銀一兩由廣儲司給發又奉
諭旨本月十二日奉移
德宗景皇帝梓宮所有修道之步甲著每名賞給半月錢糧

是日

起居注官崇山楊捷三

十八日丁卯

上詣 長春宮

隆裕皇太后前請安

內閣奉

諭旨恭送

德宗景皇帝梓宮並隨扈

隆裕皇太后之陸軍部派出兵丁等著每名賞給半月餉

銀由陸軍部照數發給又奉

諭旨恭送

德宗景皇帝梓宮之王公並隨扈

隆裕皇太后之御前乾清門各員均著賞加一級又奉

諭旨榮慶奏假期屆滿病仍未痊懇請開缺一摺榮慶

著再賞假一箇月安心調理毋庸開缺

是日

起居注官覺羅文華吳士鑑

十九日戊辰

上詣長春宮

隆裕皇太后前請安　辰刻

詣皇極殿

孝欽顯皇后梓宮前行朝上食禮畢

駕還養心殿

內閣奉

諭旨松壽奏特參庸劣不職文武各員請分別懲處一摺福建馬家巷通判白荃辦事顢頇聲名惡劣沙縣知縣鮑德名操守平常居心巧詐前署廈防同知補用知縣鈕承藩狡詐貪婪聲名狼籍前署平潭同知試用通判全士俊信用幕書聲名甚劣前署順昌縣試用知縣吉偉行為謬妄不堪造就前署德化縣試用知縣曹桂籍才具平庸馭下寬縱辦理泉州府稅

務委員試用同知陳鉄信任子姪舞弊營私試用通
判潘履亨行為不檢聲名平常補用知縣鮑文鋐氣
質輕浮行為荒謬試用知縣王汝楫妄事鑽營不安
本分前泰甯局委員候補鹽大使李世升貪圖小利
膜視公帑福清縣南日縣丞吳炳輝擅受擾民前代
理平和縣南勝縣丞試用縣丞歐崧齡惟利是圖海
澄縣海門巡檢黃瀚文嗜利妄為試用巡檢唐之際
因案潛逃署延平協副將桐山營游擊曹德奎辦事
荒謬罔恤聲名均著即行革職餘著照所議辦理該
部知道

軍機大臣欽奉

諭旨恭備

德宗景皇帝梓宮奉移差務之民政部丞參廳丞禮部丞
參步軍統領衙門堂司各官除已加恩外餘均賞加
二級

是日

起居注官榮光周爰諏

二十日己巳

上詣　長春宫

隆裕皇太后前請安

内閣奉

諭旨朕恭讀光緒二十六年二十七年迭奉

諭旨特將誣陷被罪之前户部尚書立山兵部尚書徐用

儀吏部左侍郎許景澄内閣學士聯元太常寺卿袁

昶開復原官並録用子嗣仰見我

德宗景皇帝東承我

孝欽顯皇后慈恩垂訓一秉至公惟念該故員等心存君

國忠蹇可矜允宜再沛恩施嘉名特錫立山徐用儀

許景澄聯元袁昶均著加恩予謚用示朕推廣

慈仁之至意該衙門知道又奉

諭旨奉天巡撫著錫良兼署又奉

諭旨山西巡警道員缺著王爲榦補授又奉

諭旨東三省總督錫良奏請調人員一摺著照所請該

部知道

是日

起居注官景潤汪鳳藻

二十一日庚午

上詣　長春宮

隆裕皇太后前請安

是日

起居注官錫鈞熊方燧

二十二日辛未

上詣　長春宮

隆裕皇太后前請安　辰刻

詣　皇極殿

孝欽顯皇后梓宮前行五滿月禮致祭跪送衣版畢

駕還養心殿

是日

起居注官景禐鄭沅

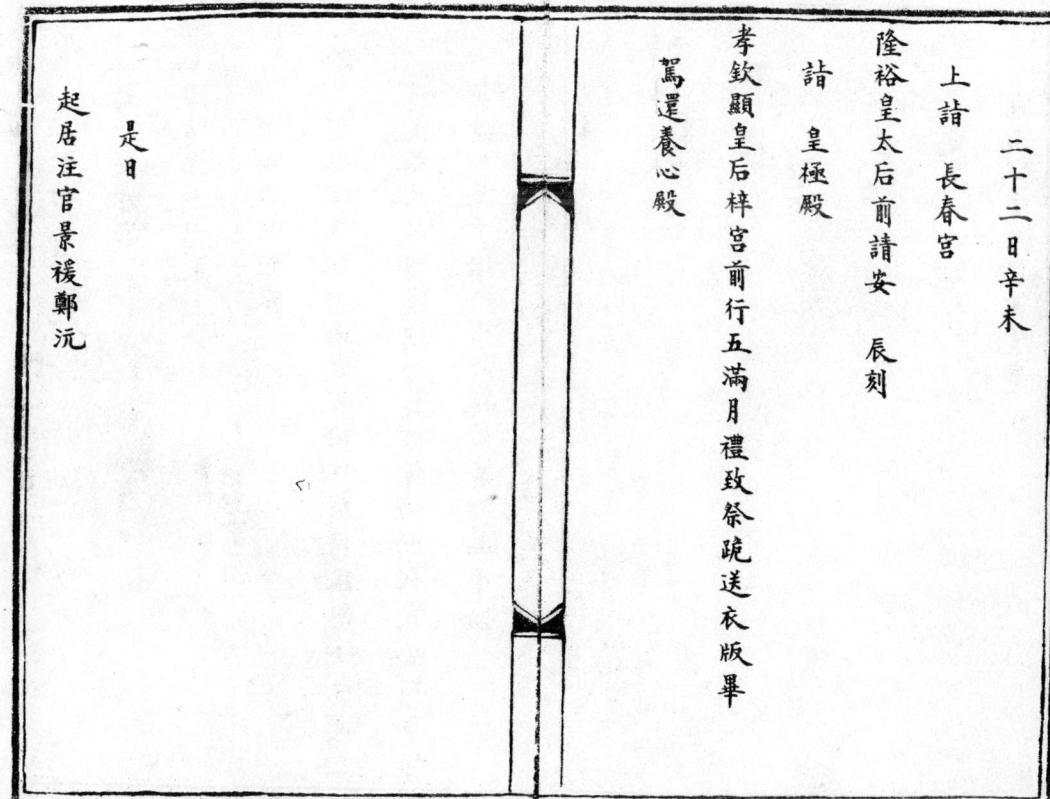

二十三日壬申

上詣　長春宮

隆裕皇太后前請安

內閣奉

諭旨直隸通永鎮總兵員缺着雷震春補授

是日

起居注官恩祥惲毓鼎

二十四日癸酉

上詣　長春宮

隆裕皇太后前請安

軍機大臣欽奉

諭旨都察院代奏河南京官翰林院侍講學士楊捷三等呈稱已故河道總督許振禕功德在民條列事實懇請加恩予謚一摺許振禕著加恩予謚

是日

起居注官延清周克寬

二十五日甲戌
上詣 長春宮
隆裕皇太后前請安
內閣奉
諭旨左翼監督著麟光去右翼監督著兜欽去
是日
起居注官世榮許澤新

二十六日乙亥
上詣 長春宮
隆裕皇太后前請安 辰刻
詣 皇極殿
孝欽顯皇后梓宮前行朝上食禮畢
駕還養心殿
內閣奉
諭旨學部奏酌量變通初等小學堂章程並原有小學
簡易科酌擬兩類辦法以期學徒日多教育漸臻普
及繕單呈覽一摺所奏尚屬切實易行著各省督撫
率同提學使無論官學私塾均當遵照此次定章分
別地方情形切實舉辦並隨時派員認真考核嗣後
辦學官紳如再有因循欺飾不遵章程者即由學部
察明嚴行參處務期學校日興民智日啟以仰副朝

廷敷教牖民之至意
是日禮部具奏四月初七日祭
天壇奏
派看牲大臣一摺奉
諭旨派景厚看牲
又具奏四月十七等日各
忌辰遣官一摺奉
諭旨四月十七日
孝端文皇后忌辰祭
昭陵派隆譽行禮二十九日
孝慎成皇后忌辰祭
慕陵派奎瑛行禮
是日
起居注官崇山黃思永

二十七日丙子
上詣　長春宮
隆裕皇太后前請安
內閣奉
諭旨外務部左參議著周自齊轉補曹汝霖著補授右
參議又奉
諭旨此次京察引見三品以下京堂各官均著照舊供職
是日
起居注官覺羅文華李士鉁

二十八日丁丑

上詣　長春宮

隆裕皇太后前請安

內閣奉

諭旨雲貴總督李經羲奏調人員一摺江蘇候補知府

應德閎山東候補知府魏家驊江西候補知府夏翊

宸候選知府鍾麟同直隸補用直隸州知州熊范輿

江蘇候補知縣洪壽彭安徽補用知縣朱學程補用

副將孔慶塘留直儘先補用游擊靳雲鵬補用都司

張繼良均著發往雲南交李經羲差遣委用又奉

諭旨雲貴總督李經羲奏調內閣中書孫光庭各員一

片著照所請該衙門知道又奉

諭旨雲南臨安開廣道著龔心湛調補易順鼎著調補

廣東廉欽道

是日

起居注官榮光楊捷三

二十九日戊寅

上詣　長春宮

隆裕皇太后前請安

是日

起居注官景潤吳士鑑

宣統元年歲次己酉四月初一日己卯

上詣　長春宮

隆裕皇太后前請安

是日

起居注官錫鈞　周爰諏

初二日庚辰

上詣　長春宮

隆裕皇太后前請安

是日

起居注官景禐　汪鳳藻

初三日辛巳

上詣 長春宮

隆裕皇太后前請安

是日

起居注官恩祥 熊方燧

初四日壬午

上詣 長春宮

隆裕皇太后前請安 卯刻

詣 皇極殿

孝欽顯皇后梓宮前行朝上食禮畢

駕還養心殿

軍機大臣欽奉

諭旨陸軍部左侍郎壽勳差務較繁著毋庸進文職班

是日

起居注官延清 鄭沅

初五日癸未
上詣 長春宮
隆裕皇太后前請安
内閣奉
諭旨此次京察一等圈出人員著各該堂官再行出具切實考語交吏部帶領引見圈出之滿洲蒙古中書筆帖式等官著歸入理事同知通判内遇有缺出與舊記名人員一體帶領引見漢軍漢員著交部以撫民同知通判等官分别選用翰林院主事寶芝起居注主事萬亨禮部六品贊禮官景存學部國子丞銜門典簿松廷文鼒法部七品小京官海濬榮勳唐古忒學司業承慶度支部寶泉局大使隆理貴達禮部贊禮郎松齡鳴贊寶椈緒英欽天監司書陳壽圖俱著交部照例以應升之缺升用其内閣侍讀連兆等三百二十二員俱著准其一等加一級又奉
諭旨奉天巡撫著程德全署理錫良毋庸兼署
是日
起居注官世榮惲毓鼎

初六日甲申

上詣長春宮

隆裕皇太后前請安

内閣奉

諭旨山西提學使著王貽書補授又奉

諭旨度支部奏各省財政宜統歸藩司以資綜核而專責成一摺各省財政頭緒紛繁自非統一事權不足以資整理嗣後各省出納款目除鹽糧關各司道經管各項按月造册送藩司或度支使查核外其餘關涉財政一切局所著各該督撫體察情形予限一年次第裁撤統歸藩司或度支使經管所有款項由司庫存儲分別支領即由各督撫督飭該藩司等將全省財政通盤籌畫認真整頓仍著度支部隨時考核分别勸懲以副綜核名實之至意

是日

起居注官崇山周克寬

初七日乙酉

上詣長春宮

隆裕皇太后前請安

内閣奉

諭旨五月初五日夏至大祀

地於

方澤遣肅親王善耆恭代行禮

四從壇派鍚露榮壑恩輝延秀各分獻文奉

諭旨朕寅承丕緒撫馭萬方敬念

列聖御極之初蠲免積逋覃敷闓澤誠以民為邦本厚民

生正所以培元氣也允宜祇遵

成憲特沛恩綸所有各直省民欠錢糧即著度支部酌覈

奏請蠲免用示子惠元元至意

是日

起居注官覺羅文華許澤新

初八日丙戌
上詣長春宮
隆裕皇太后前請安
内閣奉
諭旨端方代奏廣西布政使余誠格因病懇請開缺一
摺余誠格著准其開缺
是日
起居注官榮光黃思永

初九日丁亥
上詣長春宮
隆裕皇太后前請安
内閣奉
諭旨此次京察引見年至六十五歲以上之度支部郎
中世昌等均著照舊供職不到之宗人府理事官恩
元著該部照例辦理又奉
諭旨廣西布政使著魏景桐補授趙濱彥著補授廣東
按察使又奉
諭旨貝勒載濤等奏遵擬王公等佩帶爵章式樣一摺
所擬尚屬周妥著即由該專司訓練大臣等製造呈
覽嗣後凡王公世爵入軍隊者一律由該大臣等遵
照此制發給佩帶以示區别品級之意

是日

起居注官景潤李士鉁

初十日戊子

上詣　長春宫

隆裕皇太后前請安

内閣奉

諭旨兩淮鹽運使著增厚補授又奉

諭旨雲南糧儲道員缺著曾廣銓補授

是日

起居注官錫鈞楊捷三

十一日己丑

上詣　長春宫

隆裕皇太后前請安　卯刻

詣　皇極殿

孝欽顯皇后梓宫前行朝上食禮畢

駕還養心殿

是日

起居注官景禐吳士鑑

十二日庚寅

上詣　長春宫

隆裕皇太后前請安

是日

起居注官恩祥周爰諏

十三日辛卯

上詣 長春宮

隆裕皇太后前請安

内閣奉

諭旨鑲白旗護軍統領印鑰著蘇嚕岱暫行佩帶

是日

起居注官延清汪鳳藻

十四日壬辰

上詣 長春宮

隆裕皇太后前請安

内閣奉

諭旨此次内務府三院等處京察一等圈出人員著該堂官再行出具切實考語帶領引見圈出之筆帖式泰雲端莊錫麟漢章敬善寶鏞英連恆健長海恩藻振麟文通榮桂文彩上駟院主事多斌筆帖式錫齡奉宸苑主事清桂圓明園六品苑丞恆勛八品苑副世貴

頤和園六品苑丞榮來筆帖式玉福均著交吏部記名照例選用所有一等官員筆帖式達他等均著准其一等加一級不到之内務府郎中盛桂員外郎莊達筆帖式清榮武備院委署主事惠林著該衙門照例辦

理至年已逾歲之員外郎文珣等均著照舊供職

是日

起居注官世榮熊方燧

十五日癸巳

上詣長春宮

隆裕皇太后前請安

内閣奉

諭旨甘肅蘭州府知府員缺緊要著該督於通省知府

内揀員調補所遺員缺著英勛補授又奉

諭旨禮部奏耆紳會榜重逢籲懇恩施一摺二品頂戴

三品卿銜前署山東督糧道郭鑑襄早年登第晉秩

監司前因重逢鄉舉賞給卿銜茲屆該員會試之年

適遇花甲洵屬藝林盛事加恩著賞給頭品頂戴以

惠耆年又奉

諭旨禮部奏崇上

皇太后徽號恭進奏書

冊

寶並頒詔吉期應於何時舉行一摺著欽天監於本年十
一月內敬謹擇吉舉行又奉
諭旨京師入夏以來雨澤稀少現在節逾小滿農田待
澤孔殷朕心實深寅盼允宜虔申祈禱本月十七日
派恭親王溥偉敬謹前詣
大高殿恭代拈香
時應宮派貝勒載洵
昭顯廟派貝勒載濤
宣仁廟派貝子溥倫
凝和廟派貝子銜鎮國將軍載振同於是日分詣拈
香以迓甘霖而慰農望

是日

起居注官崇山鄭沅

宣統元年歲次己酉 日甲申

上詣長春宮

隆裕皇太后前請安

內閣奉

諭旨禮部奏恭備

德宗景皇帝

升祔大禮請旨一摺著內閣各部院翰林給事中御史詳

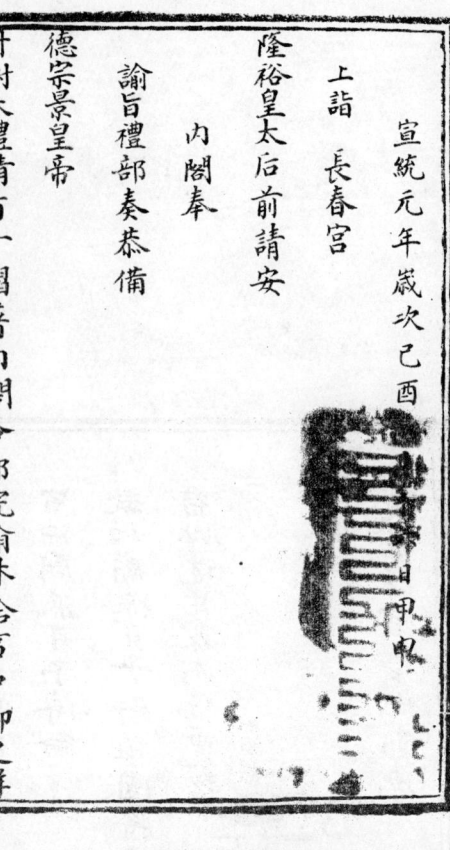

慎妥議具奏又奉

諭旨貴州按察使著嚴雋熙補授

是日

起居注官覺羅文華 惲毓鼎

十七日乙未

上詣長春宮

隆裕皇太后前請安

內閣奉

諭旨此次引見之上次圈出京察一等人員連兆等共

一百二十一員及補行引見之度支部員外郎谷如

墉一員著於本月十九日起按照名次先後每日六

員呈遞膳牌伺候召見如是日未經召見仍於次日

豫備其餘各員以次遞推

是日禮部奏五月初三等日各

忌辰遣官一摺奉

諭旨五月初三日

孝誠仁皇后忌辰祭

景陵派載瀛行禮二十三日

孝恭仁皇后忌辰祭
景陵派壽全行禮

是日
起居注官榮光 周克寬

十八日丙申
上詣長春宮
隆裕皇太后前請安 卯刻
詣皇極殿
孝欽顯皇后梓宮前行朝上食禮畢
駕還養心殿
內閣奉

諭旨此次內務府京察一等覆帶人員除南苑郎中恩
奎外榮銓等二十五員著俟各部院衙門人員召見
完竣後於次日起按照名次先後每日六員呈遞膳
牌接讀伺候召見如是日未經召見仍於次日豫備
其餘各員以次遞推又奉
諭旨山東曹州府知府員缺著王賡廷補授又奉
諭旨升允電奏甘肅連年旱歉蘭州涼州鞏昌各屬前

歲被災去秋尤甚入春雪雨愆期迄今尚未得有透
雨碾伯會寗及各土司先後報災現在糧少價昂饑
民哀號乞命牲畜多致餓仆等語覽奏殊堪憫惻加
恩著賞給帑銀六萬兩由度支部給發著該督派委
妥員按照所屬災區查明戶口災情輕重分往散放
務使實惠均霑毋任失所用副朝廷軫念災黎至意
該部知道

是日
起居注官景潤許澤新

十九日丁酉
上詣　長春宮
隆裕皇太后前請安

是日
起居注官錫鈞黃思永

二十日戊戌

上詣　長春宮

隆裕皇太后前請安

是日

起居注官景禐　李士鉁

二十一日己亥

上詣　長春宮

隆裕皇太后前請安

軍機大臣欽奉

諭旨嗣後應行驗看人員均著由各該衙門帶領引見

其餘應行驗放人員仍歸内閣驗放

是日

起居注官恩祥　楊捷三

二十二日庚子

上詣　長春宮

隆裕皇太后前請安　卯刻

詣　皇極殿

孝欽顯皇后梓宫前行六滿月禮致祭跪送衣版畢

駕還養心殿

是日

起居注官延清吳士鑑

二十三日辛丑

上詣　長春宮

隆裕皇太后前請安

是日

起居注官世榮周爰諏

二十四日壬寅

上詣長春宮

隆裕皇太后前請安

内閣奉

諭旨戴鴻慈現在出差法部尚書著葛寶華署理又奉

諭旨前因京師雨澤稀少當經派恭親王溥偉等虔詣

大高殿等處恭代拈香數日以來雖經得雨尚未渥沛甘霖允宜再申祈禱本月二十六日仍派恭親王溥偉敬謹前詣

大高殿恭代拈香

時應宫仍派貝勒載洵

昭顯廟仍派貝勒載濤

宣仁廟著派貝子銜鎮國公載澤

凝和廟仍派貝子銜鎮國將軍載振於是日分詣拈香

軍機大臣欽奉

諭旨本日

監國攝政王代詣致祭

太廟所有執事人員到班甚遲著前往照料之御前大臣查明參奏

是日

起居注官崇山汪鳳藻

二十五日癸卯

上詣 長春宮

隆裕皇太后前請安 卯刻

詣 皇極殿

孝欽顯皇后梓宮前行朝上食禮畢

駕還養心殿

内閣奉

諭旨湖北鄖陽府知府員缺著伍銓萃補授

軍機大臣欽奉

諭旨

孝欽顯皇后几筵前端陽節加祭禮由

監國攝政王代詣行禮又欽奉

諭旨

德宗景皇帝几筵前端陽節加祭禮著值班王大臣行禮

是日

起居注官覺羅文華熊方燧

二十六日甲辰

上詣長春宫

隆裕皇太后前請安

是日

起居注官榮光鄭沅

二十七日乙巳

上詣長春宫

隆裕皇太后前請安

内閣奉

諭旨大學士張之洞協辦大學士鹿傳霖均著免其帶領引見

是日禮部奏五月初五日夏至祭

地壇奉

諭旨派郭曾炘看牲

又奏五月十三日告祭

關聖帝君廟奉

諭旨派訥勒赫行禮後殿派郭曾炘行禮

是日

起居注官景潤惲毓鼎

二十八日丙午

上詣長春宮

隆裕皇太后前請安

内閣奉

諭旨正白旗護軍統領印鑰著祥年暫行佩帶又奉

諭旨大學士那桐前因患病現在步履未能如常著加

恩在紫禁城内賞坐二人肩輿又奉

諭旨那桐奏瀝陳下悃懇請終制一摺覽奏具見孝思

肫切惟該大學士職司重要朝廷以其辦事認眞深

資倚畀前降旨改爲署任係因時事艱難需才襄贊

不得已從權辦理那桐受恩深重自應仰體朕懷力

圖報稱現經百日孝滿著仍遵前旨照常入直毋許

固辭

是日

起居注官錫鈞周克寬

二十九日丁未

上詣　長春宮

隆裕皇太后前請安

內閣奉

諭旨克勤郡王崧杰屢次請假久未當差殊屬不成事體崧杰著開去差使停支俸祿俟病痊愈再行銷假當差又奉

諭旨前據御史張世培奏參前署慶遠府候補知府阮志觀等昏謬貪殘各節當經諭令張人駿張鳴岐確切嚴查茲據查明覆奏阮志觀兼充慶軍縱容勇丁滋擾釀事蒼梧縣知縣莊炎於委員翁瓚收受賭商謝銀明知不究並招用革役承充船行前署陽朔縣候補知縣錢振榮於書差家丁人等蒙混不法情事毫無覺察前署融縣正任思恩縣知縣趙邦澤縱容哨弁在署開賭鬱林直隸州州判吳錫榮逼供用刑嚴酷以上五員均著交[illegible]廣東試用縣丞翁瓚著歸案訊追究辦前鬱林直隸州知州彭治河業經病故前署北流縣歸順直隸州知州高廷梅前署長安司巡檢准補忻城土縣典史王希和均查無實據已革平南縣知縣吳寶書業經因案革職均著毋庸置議該部知道

是日

起居注官景禮　許澤新

三十日戊申

上詣長春宮

隆裕皇太后前請安

内閣奉

諭旨本年二月二十四日曾經明降諭旨將禁煙要政分别禁吸禁種等項各分權限剴切宣諭乃朕聞京城各衙門送驗人員多係散官末秩其充當要差者多未送驗且有戒而復食者顯係有瞻徇敷衍之弊查禁煙之舉必以禁吸為第一要義而禁吸尤以查禁官員為要義現在各省奏報禁種情形或已全數禁絕或請縮短年限辦理尚屬認真然使土藥絕跡而吸食者不減則專嗜洋藥癮毒愈深耗財愈多為害尤鉅於衛生足民之道仍有未合著責成禁煙大臣咨行京外各衙門切實考查調驗不得稍有瞻顧其外省文武職官學堂並責成督撫暨該管將軍都統及各項該管官員師長一體確查嚴禁總之禁吸禁種相輔而行京外該管各衙門均須懔遵迭次諭旨各顧責成實力奉行如辦理不力者朝廷必當予以懲處

是日

起居注官恩祥黄思永

宣統元年歲次己酉十二月初一日己酉

上詣　長春宮

隆裕皇太后前請安

是日

起居注官延清李士鉁

初二日庚戌

上詣　長春宮

隆裕皇太后前請安

詣　皇極殿

孝欽顯皇后梓宮前行朝上食禮畢

駕還養心殿

是日

起居注官世榮楊捷三

初三日辛亥
上詣 長春宮
隆裕皇太后前請安
內閣奉
諭旨此次引見之廷試游學畢業生進士黃德章陳振
先洪鎔程樹德均著授為翰林院編修虞銘新朱獻
文李盛銜彭世俊均著授為翰林院檢討王孝緗張
煜全胡棟朝顧琅均著改為翰林院庶吉士顧德鄰
章毓蘭均著以主事按照所學科目分部補用舉人
齊鼎恆彭敬時程良楷陳海超趙連璧朱孔文馬德
潤陳同紀吳炳樅張春濤均著以主事按照所學科
目分部補用楊霆垣林先民王治輝陳承修周珍許
炳堃黃汝鑑鄧鎔齊鼎頤程蔭南曹文淵汪與準胡
文藻李鳴謙黃右昌陸家鼎吳憲仁朱紹濂鄭浩陳

官桃王家駒何福麟徐敬熙鄭聯鵬金慶章徐世勲
孫成均著以內閣中書補用陳高第王恩博汪澐蘇
道衡司駿易國霖陳亮熙羅兆鴻李振鐸蔣以魁盧
弼黎淵莊澤定方時翮區樞趙憲曾段樹滋徐鼎元
樊樹勲卞頌元鄭禮鏗吳洪元張書詔楊華王鎮南
黃成霖吳秉釗薛大可安當世胡國洸均著以七品
小京官按照所學科目分部補用戚運機李景圻王
永炅錢家澄于錫垚劉崇佑潘志僖均著以知縣分
省即用葉于蘭著以七品小京官分部補用孫雲奎
郭祖培于書雲均著以知縣分省試用舉人分部郎
中陳應龍氾鴻泰均著按照所學科目分部候奏留
後各以本部郎中即用舉人分部員外郎陳家瓚吳
家駒陳文哲均著按照所學科目分部候奏留後各
以本部員外郎即用舉人外務部候補主事林志鈞

著以本部主事即用舉人候選主事姚煥著仍以主
事選用進士大理院候補從五品推事廉隅著仍以
從五品推事歸原衙門即用舉人大理院候補正六
品推事江庸著以正六品推事歸原衙門即用舉人
直隸試用道陳紹祖著仍以道員歸原省補用
是日
起居注官崇山吴士鑑

初四日壬子
上詣　長春宫
隆裕皇太后前請安
內閣奉
諭旨前因京師雨澤稀少疊經派恭親王溥偉等虔詣
大高殿等處恭代拈香現在節屆夏至雖經得雨尚未深
透允宜再申籲禱本月初六日著派貝勒載洵敬謹
前詣
大高殿恭代拈香
時應宫著派貝勒載濤
昭顯廟著派貝子溥倫
宣仁廟著派鎮國將軍載澤
凝和廟著派鎮國將軍載摭同於是日分詣拈香又
奉

諭旨吏部奏遵議廣西巡撫張鳴岐處分議以降二級
調用不准抵銷一摺張鳴岐著加恩改為降二級留任
又奉
諭旨前伊犁副都統兼塔爾巴哈台參贊大臣安成於
咸豐年間投効軍營從征湖北安徽陝西甘肅新疆
等省躬歷行陣轉戰轉餉著有勞績由筆帖式洊擢
道員屢膺保薦派充駐藏大臣簡授伊犁副都統兼
塔爾巴哈台參贊大臣均能克勤厥職嗣因患病准
其開缺回旗茲聞溘逝軫惜殊深加恩著照副都統
例從優賜卹任內一切處分悉予開復應得卹典該
衙門察例具奏

是日

起居注官覺羅文華周爰諏

初五日癸丑

上詣　長春宮
隆裕皇太后前請安　巳刻
詣　皇極殿
孝欽顯皇后梓宮前行端陽令節禮畢
駕還養心殿
內閣奉
諭旨江蘇巡撫著瑞澂補授又奉
諭旨江蘇布政使著陸鐘琦補授

是日

起居注官榮光汪鳳藻

初六日甲寅

上詣　長春宮

隆裕皇太后前請安

内閣奉

諭旨前以預備立憲條奉

先朝明諭朕御極後復行申諭内外大小臣工共體此意

翊贊新猷毋得摭拾浮言淆亂聰明乃陝甘總督升

允前奏請來京面陳事宜當經電諭儘可由摺電奏陳原以新政繁鉅不厭詳求内外大臣如有所見不妨隨時條陳以資採擇茲據該督奏陳立憲利弊並即懇請開缺迹近負氣殊屬非是本應予以嚴懲姑念該督久任封圻尚無大過著照所請即行開缺又

奉

諭旨升允奏甄别屬員以肅吏治一摺甘肅卸署涼州府事正任涇州直隸州張元瀚見理不明優柔誤事岷州知州童立綱才欠開展難勝邊要河州知州高光斗性情偏執不洽輿情武威縣知縣梅樹南未信勞民致滋怨讟均著開缺另補署會寧縣事議敘通判陳乃訓糶糧營私販土漁利署合水縣事候補知縣楊懋源有文無行縱丁濫刑丁憂前署秦安縣事試用知縣蔣希惠貌似有才心實貪狡裁缺補用知縣成瑞縱子為非被控有案候補知縣劉廷璜猥瑣貪鄙不知自愛署東樂縣丞試用府經歷膽忘無恥不堪造就試用縣丞鍾蔭收釐舞弊需索被控武威縣典史張溥霖粗庸無識辦事操切候補典史汪克承輕率誕妄不知檢束均著即行革職平番縣知縣湯霖迂緩遲鈍難膺民社惟文理尚優著以教職歸部銓選靖遠縣知縣傅曾熙玩視賑務造報遲延著

以府經歷縣丞降補又片奏貪庸不職營員請予懲
儆等語卸署靈武營參將儘先補用游擊劉德貴
居心貪狡行同無賴卸署西鄉營都司儘先補用參將
吳國鎮賦性鄙陋惟利是圖均著即行革職該部知道
又奉
諭旨陝甘總督著長庚補授迅速赴任毋庸來京請訓
未到任以前著毛慶蕃暫行護理又奉
諭旨廣東高雷陽道員缺著王秉恩調補徐士佳著調
補直隸熱河道又奉
諭旨湖南岳常澧道員缺著王乃徵補授又奉
諭旨湖南按察使著周儒臣補授
是日
起居注官景潤熊方燧

初七日乙卯
上詣 長春宮
隆裕皇太后前請安
內閣奉
諭旨江西撫州府知府員缺著李馨國補授
是日
起居注官錫鈞鄭沅

初八日丙辰

上詣　長春宮
隆裕皇太后前請安　卯刻
詣　皇極殿
孝欽顯皇后梓宫前行朝上食禮畢
駕還養心殿

是日
起居注官景禐惲毓鼎

初九日丁巳

上詣　長春宮
隆裕皇太后前請安
內閣奉
諭旨荆州左翼副都統隆斌著即開缺

是日
起居注官恩祥周克寬

初十日戊午
上詣　長春宮
隆裕皇太后前請安
内閣奉
諭旨此次京察一等各員業經召見完竣除吳炯榮光
薛寶辰楊家驤佘炳文夏啟瑜徐兆瑋趙東階鐵格
孫筒經陳鴻翼宗室松溥饒寶書榮厚宗室海錕李
坦毓麒王守恂蔡中熒熙魁高祖佑祥壽如銓謙順
閔荷生銓秀郭集琛耿道沖聶興圻謙榮宗室裕舒
宗樹枏崇耀春照楊履晉成允張丕基覺羅桂恩沈
似壎王之範顧祖彭宗室松窩覺羅同林善英裕芳
文俊倭什琿惠銘史履晉葉芾棠樂善唐烜春常樸
奎毋庸記名外連兆松[illegible]長紹左霈
萬本端張啟藩謝[illegible]楊兆麟[illegible]文
淦宗室恆廉吳錡豫[illegible]文
瀛曲江宴舒鴻貽陸增[illegible]李廷鵬[illegible]宋
存全順奎隆李毓芬董玉卿徐敬立柏年端緒聶寶
琛李德炳麟祐楊熊祥慶隆鳳來達春光裕覺羅耆
昌連培型宗彝壽昌張其鑅熙楨長潤趙從蕃龍建
章宗室庚耆陳應濤緒良舒志特蘇慎茹泰崇興宗
室溥琦趙炳麟徐定超聯惠博齊圖谷如墉均著交
軍機處記名以道府用
是日
起居注官延清許澤新

十一日己未

上詣　長春宫

隆裕皇太后前請安

內閣奉

諭旨直隸總督兼北洋大臣著端方調補迅速來京陛

見未到任以前著那桐署理又奉

諭旨兩江總督兼南洋大臣著張人駿調補迅赴新任毋

庸來京請訓未到任以前著樊增祥暫行護理又

奉

諭旨山東巡撫著孫寶琦署理又奉

諭旨兩廣總督著袁樹勛署理迅速赴任毋庸來京請

訓未到任以前著胡湘林暫行護理又奉

諭旨那桐現派署理直隸總督外務部會辦大臣著世

續署理

是日

起居注官世榮黃思永

十二日庚申
上詣　長春宮
隆裕皇太后前請安
內閣奉
諭旨那桐等奏查驗續經報到薦舉各員分別加考開
單呈覽一摺所有舉人丁保樹著查驗大臣梁敦彥
等帶領引見特用員外郎陶葆廉試署貴州勸業道
都匀府知府王玉麟分省補用道鍾文燿發往雲南
差遣前山東東昌府知府魏家驊著於本月十六十七
日每日二員呈遞膳牌預備召見又奉
諭旨袁樹勛奏耆紳會試重逢籲懇恩施一摺提督銜
前甘肅肅州鎮總兵田在田去歲鄉舉重逢曾經加
恩賞給太子少保銜茲屆該總兵會試之年又適
周洵屬熙朝盛事加恩著賞給都統銜以惠耆年

是日
起居注官崇山李士鉁

十三日辛酉

上詣 長春宮

隆裕皇太后前請安

内閣奉

諭旨直隸總督北洋大臣楊士驤學識通達才猷敏練由翰林洊擢道員歷任藩臬兩司山東巡撫均能克稱厥職嗣命總督直隸兼北洋大臣尤能力任繁劇綏靖畿疆朝廷深資倚畀前因患病賞假調理方冀漸次就痊長承恩眷茲聞溘逝軫惜殊深楊士驤著加恩追贈太子少保銜並著予謚照總督例賜卹任内一切處分悉予開復應得卹典該衙門察例具奏該督靈柩回籍時著沿途地方官妥為照料伊子分省補用道楊毓瑛分省試用道楊毓琨均著以道員儘先補用伊孫一品廕生楊慶壽著賞給員外郎分部補用用示篤念藎臣之至意

是日

起居注官覺羅文華楊捷三

十四日壬戌

上詣　長春宮

隆裕皇太后前請安

　內閣奉

諭旨御前行走喀拉沁郡王貢桑諾爾布乾清門行走土爾扈特郡王帕拉塔均著入值當差該部知道又

奉

諭旨此次內務府三院等處京察一等各員業經召見完竣除崇啟貴崇常志重英松山文繕廣羣成明懋祺濟良毋庸記名外榮銓錫麟繼銘文蔭吉堃宗芳多浚增煦清治文明聯堃福啟聯榮恆敬均著交軍機處記名以闕差道府用又奉

諭旨京師雨澤愆期迭經虔誠祈禱雖已節次得雨尚未一律霑足現在節逾夏至朕心實深焦盼允宜再申祈禱著於本月十七日

大高殿仍派貝勒載洵恭代拈香

　時應宮仍派貝勒載濤

　昭顯廟仍派貝子溥倫

　宣仁廟仍派鎮國公載澤

　凝和廟仍派鎮國將軍載捷同於是日分詣拈香

　是日

起居注官榮光吳士鑑

十五日癸亥

上詣　長春宮

隆裕皇太后前請安

是日

起居注官景潤周爰諏

宣統元年歲次己酉十一月十六日甲子

上詣　長春宮

隆裕皇太后前請安　卯刻

詣　皇極殿

孝欽顯皇后梓宮前行朝上食禮畢

駕還養心殿

內閣奉

諭旨前奉

先朝諭旨農林要政著各省督撫飭屬詳查所管地方官

民各荒並氣候土宜限一年內繪圖造冊報部並迭

次飭令各省興辦工藝實業原以農工均為富民要

圖辦理刻不容緩現在時閱兩年奏報尚屬無幾著

農工商部再行嚴催各省督撫將以上應辦農林

藝各項事宜迅速分别舉辦毋再因循悠忽用副

廷振興實業切念民生之至意又奏

諭旨禮部奏遵保恭辦

德宗景皇帝大事典禮出力各員開單呈覽一摺著依議

又奏端緒聶寶琛無可加保應如何獎勵一片端緒

聶寶琛均著以道員記名又奏

諭旨恭辦喪禮王大臣奏保獎襄辦

德宗景皇帝大事出力人員開單呈覽一摺又奏內務府

坐辦堂郎中榮銓可否以三院卿在任候補得缺後

以副都統記名簡放一片均著依議

是日

起居注官錫鈞汪鳳藻

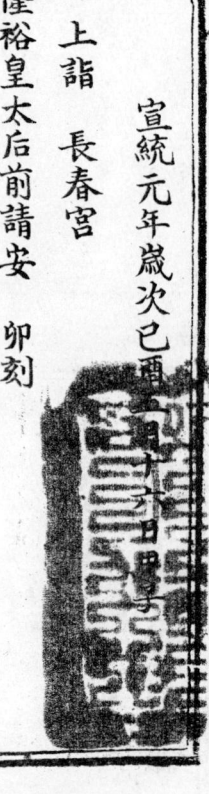

十七日乙丑
上詣　長春宮
隆裕皇太后前請安
是日
起居注官景褑熊方燧

十八日丙寅
上詣　長春宮
隆裕皇太后前請安
內閣奉
諭旨前因京師雨澤稀少迭經恭親王溥偉等虔詣
大高殿恭代拈香並派貝勒載洵等分詣
時應宮等處拈香虔誠祈禱仰荷
昊蒼默佑疊沛甘霖郊原霑足朕心實深寅感允宜敬謹
報謝用答
天庥本月二十日仍派貝勒載洵敬謹前往
大高殿恭代拈香
時應宮仍派貝勒載濤
昭顯廟仍派貝子溥倫
宣仁廟仍派鎮國公載澤

凝和廟仍派鎮國將軍載捷同於是日分詣拈香行
禮報謝仍冀頻邀
鴻貺甘澍應時以慰農望又奉
諭旨此次續經報到保薦人才經派那桐等查驗詢問
茲已一律召見引見完竣所有單開之特用員外郎
陶葆廉著以郎中分部補用試署貴州勸業道都匀
府知府王玉麟著俟補道員後以應升之缺升用分
省補用道鍾文耀著仍以道員交軍機處存記發往
雲南差遣山東補用知府前東昌府知府魏家驊著
以道員仍發雲南儘先補用湖北舉人丁保樹著以
知縣分省補用
是日
起居注官恩祥鄭沅

十九日丁卯
上詣 長春宮
隆裕皇太后前請安
內閣奉
諭旨姚錫光奏遵旨校閱陸軍第五第六兩鎮一摺據
陳此次校閱該兩鎮官兵學術暨內務外場各項情
形均屬精嫻著有成效深堪嘉許仍著陸軍部督飭
專司訓練大臣認真訓練力求精進逐漸擴充俾成
勁旅用副朝廷修明武備振勵戎行之至意餘依議
是日
起居注官延清惲毓鼎

二十日戊辰

上詣　長春宮

隆裕皇太后前請安

是日

起居注官世榮周克寬

二十一日己巳

上詣　長春宮

隆裕皇太后前請安

內閣奉

諭旨江蘇巡撫陳啟泰由翰林補授御史外任府道洊擢封圻植品端嚴政聲卓著前因患病賞假俾資調理茲聞溘逝軫惜殊深加恩著照巡撫例賜卹任內一切處分悉予開復應得卹典該衙門察例具奏靈柩回籍時著沿途地方官妥為照料伊子江西試用同知陳繼鷺著以知府仍留原省補用用示篤念藎臣至意又奉

諭旨奉天巡撫唐紹怡著開缺以侍郎候補

是日

起居注官崇山許澤新

二十二日庚午
上詣　長春宮
隆裕皇太后前請安　卯刻
詣　皇極殿
孝欽顯皇后梓宫前行七滿月禮致祭跪送衣板畢
駕還養心殿

是日
起居注官覺羅文華黄思永

二十三日辛未
上詣　長春宮
隆裕皇太后前請安　卯刻
詣　皇極殿
孝欽顯皇后梓宫前行朝上食禮畢
駕還養心殿

是日
起居注官榮光李士鉁

二十四日壬申
上詣 長春宮
隆裕皇太后前請安

是日
起居注官景潤楊捷三

二十五日癸酉
上詣 長春宮
隆裕皇太后前請安

是日
起居注官錫鈞吳士鑑

二十六日甲戌

上詣 長春宮

隆裕皇太后前請安

是日

起居注官景禐周爰諏

二十七日乙亥

上詣 長春宮

隆裕皇太后前請安

是日

起居注官恩祥汪鳳藻

二十八日丙子

上詣 長春宮

隆裕皇太后前請安

內閣奉

旨前經憲政編查館奏定憲法大綱內載統率陸海軍

之權操之自

上等語已奉

先朝諭旨頒行朕今欽遵

遺訓茲特明白宣示即依憲法大綱內所載朕為大清帝國

統率陸海軍大元帥並敬符我

太祖

太宗肇基鴻業

親總六師之制以振我軍人尚武圖强之心並著先行專設

軍諮處贊佐朕躬通籌全[illegible]貝

勒毓朗管理軍諮處事務[illegible]現在沖齡典學之時

尚未親裁大政所有朕躬親任大清帝國統帥陸海

軍大元帥之一切權任事宜[illegible]未親政以[illegible]國

攝政王代理以合憲法至一切應如何定擬籌辦事

宜即著軍諮處隨時妥酌奏請施行將此通諭臣民

知之又奉

旨貝勒毓朗現派管理軍諮處事務著派鎮國將軍載

濤充專司訓練禁衛軍大臣毓朗著開去此差又奉

旨著派郡王銜貝勒載洵提督薩鎮冰充籌辦海軍大

臣俟有成效再候諭旨此次導籌海軍基礎王大臣

所奏入手辦法請另派大臣辦理原摺著鈔給閱看

是日

起居注官延清熊方燧

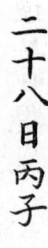

二十九日丁丑

上詣　長春宮

隆裕皇太后前請安

　内閣奉

旨朕適覽從前擬官制草案將來設立軍諮府時係特

簡大臣二員昨日降旨先行專設軍諮處自應簡派

大臣二員管理以期籌備完密著添派郡王銜貝勒

載濤管理軍諮處事務俟以後釐定軍諮府官制時

再候諭旨又奉

旨專司訓練禁衛軍大臣載濤載擾面奏禁衛軍創辦

伊始事務煩重懇請仍留貝勒毓朗專司訓練之差

以資熟手等語所奏亦屬慎重公務起見著允如所

請毓朗仍留專司訓練禁衛軍大臣之差以期迅速

整理早日觀成

是日

起居注官世榮鄭沅

宣統元年歲次己酉六月初一日戊寅

上詣長春宮

隆裕皇太后前請安　卯刻

詣　皇極殿

孝欽顯皇后梓宮前行朝上食禮畢

駕還養心殿

是日

起居注官崇山惲毓鼎

初二日己卯

上詣　長春宮

隆裕皇太后前請安

是日

起居注官覺羅文華周克寬

初三日庚辰

上詣　長春宮

隆裕皇太后前請安

是日

起居注官榮光許澤新

初四日辛巳

上詣　長春宮

隆裕皇太后前請安

內閣奉

諭旨貝子銜鎮國將軍載振加恩著在內廷行走

是日

起居注官景潤黄思永

初五日壬午

上詣　長春宮

隆裕皇太后前請安

是日

起居注官錫鈞李士鉁

初六日癸未

上詣　長春宮

隆裕皇太后前請安

是日

起居注官景禐楊捷三

初七日甲申
上詣 長春宮
隆裕皇太后前請安
內閣奉
諭旨慶親王奕劻奏職任繁重兼顧為難懇恩開去
管理陸軍部事務以專責成一摺慶親王奕劻老成
謀國志慮忠純於所管各項重要差務贊襄規畫
備著勤勞茲據奏陳各節情詞出於至誠自應俯
如所請慶親王奕劻著准其開去管理陸軍部事務
以示優加體恤之至意
是日
起居注官恩祥吳士鑑

初八日乙酉
上詣 長春宮
隆裕皇太后前請安 卯刻
詣 皇極殿
孝欽顯皇后梓宮前行朝上食禮畢
駕還養心殿
內閣奉
諭旨袁樹勛奏分別舉劾屬員一摺山東濟南府知府
張學華署東昌府知府濟南府同知黃篤瓚濟甯直
隸州知州丁兆德准補郯城縣知縣賈景德署黃縣
知縣補用知縣武睎試用知縣盧士棻既據該撫臚
陳政績均著傳旨嘉獎署魚台縣知縣補用知縣陳
伯和籍案苛罰怨讟煩興試用知縣張蓉鏡於署黃
縣任內虐商殃民聲名狼藉邱縣知縣孫景先才庸

識闇治盜無能署黃縣黃山館巡檢試用典史黃廷
謨任意勒罰衆謗沸騰清平縣典史吳起鵬年老多
病捕務廢弛候補同知郭昂識闇才庸候補同知梅
兆棠性情貪詐候補知縣林介策派修河工糜費過
甚著一併革職陳伯和黃廷謨並著查明罰款按律
究追林介策有無浮冒侵蝕情弊仍著查明核辦餘
著照所議辦理該部知道

是日禮部具奏六月二十三日祭
火神廟奏
派遣官一摺奉
諭旨派景厚行禮
又具奏七月初一日孟秋祭
太廟請
旨一摺奉
諭旨遣懋林恭代行禮
後殿派溥偉行禮東廡派鐵麟西廡派延秀各分獻

是日
起居注官延清周爰諏

初九日丙戌
上詣 長春宮
隆裕皇太后前請安
內閣奉
諭旨孟秋時享
太廟遣懋林恭代行禮
後殿派溥偉行禮兩廡鐵麟延秀各分獻又奉
諭旨奉天巡撫著程德全補授吉林巡撫著陳昭常補
授黑龍江巡撫著周樹模補授又奉
諭旨雲南開化鎮總兵員缺著劉全忠補授
是日
起居注官世榮汪鳳藻

初十日丁亥
上詣 長春宮
隆裕皇太后前請安
內閣奉
諭旨甘肅甘涼道員缺著楊樹補授又奉
諭旨山西太原府知府員缺緊要著該撫於通省知府
內揀員調補所遺員缺著連兆補授
是日
起居注官崇山熊方燧

十一日戊子

上詣長春宮

隆裕皇太后前請安

内閣奉

諭旨郵傳部左參議著梁士詒補授

是日

起居注官覺羅文華鄭沅

十二日己丑

上詣長春宮

隆裕皇太后前請安

内閣奉

諭旨河南河北鎮總兵員缺著曹貫三調補歸德鎮總兵著王壽補授

是日

起居注官榮光惲毓鼎

十三日庚寅

上詣　長春宮

隆裕皇太后前請安

是日

起居注官景潤周克寬

十四日辛卯

上詣　長春宮

隆裕皇太后前請安

內閣奉

諭旨本日補行召見京察一等之內務府郎中誠璋著

交軍機處記名以關差道府用

是日

起居注官錫鈞許澤新

十五日壬辰

上詣　長春宮

隆裕皇太后前請安　卯刻

詣　皇極殿

孝欽顯皇后梓宮前行朝上食禮畢

駕還養心殿

内閣奉

諭旨本日引見之辦學期滿翰林院庶吉士張琴著授

職編修

是日

起居注官景褑黄思永

宣統元年歲次

上詣　長春宮

隆裕皇太后前請安

内閣奉

諭旨直隸總督兼北洋大臣端方著賞給一等第三寶

星

是日

起居注官恩祥李士鉁

十七日甲午

上詣　長春宮

隆裕皇太后前請安

内閣奉

諭旨奉天錦州府知府員缺著豫敬補授又奉

諭旨甘肅蘭州府遺缺知府員缺著李廷颺補授又奉

諭旨雲南雲南府知府員缺緊要著該督於通省知府

内揀員調補所遺員缺著左霈補授又奉

諭旨前據給事中高潤生奏參呂海寰等容隱私人敗

壞路政各節當經諭令那桐確查茲據查明覆奏津

浦路局總辦記名道李德順秉性營私不顧大局激

動公憤清議不容候選道張鎰阿附逢迎卑污無恥

蠅營狗苟有玷官箴均著革職永不敘用候選道曹

嘉祥善於營運結交官府惟利是圖著即革職分省

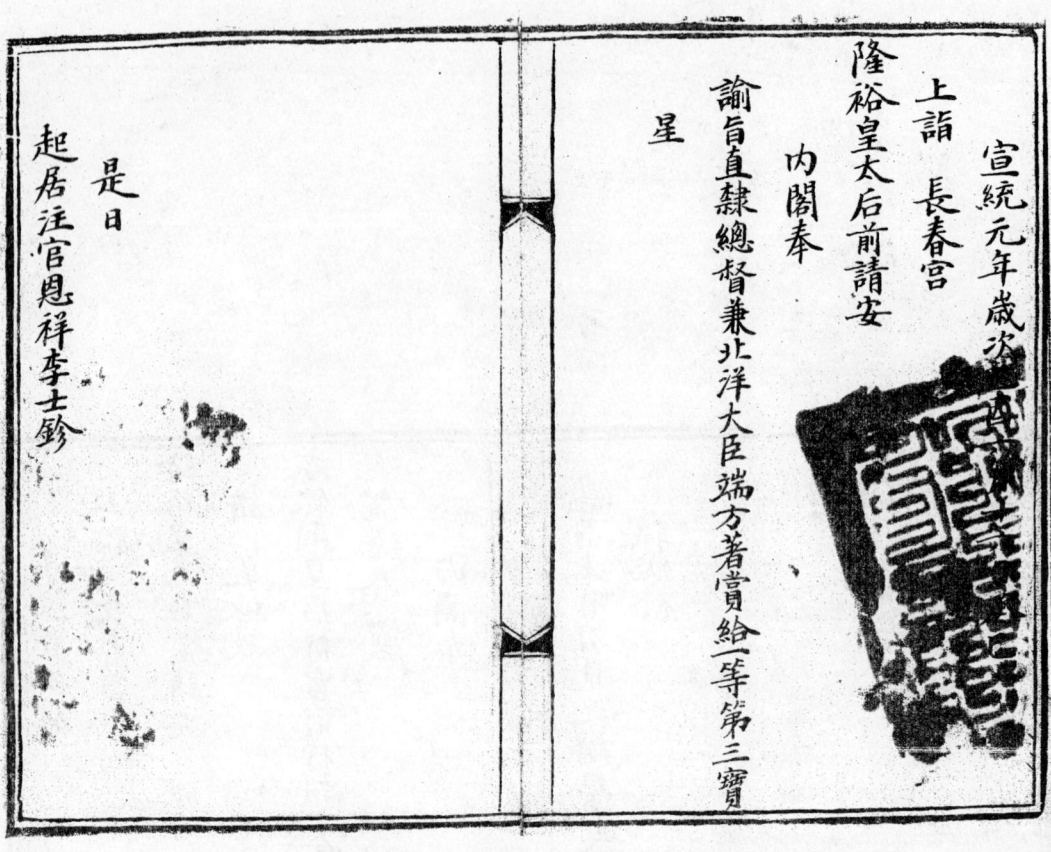

知縣永祺倚勢凌人贓私纍纍著革職永不敘用並
發往軍臺効力贖罪候選知府錢錫寀[illegible]捏冒希
圖脫逃追到案後又復[illegible]該[illegible]甚劣貪
婪狂悖無所不為著革職即遞回籍交地方官嚴加
管束商人高錫九借地納賄李蓮溪奔競營謀均著
遞解回籍不准再向路局包運包工呂海寰身為督
辦於一切支款用人事前既不能防範事後又失於
覺察著交部議處幫辦大臣孫寶琦視事未久知有
弊端告知前督將李德順撤差尚非始終受其蒙蔽
著毋庸置議前直隸總督楊士驤既失知人之明難
辭濫保之咎著撤銷太子少保銜餘依議又奉
諭旨呂海寰著開去督辦津浦鐵路大臣著改派徐世
昌督辦津浦鐵路事務並著派沈雲沛幫辦

是日
起居注官延清楊捷三

十八日乙未

上詣　長春宮

隆裕皇太后前請安

内閣奉

諭旨錫良陳昭常電奏吉林省城本月初旬雨勢過猛

江水陡漲沿江房屋垸隄以及官商木植公家建築

多被損壞省東蟒牛河新開河額赫穆等處受災尤

重淹斃人口千餘名田廬牲畜沖没殆盡餘如雙岔

河尤家屯等處亦有全屯被淹溺斃人口等語覽奏

殊堪憫惻加恩著賞給帑銀六萬兩由度支部發給

著該督撫派委妥員前往災區切實散放毋任失所

並設法補築圍隄俾得復業用副朝廷軫念災黎至

意該部知道

是日

起居注官世榮吴士鑑

十九日丙申

上詣　長春宮

隆裕皇太后前請安

是日

起居注官崇山周爰諏

二十日丁酉

上詣　長春宮

隆裕皇太后前請安

内閣奉

諭旨前據陳夔龍電奏湖北霪潦為災當經諭令陳夔龍督飭分别情形妥為撫恤茲據查明電奏荆州屬之公安石首江陵漢陽屬之沔陽災情最重饑民蕩析離居慘不忍覩餘如漢陽屬之夏口廳漢川孝感安陸屬之天門潛江荆州屬之監利德安屬之應城黄州屬之黄岡等處及枝江松滋黄梅蘄水蘄州嘉魚漢陽黄陂等處亦多被淹等語覽奏殊堪憫惻加

恩著發内帑銀六萬兩由度支部迅速撥給並照所

請除有關京餉等項無庸動撥外其餘無論何款先其所急設法籌撥銀二十萬兩著該督派委妥員前

往灾區切實散放務令實惠均沾毋任失所用副朝
廷軫念灾黎至意餘著照所議辦理該部知道

是日

起居注官覺羅文華汪鳳藻

二十一日戊戌

上詣　長春宮

隆裕皇太后前請安

是日

起居注官榮光熊方燧

二十二日己亥

上諭 長春宮

隆裕皇太后前請安 卯刻

詣 皇極殿

孝欽顯皇后梓宮前行八滿月禮致祭跪送衣版畢

駕還養心殿

內閣奉

諭旨廣東鹽運使員缺著丁乃揚補授又奉

諭旨張人駿奏特參文武庸劣不職各員請分別懲處一摺廣東前署萬縣試用知州陶壽焌嗜利營私罔知自愛試用通判劉長齡承估工程索詐得贓樂會縣知縣劉精短缺勇額侵食名糧補用知縣楊印元前充普濟院委員縱丁勒索徇庇不交陽江州學正張鏡芙罔顧典禮有玷司鐸署增城縣典史試用巡檢杜桂森不知檢束聲名平常連州朱岡司巡檢夏鼎老而務得夙有煙癖候選知縣王寶森充當軍械局委員侵挪公款潛逃報竣候補典史朱承綬與王寶森私相交結串同舞弊均著即行革職連州直隸州知州存慶性情迂緩人地不宜准補鎮平縣知縣郝秀楠才欠開展難勝邊缺均著開缺另補連州州判汪作霖體弱多病著勒令休致前署北海鎮右營都司水師提標中營儘先守備馮占魁貪鄙性成聲名甚劣吳川營梅菉守備梁國卿管帶水船諸多弊混補用都司澄海左營儘先守備吳國樑辦事疲玩緝捕廢弛兩廣督標儘先都司張萬才官階不實操守難信補用都司督標中營儘先守備吳鳳友紀律不嚴縱勇釀命大鵬協左營候補千總方國楨藉捕勒索事發潛逃均著即行革職王寶森方國楨並著

通飭緝拏歸案究辦餘著照所議辦理該部知道

是日

起居注官景潤鄭沅

二十三日庚子

上詣　長春宮

隆裕皇太后前請安

是日

起居注官錫鈞惲毓鼎

二十四日辛丑

上詣　長春宮

隆裕皇太后前請安

內閣奉

諭旨江西南昌府知府員缺緊要著該督撫於通省知府內揀員調補所遺員缺著錫麟補授

是日

起居注官景褑周克寬

二十五日壬寅

上詣　長春宮

隆裕皇太后前請安

內閣奉

諭旨吏部奏遵議處分一摺前督辦津浦鐵路大臣呂海寰應得降二級調用處分著加恩改為降二級留任

是日

起居注官恩祥許澤新

二十六日癸卯

上詣　長春宮

隆裕皇太后前請安

是日

起居注官延清黄思永

二十七日甲辰

上詣　長春宮

隆裕皇太后前請安

是日

起居注官世榮李士鉁

二十八日乙巳
上詣　長春宮
隆裕皇太后前請安
内閣奉
諭旨外務部左丞著高而謙補授未到任以前著陶大
均署理周自齊著署理右丞曹汝霖著署理左參議
右參議著曾述棨署理又奉
諭旨民政部右丞著延鴻補授汪榮寶著轉補左參議
右參議著紹彝補授又奉
諭旨本日學部帶領引見侍郎嚴修寶熙奏對錯誤殊
乖體制均著交部察議又奉
諭旨本日引見進士館畢業學員考列中等之吏部主
事魏元戴著以原官留部補用又奉
諭旨禮親王世鐸奏
西陵梁格莊
行宫值班大臣並未奏明請假先行回京一摺曾廣鑾於
值班重差未經具摺請假擅自回京殊屬非是著交
部議處
是日禮部具奏七月初九等日各
忌辰遣官一摺奉
諭旨七月初九日
孝靜成皇后忌辰祭
慕東陵派溥霱行禮初十日
孝懿仁皇后忌辰祭
景陵派載瀛行禮十七日
文宗顯皇帝忌辰祭
定陵派毓橚行禮二十五日
仁宗睿皇帝忌辰祭

昌陵派奎瑛行禮
又具奏七月十五日中元節祭各
陵遣官一摺奉
諭旨
永陵派樂誠
福陵派恩常
昭陵派隆譽
昭西陵派懋林
孝陵派載瀛
孝東陵派壽全
景陵派溥植
泰陵派溥霱
泰東陵派奎瑛
裕陵派毓森

昌陵派廣壽
昌西陵派全榮
慕陵派溥佶
慕東陵派毓祥
定陵派毓亨
普祥峪
定東陵派毓亨
惠陵派溥葵
端慧皇太子園寢派溥多
莊順皇貴妃園寢派溥佶各行禮
又具奏七月十五日中元節祭
醇賢親王園寢奏
派遣官一摺奉
諭旨派溥閣行禮

是日

起居注官崇山楊捷三

二十九日丙午

上詣 長春宮

隆裕皇太后前請安 卯刻

詣 皇極殿

孝欽顯皇后梓宮前行朝上食禮畢

駕還養心殿

内閣奉

諭旨本年九月二十七日

孝欽顯皇后梓宮奉移

山陵已諭令沿途地方毋庸另備御道其

梓宮經由之路一切應辦事宜著端方敬謹預備務從節

省所需經費准其作正開銷不准絲毫攤派民間以

免擾累又奉

諭旨

監國攝政王面奉
隆裕皇太后懿旨昨日禮部奏九月二十七日
孝欽顯皇后梓宮奉移
菩陀峪
定東陵十月初四日永遠奉安一片
孝欽顯皇后永遠奉安典禮綦重皇帝理應恭往以盡孝
思惟念皇帝尚在沖齡且節屆冬令天氣漸寒銜哀遠
出實非所宜屆時予當前往恭送皇帝不必同行又奉
諭旨
隆裕皇太后於九月二十七日跪送
孝欽顯皇后梓宮後啟鑾三十日駐蹕隆福寺行宮十月
初二日祇謁
各陵初五日由隆福寺行宮啟鑾回京沿途地方毋庸另
備御道所有應行典禮並一切事宜著各該衙門及
直隸總督敬謹預備又奉
諭旨恭纂
德宗景皇帝實錄稾本著陸潤庠敬謹專司勘辦又奉
諭旨雲南交涉使著世增[illegible]補湯壽潛著補授雲南按
察使又奉
諭旨薩鎮冰著開缺作為海軍提督廣東水師提督著
李準補授
是日
起居注官覺羅文華吳士鑑

三十日丁未

上詣　長春宮

隆裕皇太后前請安

内閣奉

諭旨貝勒載洵載濤毓朗均著賞給一等第二寶星陸軍部尚書鐵良海軍提督薩鎮冰均著賞給一等第三寶星陸軍部侍郎壽勳署侍郎姚錫光均著賞給二等第一寶星又奉

諭旨吉林哈爾濱關道員缺著施肇基補授又奉

諭旨廣東南澳鎮總兵員缺著王得勝補授

是日

起居注官榮光周爰諏

宣統元年歲次己酉七月初一日戊申

上詣　長春宫

隆裕皇太后前請安

是日

起居注官景潤　汪鳳藻

初二日己酉

上詣　長春宫

隆裕皇太后前請安

内閣奉

諭旨山西冀甯道員缺著翁斌孫補授

是日

起居注官錫鈞　熊方燧

初三日庚戌

上詣　長春宮

隆裕皇太后前請安

內閣奉

諭旨山西大同府知府員缺著李德炳補授又奉

諭旨錢錫寶著賞給頭等侍衛作為駐藏參贊

是日

起居注官景禐鄭沅

初四日辛亥

上詣　長春宮

隆裕皇太后前請安

內閣奉

諭旨大學士張之洞因病續假朝廷實深廑系著再賞假二十日安心調理假滿即行銷假照常入值

是日

起居注官恩祥惲毓鼎

初五日 壬子

上詣 長春宮

隆裕皇太后前請安

是日

起居注官延清周克寬

初六日 癸丑

上詣 長春宮

隆裕皇太后前請安 卯刻

詣 皇極殿

孝欽顯皇后梓宮前行朝上食禮畢

駕還養心殿

是日

起居注官世榮許澤新

初七日甲寅

上詣 長春宮

隆裕皇太后前請安

是日

起居注官崇山黃思永

初八日乙卯

上詣 長春宮

隆裕皇太后前請安

内閣奉

諭旨八月初二日祭

社稷壇遣載功恭代行禮又奉

諭旨資政院奏續擬院章並將前奏各章改定開單呈

覽一摺朕詳加披覽該院自職掌以下八章與現定

諮議局章程實相表裏即為將來上下議院法之始

基所擬尚屬周妥著京外各衙門一體遵行其各項

細則章程仍著迅速籌擬奏請宣布餘依議單併發

又奉

諭旨前西安將軍長春由印務參領洊擢京外各旗副

都統補授西安將軍宣力有年克勤厥職旋經開缺

來京當差茲聞溘逝軫惜殊深加恩著照將軍例賜
卹任內一切處分悉予開復應得卹典該衙門察例
具奏

是日

起居注官覺羅文華李士鉁

初九日丙辰

上詣長春宮

隆裕皇太后前請安

內閣奉

諭旨沈秉堃奏查明文武各員賢否分別獎懲一摺雲
南准補普洱府知府代理雲南府知府陳先沅署開
化府知府候補知府賀宗章署麗江府知府蒙化直
隸廳同知吳昌祀署蒙化廳同知請補威遠廳同知
林志恂署邱北縣知縣試用知縣馮汶署彌勒縣知
縣試用知縣胡國瑞既據該護督臚陳政蹟均著傳
旨嘉獎候補知州江有文暱近匪人心迹難信試用
巡檢周德懋沈湎於煙不自振拔俸滿雲州吏目王
德恩嗜煙成癖巧於掩飾著一併革職江有文並勒
令回籍不准逗遛阿迷州知州沈炳章聽斷不明疏

於緝捕太和縣知縣張友棠迂緩無能輿情不洽均
著開缺另補新選建水縣知縣周布南識字無多難
膺民社著開缺勒令回籍認真學習試用知縣李煥
紱試用鹽大使盧廷襄補用遊擊蔡凱臣李文庚儘
先補用守備楊德清均吸食洋煙久未遵戒俱著暫
行革職以觀後效江有汶沈炳章張友棠均於河口
案內得有保獎著一併註銷餘著照所議辦理該部
知道

是日

起居注官榮光 楊捷三

初十日丁巳

上詣 長春宮

隆裕皇太后前請安

內閣奉

諭旨四川重慶鎮總兵員缺著陳均山補授

是日

起居注官景潤 吳士鑑

十一日戊午

上詣
隆裕皇太后前請安
長春宫

内閣奉
諭旨雲南昭通府知府員缺著達春補授

是日
起居注官錫鈞周爰諏

十二日己未

上詣
隆裕皇太后前請安
長春宫

是日
起居注官景禝汪鳳藻

十三日庚申

上詣長春宮

隆裕皇太后前請安　卯刻

詣　皇極殿

孝欽顯皇后梓宫前行朝上食禮畢

駕還養心殿

內閣奉

諭旨振興實業為國家富强要政迭經諭令各直省督

撫實力提倡並簡派大臣前赴各國賽會藉以開通

商智為改良競進之圖我國地大物博誠非薈萃觀

摩不足以造精進兹據農工商部會奏議覆南洋籌設

勸業會及賽物免税一摺兩江風氣早開民物繁盛

自應就地設會樹各省之模型著派南洋大臣兩江

總督張人駿為該會正會長並著各督撫籌辦協會出

品各事所有賽品准其分别豁免税釐俟開會有期

届時由農工商部奏請簡派大臣為審查總長蒞場

開會用示朝廷勸勵農工推廣商業之至意

是日

起居注官恩祥熊方燧

十四日辛酉

上詣　長春宫

隆裕皇太后前請安

是日

起居注官延清　鄭沅

十五日壬戌

上詣　長春宫

隆裕皇太后前請安　巳刻

詣　皇極殿

孝欽顯皇后梓宫前行中元禮致祭宣讀祭文奠酒跪送

衣版畢

駕還養心殿

是日

起居注官世榮　惲毓鼎

宣統元年歲次己酉七月十六日癸亥

上詣 長春宮

隆裕皇太后前請安

内閣奉

諭旨錫良程德全奏特參貪劣不職各員請旨懲處一摺奉天興鳳道沈承俊才具平庸辦事竭蹶前辦銀元局舞弊營私贓款纍纍候補道徐鏡第習染過深私心太重辦理清丈徇庇私親東平縣知縣張兆駿貪婪猥瑣任性妄為前在任内朦買官荒壟斷漁利彰武縣知縣唐宗源輕浮貪鄙劣聲素著前署懷德縣事候補知縣沈學昌辦公玩愒工於作偽禁種罌粟既不認真辦理統計復敢欺飾均著即行革職又片奏奉天勸業道黄開文識闇才庸毫無振作用款浮濫多涉虛糜著開缺以同知降補餘著照所議辦理該部知道又奉

諭旨錫良片奏監司大員性情夸詐遇事欺朦請旨懲處等語江省財力艱窘身為大員應如何激發天良實心任事黑龍江民政使倪嗣沖承辦屯墾竟敢營私舞弊揑報浮支實屬辜恩溺職著即行革職勒追贓款以肅官方該部知道又奉

諭旨貴州巡警道員缺著賀國昌補授

是日

起居注官崇山周克寬

十七日甲子

上詣 長春宮

隆裕皇太后前請安

內閣奉

諭旨本日引見之甲辰科貢士吳增著以中書用

是日

起居注官覺羅文華許澤新

十八日乙丑

上詣 長春宮

隆裕皇太后前請安

內閣奉

諭旨禁煙大臣奏疆臣參劾屬員有違定章據實糾參一摺前據護理雲貴總督沈秉堃奏參試用巡檢周德懋雲州吏目王德恩均煙癮甚深業經革職並著永不敘用試用知縣李煥紱試用鹽大使盧廷襄補用遊擊蔡凱臣李文庚儘先補用守備楊德清均吸食洋煙久未遵戒均請暫行革職殊與新章不符李煥紱等五員均著改為革職永不敘用沈秉堃奏參各員時曾否接到禁煙大臣所奏新章著明白回奏該衙門知道又奉

諭旨河南河北鎮總兵員缺著文煉補授

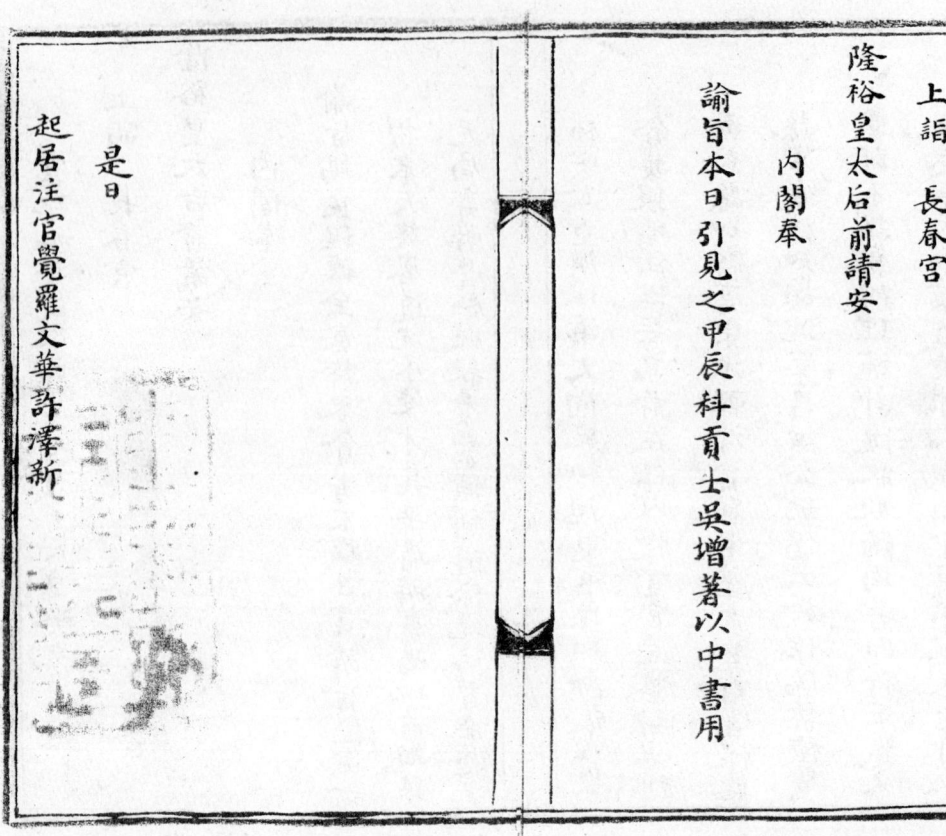

是日禮部具奏八月初一日祭
先師孔子廟奉
諭旨遣懋林行禮
四配派鐵良戴鴻慈溥頲壽耆
十二哲及兩廡派瑞良林紹年郭曾炘楊士琦汪大燮
沈雲沛各分獻
崇聖祠派世續行禮配位及兩廡派麒德耆齡榮勳王
垿各分獻
又奏八月初三日祭
文昌帝君廟派溥偉行禮後殿派景厚行禮
又奏初四日祭
黑龍潭派海年行禮同日祭
玉泉山派慶麟行禮同日祭
白龍潭派胡祖蔭行禮同日祭

昆明湖派繼祿行禮初六日祭
昭忠祠派榮墪同日祭
雙忠祠派延秀初八日祭
獎忠祠派希璋同日祭
褒忠祠派鐵麟
又奏八月初九等日各
忌辰遣官一摺奉
諭旨八月初九日
太宗文皇帝忌辰祭
昭陵派樂誠行禮十一日
太祖高皇帝忌辰祭
福陵派恩常行禮二十三日
世宗憲皇帝忌辰祭
泰陵派溥霱行禮

是日

起居注官榮光黃思永

十九日丙寅

上詣 長春宮

隆裕皇太后前請安

内閣奉

諭旨前據御史江春霖奏參馮汝騤聲名狼籍事迹均有證據當經諭令朱家寶確查茲據查明覆奏該撫自調任以來裁汰冗員整頓稅額辦理尚屬認真所參煙癮甚重責缺徇私各節均無實據惟於濮維周寶琦一案事出兩歧難辭疏忽之咎著交部議處署泰和縣知縣余煥文擅議徵銀被控有據縱庇家丁劣迹昭著陝西候補縣丞陳良璐供差要地不知檢束均著即行革職高等巡警學堂監督遊擊崔振魁陸軍協統副將商德全均未能勝任著即撤換餘著照所請辦理該部知道

是日
起居注官景潤李士鉁

二十日丁卯
上詣 長春宮
隆裕皇太后前請安 卯刻
詣 皇極殿
孝欽顯皇后梓宮前行朝上食禮畢
駕還養心殿
內閣奉
諭旨翰林院侍讀學士惲毓鼎奏直省倉穀有名無實
請飭實行儲積以備凶荒一摺地方建倉積穀實為
備荒要政自應認真稽核蕩除積弊如該侍讀學士
所奏殊屬有名無實著直省各督撫將預備各倉切
實稽察整頓勿使稍有弊竇並責成地方官督率紳
衿悉心經理務期循名覈實庶足以防凶荒而植元
氣又奉

諭旨掌京畿道監察御史崇興等奏京員捐生効忠請
旨褒嘉並請宣示原呈一摺司幄衛
頤和園八品苑副永麟條陳時事遽爾捐軀秉性忠
誠殊堪嘉憫永麟著交部從優議䘏

是日
起居注官錫鈞 楊捷三

二十一日戊辰
上詣 長春宮
隆裕皇太后前請安

是日
起居注官景淩 吴士鑑

二十二日己巳

上詣　長春宮

隆裕皇太后前請安　卯刻

詣　皇極殿

孝欽顯皇后梓宮前行九滿月禮致祭跪送衣版畢

駕還養心殿

内閣奉

諭旨護理兩廣總督廣東布政使胡湘林奏因病懇請

開缺一摺胡湘林著准其開缺

是日

起居注官恩祥　周爰諏

二十三日庚午

上詣　長春宮

隆裕皇太后前請安

内閣奉

諭旨廣東布政使著陳夔麟補授又奉

諭旨江西按察使著陶大均補授

是日

起居注官延清　汪鳳藻

二十四日辛未
上詣　長春宮
隆裕皇太后前請安
內閣奉
諭旨外務部左丞著周自齊署理右丞著曹汝霖署理
左參議著曾述棨署理右參議著陳懋鼎署理
是日
起居注官世榮熊方燧

二十五日壬申
上詣　長春宮
隆裕皇太后前請安
內閣奉
諭旨前據御史崇興奏參湖南正監理官陳惟彥凶暴
驕橫威逼人命等語當經諭令度支部查明具奏茲
據奏稱派員會查各節雖與原參稍有異同惟該家
丁祖發被責投江衆口一詞實有其事四品卿銜湖
南正監理官江蘇候補道陳惟彥著交部議處以示
懲儆又奉
諭旨九月二十七日
孝欽顯皇后梓宮奉移著各該衙門於是日卯刻敬謹預
備又奉
旨崇文門正監督著博迪蘇去副監督著壽耆去

是日
起居注官崇山鄭沅

二十六日癸酉
上詣長春宮
隆裕皇太后前請安
是日
起居注官覺羅文華惲毓鼎

二十七日甲戌

上詣 長春宮

隆裕皇太后前請安 卯刻

詣 皇極殿

孝欽顯皇后梓宮前行朝上食禮畢

駕還養心殿

是日

起居注官榮光 周克寬

二十八日乙亥

上詣 長春宮

隆裕皇太后前請安

內閣奉

諭旨協辦大學士榮慶著加恩在紫禁城內賞坐二人

肩輿

是日禮部具奏八月十一日祭

夕月壇派魁斌行禮後壇派瑞良分獻

十六日祭

關聖帝君廟派懋林行禮後殿派郭曾炘行禮

十九日祭

賢良祠派德茂二十日祭

旌勇祠派榮埜二十一日祭

顯忠祠派希璋二十二日祭

表忠祠派延秀

是日

起居注官景潤　許澤新

二十九日丙子

上詣　長春宮

隆裕皇太后前請安

內閣奉

諭旨河南開封府知府員缺緊要著該撫於通省知府內揀員調補所遺員缺著萬本端補授

是日

起居注官錫鈞　黃思永

宣統元年歲次己酉八月初一日丁丑

上詣　長春宮

隆裕皇太后前請安

是日

起居注官景褑李士鉁

初二日戊寅

上詣　長春宮

隆裕皇太后前請安

是日

起居注官恩祥楊捷三

初三日己卯

上詣 長春宮

隆裕皇太后前請安

是日

起居注官延清吳士鑑

初四日庚辰

上詣 長春宮

隆裕皇太后前請安

內閣奉

諭旨御史麥秩嚴奏保舉太監請飭部嚴定章程一摺保舉一途原所以獎勵有功內外大臣應如何綜核名實以杜倖進若如該御史所奏各省保奬諸多冒濫殊非慎重名器之道嗣後京外各衙門遇有保案必須嚴為甄核不得階級過優員數太濫並著該部妥議保舉章程以示限制

是日

起居注官世榮周爰諏

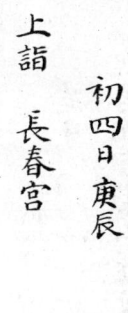

初五日辛巳

上詣 長春宮

隆裕皇太后前請安 卯刻

詣 皇極殿

孝欽顯皇后梓宮前行朝上食禮畢

駕還養心殿

内閣奉

諭旨稽察守衛大臣阿穆爾靈圭等奏前鋒護軍等營積習太深請申明舊制從嚴查究一摺宮禁重地守衛稽察理宜嚴密疊經諭令該管大臣認真整頓不啻三令五申茲據該大臣奏稱值班前鋒護軍統領散值進班時刻及夜間稽察均未能按照定章切實遵行若如原奏所稱實屬不成事體此次姑免深究嗣後值班之各統領務須遵照舊章痛除積習如再仍前玩忽即著該大臣[illegible][illegible]參奏至各門進內當差人役尤應督飭該官兵隨時嚴查毋任闌越出入其宮禁內外來往經行之處尤宜掃除潔淨不得任意污穢著內務府妥定辦法隨時整頓自此次申誡之後務各恪守舊規力祛積弊以重宮禁而肅典章

是日

起居注官崇山 汪鳳藻

初六日壬午

上詣 長春宮

隆裕皇太后前請安

內閣奉

諭旨理藩部奏御前行走阿拉善親王多羅特色楞年班差畢因病未能回原游牧現在病故多羅特色楞當差有年實屬勤奮茲聞溘逝軫惜殊深著加恩派貝勒載潤帶領侍衛十員即日前往奠醊賞銀五百兩治喪由廣儲司給發其餘應得卹典該部照例辦理以示優恤藩臣至意又奉

諭旨毓朗現在請假步軍統領著善耆署理

是日

起居注官覺羅文華 錢方燧

初七日癸未

上詣 長春宮

隆裕皇太后前請安

內閣奉

諭旨廣東巡警道著劉永滇調補王秉必著調補廣西

巡警道

是日

起居注官榮光 鄭沅

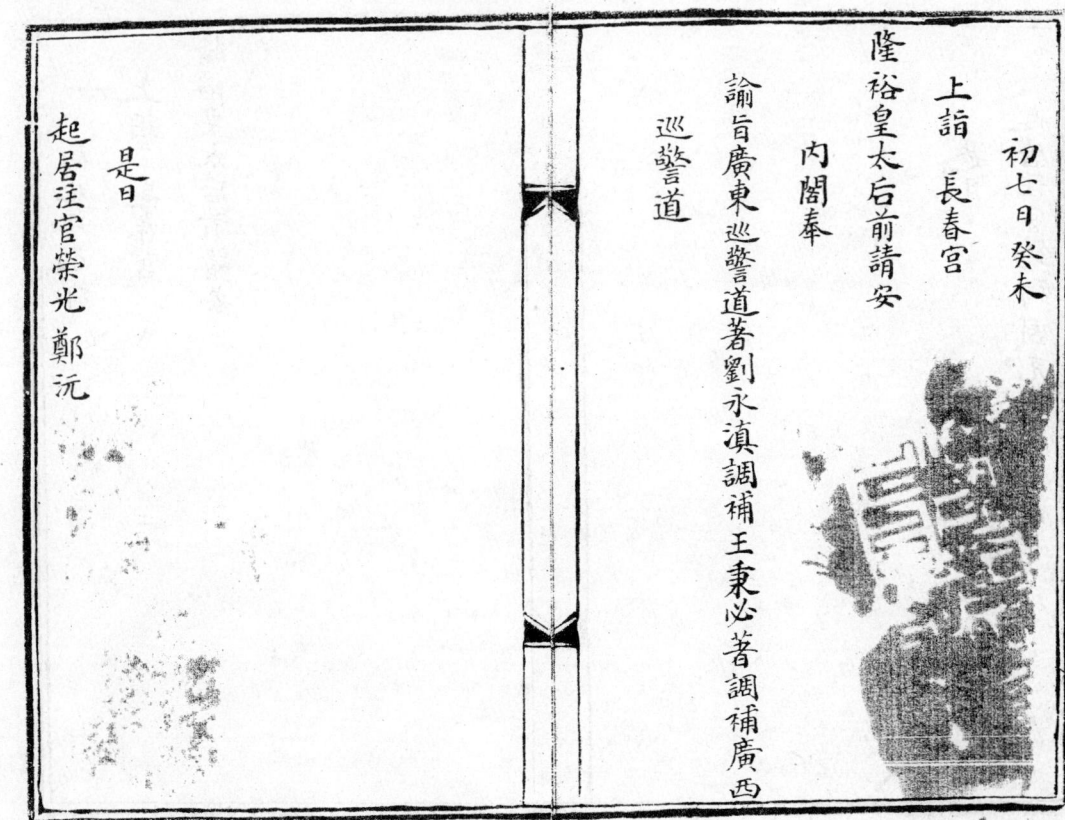

初八日甲申

上詣　長春宮

隆裕皇太后前請安

內閣奉

諭旨度支部奏請簡湖南清理財政正監理官一摺湖北候補道蔡源深著賞加四品卿銜充湖南清理財政正監理官迅速來京預備召見

是日

起居注官景潤 惲毓鼎

初九日乙酉

上詣　長春宮

隆裕皇太后前請安

是日

起居注官錫鈞 周克寬

初十日丙戌

上詣長春宮

隆裕皇太后前請安

内閣奉

諭旨李家駒著協理資政院事務

是日

起居注官景禝 許澤新

十一日丁亥

上詣長春宮

隆裕皇太后前請安

内閣奉

諭旨寶棻奏道員才不勝任據實糾參一摺山西巡警道王為幹自抵任後辦理地方警務迄無起色難勝監司之任著開缺以同知通判降選該撫保薦在前玆據自行檢舉尚不迴護著加恩免其議處該部知道

是日

起居注官恩祥 黃思永

十二日戊子

上詣　長春宮

隆裕皇太后前請安

詣　皇極殿

孝欽顯皇后梓宮前行朝上食禮畢

駕還養心殿

内閣奉

諭旨山西巡警道員缺著連印補授又奉

諭旨湖南巡警道員缺著賴承裕補授又奉

諭旨浙江衢州府知府員缺著崇興補授

是日

起居注官延清　李士鉁

十三日己丑

上詣　長春宮

隆裕皇太后前請安

内閣奉

諭旨本日補行召見京察一等之農工商部員外郎王

大貞著交軍機處記名以道府用

是日

起居注官世榮　楊捷三

十四日庚寅

上詣長春宮

隆裕皇太后前請安

是日

起居注官崇山 吳士鑑

十五日辛卯

上詣長春宮

隆裕皇太后前請安

是日

起居注官覺羅文華 周克謙

宣統元年歲次己酉八月十六日壬辰

上詣　長春宮

隆裕皇太后前請安

是日

起居注官榮光　汪鳳藻

十七日癸巳

上詣　長春宮

隆裕皇太后前請安

內閣奉

諭旨

監國攝政王面奉

隆裕皇太后懿旨載瀅現在病故著加恩照貝勒例賜䘏

該衙門知道

是日

起居注官景潤　熊方燧

十八日甲午

上詣　長春宫

隆裕皇太后前請安

是日

起居注官錫鈞　鄭沅

十九日乙未

上詣　長春宫

隆裕皇太后前請安　卯刻

詣　皇極殿

孝欽顯皇后梓宫前行朝上食禮畢

駕還養心殿

內閣奉

諭旨奉天興鳳道員缺著趙臣翼補授

是日禮部具奏九月初二日祭

歷代帝王廟奉

諭旨派訥勒赫行禮兩廡派瑞良達壽麒德榮勳各分

獻又奏初六日祭

都城隍廟派榮埜行禮

是日
起居注官景禝 惲毓鼎

二十日丙申
上詣 長春宮
隆裕皇太后前請安

是日
起居注官恩祥 周克寬

二十一日丁酉

上詣　長春宮

隆裕皇太后前請安

內閣奉

諭旨張之洞奏病勢日增懇請開去各項差缺一摺大學士張之洞公忠體國夙著勤勞兹因久病未痊朕心實深廑念著再行賞假毋庸拘定日期安心療養病痊即行銷假入直並賞給人葠二兩俾資調攝所請開去差缺之處著毋庸議又奉

諭旨孫家鼐奏假期屆滿病仍未痊懇請開缺一摺大學士孫家鼐老成碩望朝廷深資倚畀兹據瀝陳病狀朕心甚為廑系著再賞假一箇月安心靜養並賞給人葠二兩俾資調攝一俟病痊即行銷假毋庸開缺

是日

起居注官延清　許澤新

二十二日戊戌

上詣 長春宮

隆裕皇太后前請安 辰刻

詣 皇極殿

孝欽顯皇后梓宮前行十滿月禮致祭跪送衣版畢

駕還養心殿

内閣奉

諭旨正黄旗蒙古副都統善旌由應封宗室二等侍衛挑在乾清門行走授鎮國將軍擢頭等侍衛洊升副都統均能勤職兹聞溘逝軫惜殊深加恩著照副都統例賜卹任内一切處分悉予開復應得卹典該衙門察例具奏

是日

起居注官世榮黄思永

二十三日己亥

上詣 長春宮

隆裕皇太后前請安

内閣奉

諭旨大學士張之洞公忠體國廉正無私荷

先朝特達之知由翰林洊升内閣學士簡授山西巡撫總督兩廣湖廣權理兩江凡所設施皆提倡新政利國便民庚子之變顧全大局保障東南厥功甚偉旋以總督晉陟綸扉入參機要管理學部事務宗旨純正懋著勤勞朕御極後深資倚畀晉加太子太保銜服官四十餘年擘畫精詳時艱匡濟經猷之遠大久為中外所共見近因患病屢經賞假調理並賞賜人蔘方冀克享遐齡長資輔弼兹聞溘逝軫惜殊深著賞給陀羅經被派郡王銜貝勒載濤帶領侍衛十員即

日前往奠醊並賜祭一壇加恩予謚文襄晉贈太保
照大學士例賜卹入祀賢良祠賞銀三千兩治喪由
廣儲司給發任內一切處分悉予開復應得卹典該
衙門察例具奏靈柩回籍時沿途地方官妥為照料伊
子禮部郎中張權著以四品京堂候補郵傳部學習
員外郎張仁侃著以郎中補用伊孫選拔生張厚璟
著賞給主事分部補用用示篤念藎臣至意又奉
諭旨戴鴻慈著以尚書在軍機大臣上學習行走又奉
諭旨法部尚書著廷杰補授未到任以前著紹昌暫行
署理

是日

起居注官崇山李士鉁

二十四日庚子

上詣 長春宮

隆裕皇太后前請安

內閣奉

諭旨禮部尚書著葛寶華補授又奉

諭旨法部左侍郎著吳郁生署理又奉

諭旨熱河都統著誠勳調補所遺察哈爾都統著溥良
補授又奉

諭旨鑲紅旗蒙古都統著載振補授仍兼署正紅旗滿
洲都統

是日

起居注官覺羅文華 楊捷三

二十五日辛丑

上詣　長春宮

隆裕皇太后前請安

内閣奉

諭旨著派榮慶鹿傳霖充

實錄館正總裁

是日

起居注官榮光　吳士鑑

二十六日壬寅

上詣　長春宮

隆裕皇太后前請安　辰刻

詣　皇極殿

孝欽顯皇后梓宫前行朝上食禮畢

駕還養心殿

内閣奉

諭旨鹿傳霖等奏特參道員煙癖未斷巧為掩飾請從

嚴懲處一摺江西裁缺督糧道錫恩投所請驗多方

夾帶意圖矇混著革職永不敘用江西候補道江忠

賡贍徇出結咎有應得著交部議處該部知道

是日

起居注官景潤　周爰諏

二十七日癸卯

上詣　長春宮

隆裕皇太后前請安

內閣奉

諭旨曹汝霖著轉補外務部左參議並署理左丞曾述棨著補授外務部右參議並署理右丞陳懋鼎著署理外務部左參議吳錡著署理外務部右參議又奉

諭旨順天府奏援案請賞米石各摺片現在節近寒令近畿一帶貧民生計維艱所有朝陽安定西直等門外三處粥廠共恩賞粟米一千二百石藍靛廠粥廠恩賞粟米三百石資善堂煖廠恩賞粟米三百石同仁粥廠恩賞粟米三百石廣仁堂恩賞粟米三百石敬節會善堂恩賞粥米一百五十石均著加恩賞給由順天府具領發交各該處員紳妥為散放仍著俟各處教養局開辦後另行變通辦理王恕園等處粥廠現已改設教養局習藝所所有米石仍著照案賞給以惠窮黎

軍機大臣欽奉

諭旨署法部尚書紹昌差務較繁著毋庸進文職班

是日

起居注官錫鈞汪鳳藻

二十八日甲辰

上詣長春宮

隆裕皇太后前請安

是日

起居注官景祾 熊方燧

二十九日乙巳

上詣長春宮

隆裕皇太后前請安

是日禮部具奏九月二十七日等日各

忌辰遣官一摺奉

諭旨九月二十七日

孝慈高皇后忌辰祭

福陵派隆懃行禮

又奏二十九日

孝敬憲皇后忌辰祭

泰陵派奎璜行禮

是日

起居注官恩祥 鄭沅

三十日丙午

上詣　長春宮

隆裕皇太后前請安

內閣奉

諭旨各省諮議局為採取輿論之所仰蒙

德宗景皇帝欽奉

孝欽顯皇后懿旨飭辦朕御極後繼述

前徽責成內外諸臣依限辦理業據各省陸續奏報諮議局選舉事宜均已照章籌辦完竣茲屆九月初一日各省召集議員開議之期用特重申誥誡各該諮議局議員於地方利弊情形均當切實指陳妥善計畫務各恪遵前奉

懿旨勿挾私心以妨公益勿逞意氣以紊成規勿見事太易而議論稍涉囂張勿權限不明而定法致滋侵越各該督撫亦當虛心採納裁度施行以期上下一心漸臻上理至開局以後各該督撫尤應欽遵定章實行監督務使議決事件不得踰越權限違背法律共攄忠愛以圖富強上以副朝廷勤求民隱之衷下不失官民守分盡職之義朕實有厚望焉著將此諭敬謹繕錄懸挂各省諮議局議場一體欽遵

是日

起居注官延清　惲毓鼎

宣統元年歲次己酉九月初一日丁未

上詣　長春宮

隆裕皇太后前請安

內閣奉

諭旨郡王銜多羅貝勒載洵載濤均著賞給郡王爵章

多羅貝勒毓朗著賞給貝勒爵章不入八分輔國公

銜鎮國將軍載搜溥侗均著賞給不入八分輔國公

爵章

是日

起居注官世榮周克寬

初二日戊申

上詣　長春宮

隆裕皇太后前請安

內閣奉

諭旨河南河北鎮總兵員缺著謝寶勝署理

是日

起居注官崇山　許澤新

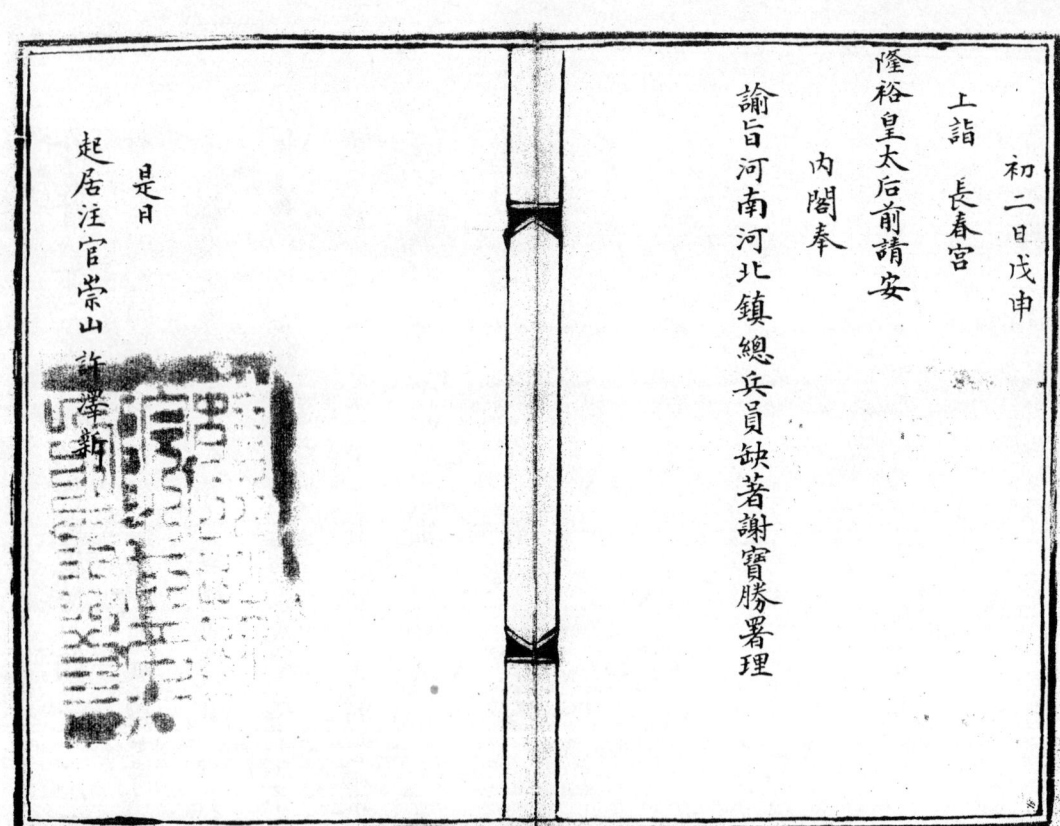

初三日己酉
上詣 長春宮
隆裕皇太后前請安 辰刻
詣 皇極殿
孝欽顯皇后梓宮前行朝上食禮畢
駕還養心殿
内閣奉
諭旨禮部奏請派王貝勒恭代行禮並將禮節開單呈
覽一摺九月二十七日奉移
孝欽顯皇后梓宮啟行
蘆殿梓宮前行夕奠禮並沿途行朝夕奠禮
梓宮安奉
隆恩殿畢祭酒行禮
隆恩殿行饗奠禮著派禮親王世鐸恭代
隆恩殿行還奠禮
梓宮升小轝時奠酒行禮
梓宮安奉龍輴上奠酒行禮
梓宮居奉安吉時奠酒行禮
梓宮永安禮成祭臺前奠酒行禮
隆恩殿行虞祭禮恭捧
神牌升
黄輿行禮著派肅親王善耆恭代
梓宮至
大紅門遥向
祖陵恭代行禮著派豫親王懋林行禮
神牌還京沿途朝夕祭行禮著派順承郡王訥勒赫恭代
是日
起居注官覺羅文華 黄思永

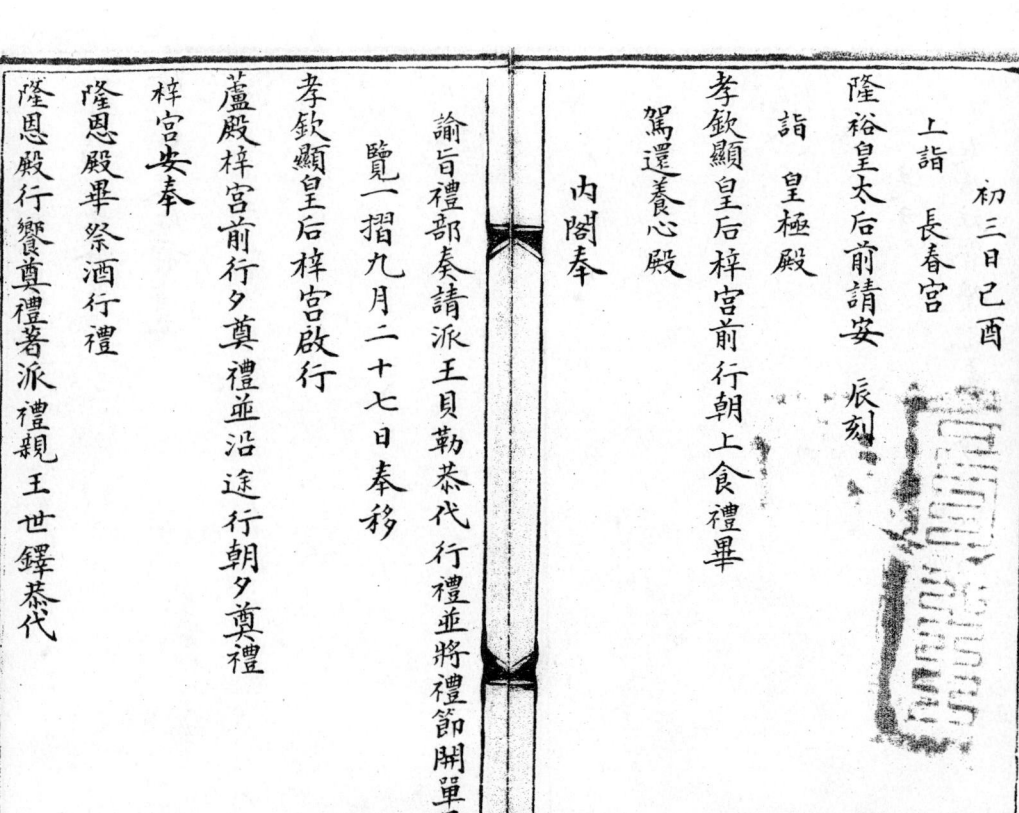

初四日庚戌

上詣　長春宮

隆裕皇太后前請安

是日

起居注官榮光李士鉁

初五日辛亥

上詣　長春宮

隆裕皇太后前請安

內閣奉

諭旨正白旗護軍統領伊立布由廕生賞給侍衛在大門上行走復挑乾清門差使洊升副都統補授護軍統領均能勤職茲聞溘逝軫惜殊深加恩著照副都統例賜卹任內一切處分悉予開復應得卹典該衙門查例具奏

是日

起居注官景潤楊捷三

初六日壬子

上詣長春宮

隆裕皇太后前請安

是日

起居注官錫鈞吳士鑑

初七日癸丑

上詣長春宮

隆裕皇太后前請安

内閣奉

諭旨成都將軍著趙爾巽暫行兼署

是日

起居注官景稷周爰諏

初八日甲寅

上詣長春宮

隆裕皇太后前請安

內閣奉

諭旨十月初九日

孝欽顯皇后神牌升祔

太廟由

監國攝政王代詣行禮又奉

諭旨

孝欽顯皇后神牌升祔

奉先殿著派慶親王奕劻恭代行禮

是日

起居注官恩祥汪鳳藻

初九日乙卯

上詣長春宮

隆裕皇太后前請安

內閣奉

諭旨我朝

太廟制度備極尊崇前殿自

太祖高皇帝以下七世皆南向自

宣宗成皇帝以下三世皆分東西向與前古所謂北向之

穆南向之昭本不相同

穆宗毅皇帝

德宗景皇帝同為百世不祧之廟允宜守宋儒朱子之說

以昭穆分左右不以昭穆為尊卑蓋禮緣義起戴記

具有明文不必因經說異同過事拘執也茲據內閣

會奏

升祔大禮一摺謹擬
德宗景皇帝升祔
太廟中殿供奉西又次楹又五室穆位
前殿於西旁
文宗顯皇帝之次恭設坐西東向之穆位洵足仰體
先朝兼祧之旨上慰
列聖在天之靈即照所擬著為定制
奉先殿之位序理應一體亦敬遵此制崇奉以隆祀饗而
篤孝思所有應行典禮著該衙門敬謹豫備
是日
起居注官延清熊方燧

初十日丙辰
上詣長春宮
隆裕皇太后前請安　辰刻
詣皇極殿
孝欽顯皇后梓宮前行朝上食禮畢
駕還養心殿
是日
起居注官世榮鄭沅

十一日丁巳

上詣　長春宮

隆裕皇太后前請安

内閣奉

諭旨陸軍部奏陸軍貴冑學堂畢業學生照章引見按照等第謹擬獎勵辦法請分别錄用優予出身一摺所有考列上等之世襲二等子爵成全著賞給大門二等侍衛世襲二等男爵二等侍衛恩厚著賞升頭等侍衛世襲二等子爵兼世管察哈爾佐領福蔭著賞給大門二等侍衛世襲一等男爵祥楙著賞給大門二等侍衛和碩額駙品級二等侍衛世襲恩騎尉富克錦著賞升頭等侍衛考列中等之世襲二等男爵煜貴著賞給大門三等侍衛三品頂戴應封將軍宗室善鐸著賞給大門三等侍衛委散秩大臣分獻大臣世襲一等信勇公兼勳舊佐領錫明著賞挑乾清門侍衛三品頂戴應封將軍溥琳著賞給大門三等侍衛奉恩將軍毓逖著賞給大門三等侍衛考列上等之分省試用知府陳昌穀著以道員分省補用法部候補主事魁瀛著以三等侍衛用

定陵禮部郎中光泰著以陸軍部郎中儘先補用俟補缺後以應升之缺升用主事銜郭則涑著補授陸軍副軍校宗人府候補筆帖式宗室常貴著以四等侍衛用主事銜張璥著補授陸軍副軍校貴筠著以陸軍部主事學習法部八品錄事宗室松生著以四等侍衛用候選道法部即補郎中劉朝望著以陸軍部郎中補用俟補缺後在任以應升之階儘先升用陸軍部候補員外郎文厚著作為本部郎中儘先補用宗室榮華著補授陸軍副軍校郵傳部學習郎中克興

額著以陸軍部郎中學習候補缺後在任以應升之
階儘先升用禮部學習筆帖式成蔭著以藍翎侍衛
用宗室希敬著補授陸軍副軍校宗室毓麟著以陸
軍部主事學習宗室毓莊著補授陸軍副軍校徐傳
元著以陸軍部主事學習宗室豐申著以主事分部
學習分省試用知縣李晉祥著以藍翎侍衛用度支
部學習主事錢承懋著以三等侍衛用選用理事官
宗室寶文著以陸軍部郎中補用俟補缺後在任以
應升之階儘先升用宗室薩佑著補授陸軍副軍校
吏部學習主事宗室厚良著以三等侍衛用宗室繼
質著補授陸軍副軍校宗室長績著以陸軍部主事
學習宗室榮良著補授陸軍副軍校驍騎校宗室[illegible]
以印務章京儘先升用宗室崗慶著補授陸軍副軍
校大理院學習六品推事宗室志清著以三等侍衛
用選用筆帖式國源著以陸軍部主事學習知縣用
安徽試用縣丞顧思範著以陸軍部七品小京官補
用陸軍部候補主事慶格著以本部員外郎儘先
補用宗室玉輝著補授陸軍副軍校宗室玉崑著以
陸軍部主事學習法部候補筆帖式齊敏著補授陸
軍副軍校同知銜候選通判胡同林著以四等侍衛
用宗室銅錕著補授陸軍副軍校宗室柏崑著以陸
軍部主事學習忠旭著補授陸軍副軍校宗室毓翰
著補授陸軍副軍校陸軍部學習主事宗室濟昌著
作為本部員外郎儘先補用宗室麟湛著補授陸軍
副軍校宗室謙順著以陸軍部主事學習陸軍部筆
帖式選用知縣盛格著作為本部主事儘先補用宗
室錫泉著補授陸軍副軍校候選七品筆帖式恆緒
著以陸軍部主事學習宗室文林著補授陸軍副軍

校宗室溥經著補授陸軍副軍校候選通判繼馥著
以四等侍衛用宗室世昌著以陸軍部主事學習內
務府郎補郎中立賢著以三等侍衛用宗室連通著
補授陸軍副軍校陸軍部學習主事鍾麟著作為本
部員外郎儘先補用宗室存昌著補授陸軍副軍校
考列中等之宗室恆堮著補授陸軍協軍校龔齊坊
著補授陸軍協軍校奉統著補授陸軍協軍校宗人
府候補筆帖式宗室志庚著以陸軍部筆帖式儘先
補用補用驍騎校麟濟著仍以驍騎校儘先補用宗
室樂欽著補授陸軍協軍校候選知縣姜兆璜著以
陸軍部七品小京官補用德壬著補授陸軍協軍校
宗室德通著補授陸軍協軍校同知職銜賢麟著以
陸軍部七品筆帖式學習陸軍部學習郎中[illegible]著
仍以郎中歸本部儘先補用宗人府候補七品筆帖
式宗室溥露著補授陸軍協軍校選用知州璧瑜著
以陸軍部員外郎學習宗室恆寅著補授陸軍協軍
校三等侍衛松年著以二等侍衛記名宗室[illegible]著
補授陸軍協軍校麟昭著補授陸軍協軍校
昌陵禮部郎中光瀛著在任以應升之階升用步軍統領
衙門學習員外郎良豫著仍以員外郎歸本衙門儘
先酌補廕生常麟宗室熙昌松著承啟均俟廕生引
見時再行降旨

是日

起居注官崇山惲毓鼎

十二日戊午

上詣 長春宮

隆裕皇太后前請安

內閣奉

諭旨孟冬時享

太廟遣魁斌恭代行禮

後殿派毓璋行禮兩廡派承蔭德壽各分獻又奉

諭旨郵傳部奏特参鐵路貪劣職員一摺分省補用知府陸錫珪前充京奉鐵路總繙譯膽大妄為貪污無恥候選同知王慶驥前充汴洛鐵路總繙譯貪鄙嗜利勒索包工直隸候補直隸州知州羅春煦前充京奉鐵路文案行為卑鄙勒索有據知縣用分省補用縣丞林秉璋前充京奉鐵路站長居心險詐私索規費均著革職永不敘用其陸錫珪一員並著地方官驅逐回籍不准逗留滋事該部知道

軍機大臣欽奉

諭旨嗣後應派王公各項差使除有差請假外其餘王公全行開列

是日禮部奏十月初一日孟冬祭各

陵遣官一摺奉

諭旨知道了

是日

起居注官覺羅文華周克寬

十三日己未

上詣　長春宮

隆裕皇太后前請安

是日

起居注官榮光　許澤新

十四日庚申

上詣　長春宮

隆裕皇太后前請安

內閣奉

諭旨此次

隆裕皇太后恭送

孝欽顯皇后梓宮奉移

山陵並祇謁

東陵所有經行道路著派出之管道大臣及直隸總督督飭各該員弁兵丁嚴行稽察如有隨扈員役以及太監人等車馬踐踏並沿途藉差騷擾勒索等事即著該管大臣暨該督等查拏叅奏至辦道各員如有草率偷減修墊不平藉口車馬踐踏希圖卸責情弊亦著該督嚴查叅辦又奉

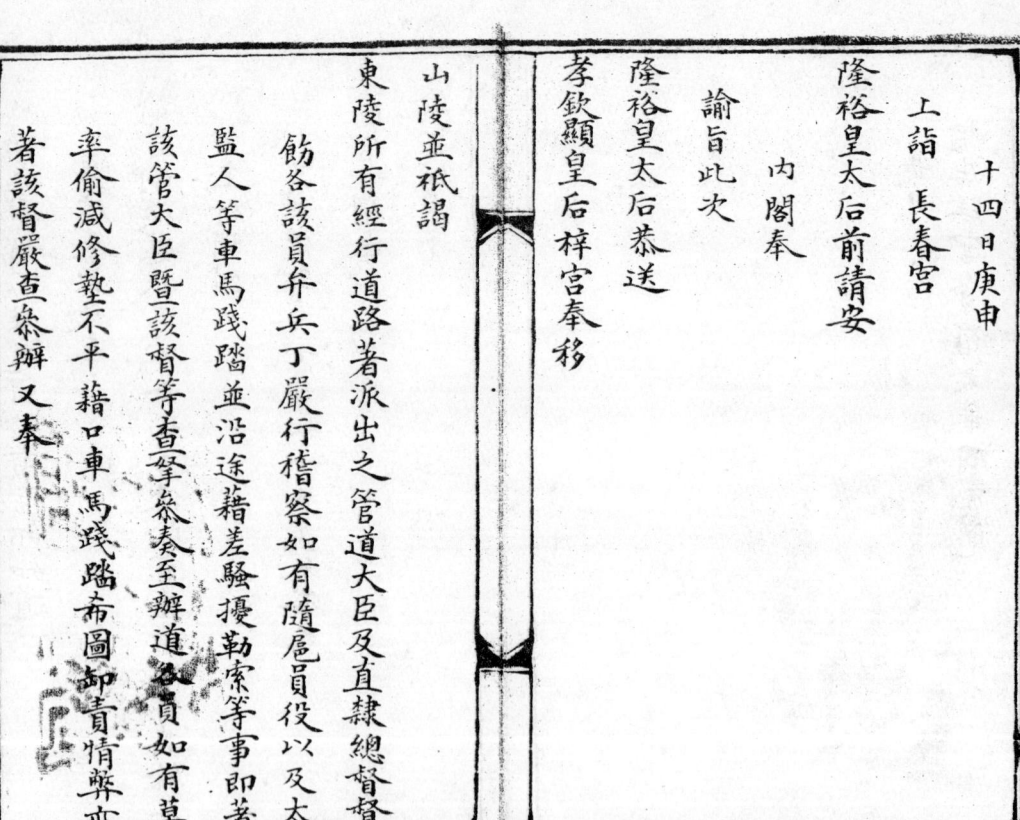

諭旨陸軍正參領良弼著派充禁衛軍步隊第一協統
領官並賞給陸軍協都統銜
軍機大臣欽奉
諭旨著派善耆納勒赫博迪蘇陸潤庠溥頲景厚會同
原派恭辦喪禮王大臣等在梁格莊
暫安殿輪流值班

是日
起居注官景潤 黄思永

十五日辛酉
上詣 長春宮
隆裕皇太后前請安
內閣奉
諭旨前據御史儼忠奏稱大員煙癖素深請飭調驗一
摺當經諭令沈秉堃確查具奏茲據查明覆奏貴州
巡撫龐鴻書先曾吸食數年前即已戒斷提學使陳
驤實未吸食均著毋庸置議布政使松埒因疾致癮
疾發時仍未盡除按察使嚴雋熙年老衰病確未戒
斷均著照章革職永不敘用龐鴻書於該司等曾否
斷癮未能切實調驗咎實難辭著交部議處沈秉堃
查辦此案尚屬認真所有自請議處之處著加恩寬
免該衙門知道

是日
起居注官錫鈞李士鉁

宣統元年歲次己酉九月十六日壬戌

上詣　長春宮

隆裕皇太后前請安

内閣奉

諭旨朝廷簡任疆臣畀以用人重寄近來辦理新政遇有奏調人員無不俯如所請惟念該督撫等果能於本省屬員認真考察何至一省之中竟致無員可用必須借材他省方收臂指之資雖其中為事擇人者所在常有而引用私人者亦難保必無嗣後除邊遠省分於舉辦要政准其酌量調用外其餘省分所有差委事宜務須先儘本省人員擇能委用不准任意奏調他省人員致滋紛擾該督撫等各宜公爾忘私破除成見用副朝廷整飭官常之至意該部知道

又奉

諭旨此次引見進士館畢業之度支部學習主事唐桂馨著以主事留部儘先補用庶吉士李槃著授職編修並加侍講銜辦學期滿之庶吉士江孔殷著授職編修

是日

起居注官景褑楊捷三

十七日癸亥
上詣長春宮
隆裕皇太后前請安　辰刻
詣皇極殿
孝欽顯皇后梓宮前行朝上食禮畢
駕還養心殿
内閣奉
諭旨廣西巡撫張鳴岐前得降二級留任處分著加恩
開復又奉
諭旨貴州按察使著文徵補授又奉
諭旨貴州布政使著沈瑜慶補授
是日
起居注官恩祥吳士鑑

十八日甲子
上詣長春宮
隆裕皇太后前請安
是日
起居注官延清周克寬

十九日乙丑

上詣 長春宮

隆裕皇太后前請安

內閣奉

諭旨誠勳頻勒渾奏查明盟旗被災情形懇恩撫恤一摺西林果勒盟旗阿巴嘎阿巴哈那爾浩齊特烏珍穆沁等八旗游牧地方連遭亢旱上年冬季又復大雪成災牲畜倒斃實多蒙民困苦情形殊堪軫念加恩著賞給帑銀三萬兩由度支部給發交誠勳等派委妥員馳往災區查明戶口被災輕重分別妥為散放毋任失所用副朝廷撫恤蒙艱之至意該部知道

是日

起居注官世榮汪鳳藻

二十日丙寅

上詣 長春宮

隆裕皇太后前請安

內閣奉

諭旨鹿傳霖著授為大學士陸潤庠著以吏部尚書協辦大學士又奉

諭旨陝西榆林府知府員缺著張啟藩補授

是日

起居注官崇山熊方燧

二十一日丁卯

上詣 長春宮

隆裕皇太后前請安

内閣奉

諭旨孫家鼐奏假期又滿病仍未痊懇請開缺一摺大學士孫家鼐著再賞假一箇月並賞給人葠二兩以資調攝毋庸開缺

是日

起居注官覺羅文華鄭沅

二十二日戊辰

上詣 長春宮

隆裕皇太后前請安 辰刻

詣 皇極殿

孝欽顯皇后梓宮前行十一滿月禮致祭跪送衣版畢

駕還養心殿

内閣奉

諭旨此次驗看之學部考驗游學畢業生項驤著賞給法政科進士王若儼王煥文均著賞給醫科進士劉鍾華王兆枬均著賞給格致科進士唐有恆程鴻書均著賞給農科進士林大閎林志琇劉崇倫濮登青朱光燾均著賞給工科進士馮閱模謝曉石李祖虞汪振聲金泯瀾唐演張競仁陳爾錫何竣業劉成志辛漢單毓華祁耀川郭經陳遵統凌士鈞褚嘉猷王

愷憲均著賞給法政科舉人羅昌夏錫祺錢家治李
家桐均著賞給文科舉人王若宜厲家福彭樹滋侯
毓汶均著賞給醫科舉人王兼善陳英才均著賞給
格致科舉人于樹楨周藻祥彭望恕周秉琨吳蕭徐
天敘均著賞給農科舉人高近宸梁志和陳步麟趾
王頌賢錢漢陽劉勳麟蔡耀卿均著賞給工科舉人
陳訓旭潘承福曾耀垣朱祖鍷向瑞琨楊汝梅均著

賞給商科舉人廖治楊禧王國樑汪祖澤謝健曹敦
錄袁榮叜莊璟珂李懷亮朱文焯馮國鑫王侃孫潤
家高方潞何奇陽鍾震川梁宓劉文嘉劉瑩澤虞熙
正張毓驊湯中曹濬湘張清澤劉懋昭鄧塏章世莢
郭開文吳經銓陳緯狄梁孫吳成章董玉墀張德馨
劉頌虞涂壽田汪郁年駱通戴彬陳天輔李棟李杭
文黃希仲趙一德張清樾張汝翹卲忞榮安永昌王

淮琛黎炳文彭光祜褚辛培張廸汪芳績陳經朱彰
年丁濚孫德泰邱在元沈其昌馬彝德周祚章張景
栻劉重熙熊成章陸龍翔易翔何崇禮孟繼旦趙曾
翔曹祖蕃計萬全張雲閣王泰鎔康寶忠許企謙張
務本吳榮鈵張德滋嚴維坤王毓昆王煥功許孝綬
丁兆冠戴汝佳陳培琛趙鴻藻林覲光傅定祥沙曾
詒吳天寵張慶革蔡寅柯鴻烈張文煾涂景新汪翔

何膺恆石德純王雙岐左文炬何道瀓蹇先榘楊仰
程郭憲章董修武王倫章劉德昭崔斯哲區諟區金
均王庚酉葛為輔余琛張伯楨邵修文廖德興劉彥
卿熊懋儒趙翼雲江洪杰傅振舉葉衍華劉濬楊光
湛吳淞覃壽公陳光陳學釗鄒本銓郭衛村馬家麟
黃豫鼎吳淪姚生范李讜傅廷楨譚汝鼎蕭度孫蔭
蘭均著賞給法政科舉人馮世德蕭友梅過耀根均

著賞給文科舉人胡晴崖曾貞均著賞給醫科舉人
郭玉清談錫恩毛邦偉均著賞給格致科舉人劉學
誠吳達黃錫齡楊永貞張青選均著賞給農科舉人
林大同彭應蕃袁翼梁楚珩春梁張文廉金殿勳沈
秉鍇均著賞給工科舉人金天祿鄭釗胡光第朱學
曾王治昌李成林沈祚延趙保泰高彤墀陳福頤黃
鳴盛楊湘張覲雯盛在珣盛在琨陸近禮孫方尚徐
煇謝存薛光鋮均著賞給商科舉人

是日

起居注官榮光惲毓鼎

二十三日己巳

上詣 長春宮

隆裕皇太后前請安

是日

起居注官景潤周克寬

二十四日庚午

上詣 長春宮

隆裕皇太后前請安 辰刻

詣 皇極殿

孝欽顯皇后梓宮前行朝上食禮畢

駕還養心殿

内閣奉

諭旨鹿傳霖著充體仁閣大學士又奉

諭旨增韞奏提學使患病懇請開缺據情代奏一摺浙

江提學使支恒榮著准其開缺又奉

諭旨陳夔龍奏布政使患病懇請開缺據情代奏一摺

湖北布政使李岷琛著准其開缺又奉

諭旨山東曹州鎮總兵陸建章著開缺來京另候簡用

山東登萊青膠道徐撫辰著開缺送部引見

是日

起居注官錫鈞許澤新

二十五日辛未
上詣 長春宮
隆裕皇太后前請安 巳刻
詣 皇極殿
孝欽顯皇后梓宮前行祖奠禮致祭跪送衣服畢
駕還養心殿
內閣奉
諭旨毛慶蕃奏考覈吏治據實糾參一摺甘肅前署海
城縣事試用知縣陶崧年貪婪昏縱丈地擾民前調
署武威縣事鎮番縣知縣方景周膽大妄為不恤民
隱崇信縣知縣史文光謬戾鄙瑣不顧累民碾伯縣
知縣楊麟瑞氣習浮誕工於取巧開缺另補前武威
縣知縣梅樹南才疏識闇縱差釀命西甯縣典史華
廷洵荒謬無恥罔知檢束試用巡檢田瑞麟辦事糊
塗彤同龍耳瓚均著即行革職統捐局文案委員試用
知州張鳴鸞粗戾任性罔識商艱著以府經歷縣丞
降補該部知道又奉
諭旨外務部右丞梁如浩著開缺所遺右丞著曹汝霖
補授左參議著曾述棨轉補右參議著陳懋鼎補授
又奉
諭旨浙江提學使著袁嘉穀署理又奉
諭旨湖北布政使著楊文鼎補授李樹棠著補授湖北
按察使又奉
諭旨直隸清河道員缺著段書雲補授又奉
諭旨山東登萊青膠道員缺著世光補授又奉
諭旨山東曹州鎮總兵員缺著靳呈雲補授
是日
起居注官景椶黄思永

二十六日壬申
上詣　長春宮
隆裕皇太后前請安
內閣奉
諭旨陸軍部右侍郎廕昌現在丁憂著改爲署任仍著
姚錫光署理廕昌俟百日孝滿後仍留出使德國大
臣之任
是日
起居注官恩祥李士鉁

二十七日癸酉
上詣　長春宮
隆裕皇太后前請安　寅刻
詣　皇極殿
孝欽顯皇后梓宮前行辭奠禮畢　卯刻
孝欽顯皇后梓宮奉移啟行奠酒舉哀行禮跪送畢
駕還養心殿
是日
起居注官延清楊捷三

二十八日甲[illegible]

是日

起居注官世榮吳士鑑

二十九日乙亥

是日

起居注官崇山周爰諏

三十日丙子

是日

起居注官[illegible]汪鳳藻

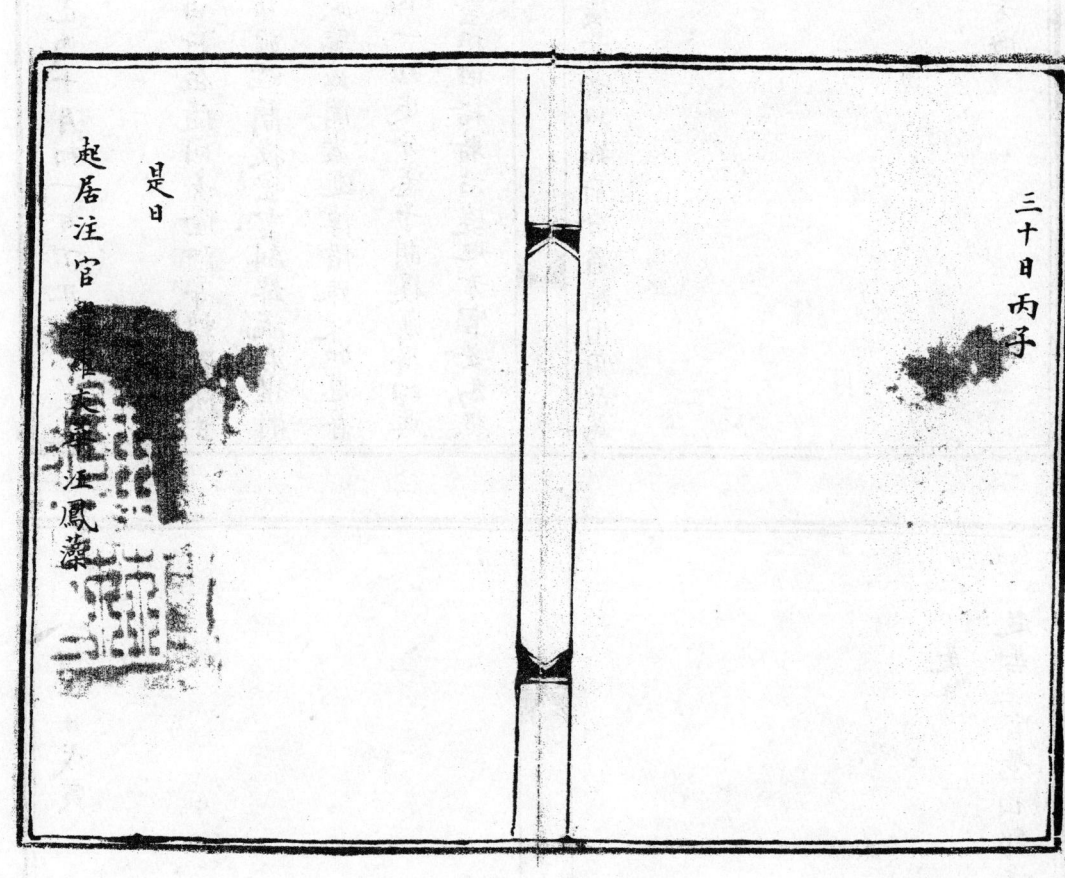

宣統元年歲次己酉十月初一日丁丑

内閣奉

諭旨成都將軍馬亮由行伍隨同多隆阿等轉戰陝甘新疆等處卓著戰功旋經簡授密雲副都統洊擢將軍宣力有年克勤厥職茲聞溘逝悼惜殊深加恩著照將軍例賜卹任内一切處分悉予開復應得卹典該衙門察例具奏靈柩回籍時沿途地方官妥為照料伊子候選同知廣榮著以知府分省補用用示篤念藎臣至意

是日

起居注官榮光熊方燧

初二日戊寅

是日

起居注官景潤鄭沅

初三日己卯
内閣奉
諭旨宗人府印鑰著派慶親王奕劻暫行佩帶

是日
起居注官錫鈞惲毓鼎

初四日庚辰
内閣奉
諭旨前據御史胡思敬奏疆臣嗜酒廢事貪黷營私並
貴陽府知府謝文翹縱子行兇嫉民如仇各摺片當
經諭令沈秉堃確查具奏茲據查明奏稱貴州巡撫
龐鴻書被參各款查無實據惟嚴於律己馭下未免
稍寬等語龐鴻書被參各款既無實據著免其置議
該撫身任疆寄嗣後務當振刷精神於行政用人力
求整飭儻敢因循敷衍斷難稍示姑容貴州貴陽府
知府謝文翹雖無縱子行兇等事惟性情謬戾不恤
人言署天柱縣知縣印江縣知縣鄒毅洪居心殘忍
辦事欺飾按察司照磨劉名晉捏稟移葛致釀重案
均著即行革職試用知府李祖章查無實在劣迹著
俟起復回省後隨時查看候選通判劉澤布物議滋

多著勒令回籍宗彝呂聯奎[illegible]務尚能認真著免
其置議什長聶紹初著飭鄒毅洪交案審辦歲貢生
蕭墳熙著地方官嚴加管束餘著照所議辦理該部
知道又奉
諭旨沈東墊奏雲南署平彝縣准補新平縣知縣陳策
賢辦理禁煙不遵定章自私自利卸辦羅平釐金試
用典史傅明賢抽釐舞弊確有贓私均著即行革職
傅明賢贓款並著嚴行追究卸辦平彝釐金即用班
補用知縣楊寬卸辦陸涼釐金即用班補用知縣曹
瀛於司巡舞弊毫無覺察均屬庸懦無能惟係正途
出身文理尚優俱著以教職歸部銓選餘著照所議
辦理該部知道又奉
諭旨貴州貴陽府知府員缺緊要著該督撫於通省知
府內揀員調補所遺員缺著文瀛補授

是日
起居注官景禔周克寬

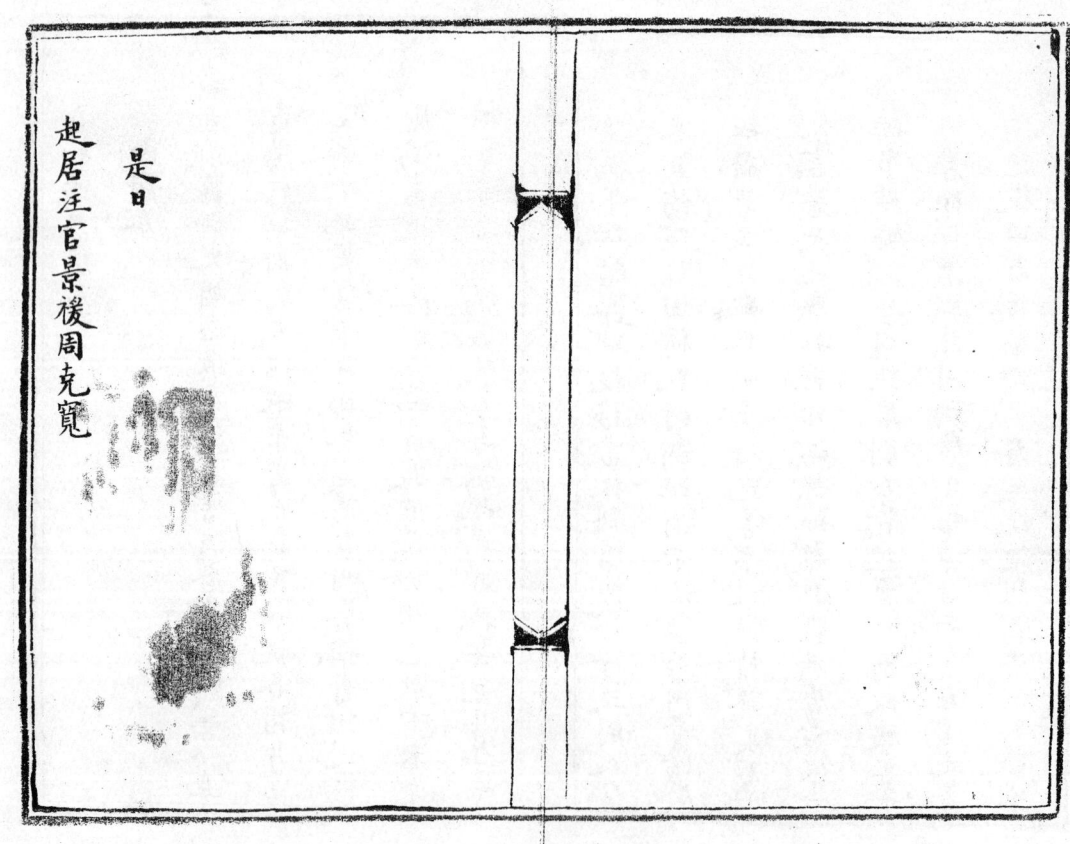

初五日辛巳

内閣奉

諭旨肅親王善耆等奏承差不力據實糾參一摺

孝欽顯皇后梓宮永遠奉安典禮至為重要承辦各員應

如何恪恭將事以昭誠敬乃馬蘭鎮總兵恩霖事前毫

無預備實屬咎無可辭内務府郎中文蔭於應行典

禮漫不經心尤屬異常疏忽恩霖文蔭均著交部嚴

加議處

是日

起居注官恩祥許澤新

初六日壬午

是日

起居注官延清黄思永

初七日癸未

是日

起居注官世榮李士鈖

初八日甲申

上詣　長春宮

隆裕皇太后前請安

內閣奉

諭旨本月初四日

孝欽顯皇后梓宮永遠奉安

菩陀峪

定東陵在事王大臣均能恪恭將事謹慎無愆所有恭辦
喪禮之恭親王溥偉肅親王善耆順承郡王訥勒赫
都統喀爾沁公博廸蘇協辦大學士榮慶陸潤庠尚
書溥頲總管內務府大臣奎俊景豐禮部左侍郎景
厚著各賞加三級除民政部堂官善耆禮部堂官景厚
均經賞加三級外民政部侍郎烏珍林紹年察哈爾
都統前禮部尚書溥良禮部尚書葛寶華侍郎郭曾

圻及承辦喪禮之内務府堂司各官暨民政部禮部
司官辦理一切悉臻妥協均各賞加二級並著恭辦
王大臣及該堂官查照成案酌量保奏候旨施恩各
營派出
蘆殿管營等官均著賞加一級恭送
梓宫及隨從
皇太后赴
陵之文武大小官員侍衛章京等並守護
陵寢貝勒載瀛公壽全均著賞加一級隨從
皇太后之各營兵丁均賞給半月錢糧以示朕推廣仁施
至意該部知道又奉
諭旨本月初四日
孝欽顯皇后永遠奉安
地宫大禮告成在事諸臣敬謹襄辦妥協周詳允宜仰體
慈懷特加恩敘所有隨入
地宫之禮親王世鐸肅親王善耆莊親王載功順成郡王
訥勒赫貝勒載潤貝子溥倫喀爾沁公博迪蘇協辦
大學士榮慶陸潤庠農工商部尚書溥頲内務府大
臣奎俊景豐禮部左侍郎景厚均著賞加二級又奉
諭旨本月初四日敬題
孝欽顯皇后神主之協辦大學士榮慶大學士鹿傳霖齋
肅潔誠恪恭將事榮慶著賞加太子少保銜鹿傳霖
著賞加太子太保銜又奉
諭旨恭送
孝欽顯皇后梓宫之王公并隨扈
隆裕皇太之御前乾清門各員均著賞加一級又奉
諭旨
孝欽顯皇后奉安

山陵所有各营派出
蘆殿管营等官已有旨均賞加一級其
蘆殿管营大臣兜欽達賚蘇嚕岱著加恩再各賞加一級
其所管該营兵丁均著賞給半月錢糧又奉
諭旨鑾輿備恭請
孝欽顯皇后小昇轝之校尉及内務府僱備夫役俱著加
恩每名賞銀一兩由廣儲司給發又奉
諭旨
孝欽顯皇后梓宮奉安
山陵沿途恭請
大轝之直隸僱備民夫著加恩賞銀八千兩在廣儲司動
支由端方分別給領又奉
諭旨九月二十七日奉移
孝欽顯皇后梓宮所有修道之步甲著每名賞給半月錢

糧又奉
諭旨恭送
孝欽顯皇后梓宮并隨扈
隆裕皇太后之陸軍部派出兵丁等著每名賞給半箇月
餉銀由陸軍部照數發給又奉
諭旨本月二十七日
孝欽顯皇后梓宮奉移
菩陀峪
定東陵永遠奉安禮成後恭奉
神牌黄輿還京業經降旨將沿途經過之大興縣等五州
縣本年錢糧及各項旗租全行蠲免惟現當麥苗茁
發之時所有由京至遵化州一帶經過地方除隙地
不計外凡有平毀麥田者著再加恩每畝賞給銀一
錢俾農民藉資補助即於直隸藩庫節年耗羡款内

動支給領款實報銷又奉
諭旨
隆裕皇太后恭送
孝欽顯皇后奉安
山陵直隸官員辦理一切差務均屬妥協除總督端方外
辦差文武員弁著加恩各賞加一級所有沿途當差
兵丁著加恩賞給一月錢糧該部知道又奉
諭旨
隆裕皇太后恭送
孝欽顯皇后梓宮永遠奉安
山陵禮成後恭奉
神牌黄輿還京沿途經過地方百姓追思
德澤哀慕孔殷允宜特沛恩施以示軫恤所有大興通州
三河涿州遵化五州縣經過地方應徵本年錢糧著

全行蠲免其應徵本年各項旗租並著一體蠲免順
天府府尹直隸總督速即刊刻謄黄徧行曉諭俾閭
閻均霑實惠該部即遵諭行又奉
諭旨連日恭請
隆裕皇太后轎之鑾輿衞校尉著加恩每名賞給一兩重
銀錁一箇由廣儲司給發又奉
諭旨李國杰奏據實糾參大員一摺
孝欽顯皇后梓宮永遠奉安
山陵禮節隆重應差各員宜如何敬謹將事乃直隸總督
端方沿途派人照相初三日舉行遷奠禮焚化
冠服時該督乘輿橫衝
神路而過又於風水牆内借行樹為電桿等語實屬恣意
任性不知大體直隸總督端方著交部議處

是日

起居注官崇山楊捷三

初九日乙酉

上詣長春宮

隆裕皇太后前請安

內閣奉

旨所有恭送

孝欽顯皇后梓宮之扎薩克喇嘛羅布藏貢噶一人著賞給蟒緞一疋達喇嘛三人每人著賞給小卷素綢各一疋蘇拉喇嘛一名徒衆二十二名每名著賞給一兩重銀錁各二箇

是日

起居注官覺羅文華吳士鑑

初十日丙戌
上詣　長春宮
隆裕皇太后前請安　長刻
詣　翊坤宮
孝欽顯皇后御容前行禮畢
駕還養心殿內閣奉
旨涼州副都統著恩志補授又奉
旨成都將軍著玉崑補授又奉
諭旨恭送
神牌黃輿回京之王公大臣均著賞加一級各旗營派出
護送官員著一併賞加一級兵丁著賞給半月錢糧
其沿途恭請
黃輿之鑾輿儀校尉五百四十八名著每名賞給一兩重
銀錁一箇由廣儲司支領又奉
旨本月初九日
孝欽顯皇后升祔禮成所有
太廟讀祝官景明贊引官常清典容官瑞鐸唱樂官德祿
著各紀錄三次獻帛爵之宗室章京載熙惠普毓照
載霞崧耀溥棻聯福毓佑延慶瑞亮載岳毓盈德岫
安齡玉通恩鈺恒圻毓錡善岫溥荃溥凱松瑞春元
恩榮毓樸毓杲祥增載鈺載吟興瑞載莊榮昌恩厚
溥霱溥霖載勵益秀扎朗阿溥陽毓英載勃載焯盛
昆等四十三員均著各紀錄二次
是日
起居注官榮光周爰諏

十一日丁亥

上詣 長春宮

隆裕皇太后前請安

內閣奉

諭旨鑲藍旗蒙古副都統著福海補授又奉

諭旨吏部奏遵議大員處分一摺直隸總督端方著照部議即行革職又奉

諭旨直隸總督兼北洋大臣著陳夔龍調補未到任以前著崔永安暫行護理又奉

諭旨吏部陸軍部奏遵議總兵司員處分一摺馬蘭鎮總兵恩霖內務府郎中文蔭均著照部議即行革職又奉

諭旨馬蘭鎮總兵兼管內務府大臣著耆齡補授又奉

諭旨本年湖北大水為災業經頒發帑銀飭令妥籌賑撫茲據陳夔龍電奏沔陽五州縣八月間襄水復漲田禾重遭淹浸受災奇重等語若將應徵錢漕照常徵收民力實有未逮加恩著照所請所有沔陽江陵公安石首監利五州縣應徵本年錢糧漕米蘆課屯餉等項一律停徵並著將光緒三十四年分原緩銀米遞緩一年徵收其餘被災較輕各州縣仍飭屬勘查實收分數分別應徵應緩奏明辦理該督即刊刻謄黃徧行曉諭務使實惠均霑毋令吏胥舞弊用副

朝廷軫念民艱至意該部知道又奉

諭旨此次驗放陸軍部游學畢業生考列優等之王風清長青丁慕韓孫國英沈同午張榮光胡謙楊廷溥林肇民陳乾車駕龍穆恩堂劉宗紀景斌紹祺朱啟舜馮衡均著賞給陸軍步兵科舉人並授副軍校張炳標楊志澄吳和宣殷承瓛林文瑛均著賞給陸軍

工兵科舉人並授副軍校李鐸張翼鵬張鳳翽汪鎬
基均著賞給陸軍馬兵科舉人並授副軍校朱綬光
簡業敬得全温壽泉蘇渙圖葉秉甲童錫良陳時彥
史秉直均著賞給陸軍礮兵科舉人並授副軍校考
列上等之萬德尊王肇基厲爾康歐陽武鍾體乾秉
鉞黃國樑印榮志元官其彬張華輔陳晉楊邦藩何
成濬周駿陳强劉祖武梁廣謙孔昭度謝昭吳藻華
劉存原寗什圖覃鑾欽蒲鑑蔣蔭曾劉　國棟李孔嘉
邱志龍榮宣彭道成劉成梅焯敏譚瀛仇亮戈寶琛
趙士槐何佩瑢楊文愷胡百鍊莫擎宇程子楷馬名
驥林爽蔣國經夏占奎鄭長垣葉成林石鐸閻錫山
盧墺吳劍學尹昌衡謝武煒李萬祥黃金桂紀堪頤
余英華孫傳芳沈晴劉春臺石星川張瑜姚以价連
城李致梁　王振楊曾蔚榮焜劉汝贊炳炎崇恭張一

爵王兆翔王裕光喬照胡萬泰蔡紹忠潘志岵鄭開
文梅馨張濟元高聲震李德瑚王璇李瑞瑺均著賞
給陸軍步兵科舉人並授協軍校李實茂趙恒惪譚
學夔唐繼堯楊尚志陳元泳陳毅丁緒餘蕭奇斌王
相楚春羣周蔭人涂永鍾鼎基韓麟春李烈鈞孫永
安秦覺顧祥麟馬林武滋榮高兆華李煥章葛光廷
張國威松俊哲筠劉虎臣田遇東王寶善周宗祥楊
祖謙張耀姚家振金榮藩均著賞給陸軍礮兵科舉
人並授協軍校韓鳳樓袁宗翰劉家佺陳其慰梁心
田董紹祺禧光成炳棻危道豐徐家瑢王永杲余鶴
松朱先志吳樂三陳宏萼劉洪基華世中李任羅煒
均著賞給陸軍工兵科舉人並授協軍校張鵾翀耿
覲文許烈壇綏生李顯謨陳模羅虔王樹榕林仲墉
傅鑫鄒致權盧香亭張學騫張九維全鳳巢張維清

唐多馬開崧錫琨魏邦屏李衡歐陽幹劉法坤均著賞給陸軍馬兵科舉人並授協軍校蕭祖康陳其善焦純禮江雋楊集祥徐定清劉乃勳吳炳元均著賞給陸軍輜重兵科舉人並授協軍校考列中等之梁詳勤徐朔杜澐張厚德均著賞給陸軍礮兵科舉人並以協軍校記名補用吳元鈞著賞給陸軍馬兵科舉人並以協軍校記名補用謝家琛著賞給陸軍輜重兵科舉人並以協軍校記名補用恩錫左全忠王隆中王文卿程經邦均著賞給陸軍步兵科舉人並以協軍校記名補用該部知道又奉

諭旨湖廣總督著瑞澂署理江蘇巡撫著寶棻調補丁寶銓著補授山西巡撫又奉

諭旨山東巡撫著孫寶琦補授

是日

起居注官景潤汪鳳藻

十二日戊子

上詣　長春宮

隆裕皇太后前請安

內閣奉

諭旨山西布政使著志森補授王慶平著補授山西按察使浙江鹽運使著衡吉補授又奉

旨榮恩著賞給副都統銜作為烏里雅蘇台參贊大臣照例馳驛前往又奉

諭旨奎煥著留京當差

是日

起居注官錫鈞熊方燧

十三日己丑

上詣　長春宮

隆裕皇太后前請安

內閣奉

諭旨前奉

先朝諭旨諄諄以籌備立憲為要圖業經嚴定年限各專責成期於計日程功屆時頒布不啻三令五申朕臨

御以來又復疊降明諭或於批摺內誥誡再三其於

憲政前途實事求是之心早為天下臣民所共見現據各部院堂官暨各直省督撫奏陳第一二屆籌備事宜均尚妥協果能實心實力次第興辦何難日起有功所慮積習相沿難保無但以一奏塞責者須知此項要政上稟

前謨下慰民望關繫至為重大自茲以往益當振刷精神

認真整飭無取乎虛文粉飾徒事鋪張若揆諸現在
情形辦理或有窒礙亦准其剴切臚陳並妥籌善法
仍一面持以毅力務底於成斷不可遇事畏難互相
諉過方今時事多艱朝廷宵旰憂勞無時或息爾內
外諸臣受國厚恩理宜殫竭血誠擔負責任儻稍涉
虛假將來憲政不克依限實行試問能當此重咎否
耶即著憲政編查館將所奏成績隨時稽覈如查有
措辦遲逾或因循敷衍毫無實際者據實參奏朕惟
有懍遵上年八月初一日
諭旨按照溺職例懲處紀綱具在決不姑寬要之仔肩固
無旁貸而協力適克有成尤望爾內外諸臣共矢和
衷屏除私見毋黨同而伐異毋勤始而怠終庶幾上
下一心弼成郅治朕心實嘉賴焉將此通諭知之
又奉
諭旨馬蘭鎮總兵著齡未到任以前著載瀛暫行署理
是日
起居注官景祾鄭沅

十四日庚寅
上詣長春宮
隆裕皇太后前請安
內閣奉
諭旨憲政編查館會奏覆核各省州縣事實分別勸懲
開單呈覽一摺著依議行各省州縣事實原以考核
吏治鼓勵人才乃近來各督撫所開事實詳覈者固
多而疏略者在所不免揆諸事理殊難憑信似此積
習相沿實於憲政前途大有妨礙即巡警一項所報
事實或僅寥寥數名或尚未經舉辦餘事可以類推
定限綦嚴豈容任意諉飾著各督撫查照歷次奏定
章程認真辦理務將事實表冊據實造報嚴定等第
毋得稍涉虛濫致負朝廷實事求是之至意該衙門
知道單併發又奉
諭旨庫倫辦事大臣延祉因病懇請開缺一摺延祉著
准其開缺又奉
諭旨三多著賞給副都統銜署理庫倫掌印辦事大臣
照例馳驛又奉
諭旨歸化城副都統著麟壽補授
是日
起居注官恩祥惲毓鼎

十五日辛卯
上詣長春宮
隆裕皇太后前請安
内閣奉
諭旨十一月初十日冬至大祀
天於
圜丘遣豫親王懋林恭代行禮
四從壇派德茂錫露榮埜德壽各分獻又奉
諭旨
監國攝政王面奉
隆裕皇太后懿旨十一月十三日崇上徽號是日皇帝在
宮内行禮王大臣著在
慈寧宮行禮三品以下文武百官著在午門行禮在外公
主福晉命婦均著進内行禮又奉

諭旨張人駿等電奏蘇屬溧陽等縣冬賑需款籲懇恩
施等語本年溧陽金壇荆溪宜興四縣被災奇重且
頻年災祲倉穀空虚元氣未復餘如丹徒丹陽震澤
等處同受偏災現在節屆隆冬饑民待哺朝廷殊深
憫惻加恩著賞給帑銀三萬兩由度支部給發該督
撫等即派委妥員按照所屬災區查明户口災情輕
重分别散放務使實惠均霑毋任失所用副朝廷軫
念災黎至意餘著照所議辦理該部知道
軍機大臣欽奉
諭旨禮部奏崇上
皇太后徽號恭進
奏書等日王公百官入内奏事及在署辦事服色一
摺十一月初三日均穿補褂挂朝珠初二日初三日應
穿貂褂者穿貂褂挂朝珠不應穿貂褂者常服挂朝珠

是日禮部奏十一月初十日冬至祭

天壇請

旨一摺奉

諭旨遣懋林恭代行禮四從壇派德茂錫露榮墪德壽

各分獻

是日

起居注官延清周克寬

宣統元年歲次己酉十月十六日壬辰

上詣　長春宮

隆裕皇太后前請安

內閣奉

諭旨溥善著以內閣學士用丁振鐸著以侍郎候補張翼著賞還頭品頂戴以三品京堂用又奉

諭旨署江西提學使林開謩著開去提學使署缺以道員發往南洋交張人駿差遣委用又奉

諭旨江西提學使著湯壽潛補授又奉

諭旨本日引見一品廕生前陸軍貴胄學堂畢業考列上等之松耆著以陸軍部郎中補用二品廕生前陸軍貴胄學堂考列上等之常麟著以陸軍部員外郎補用

軍機大臣欽奉

諭旨大學士鹿傳霖奏遵保

景陵隆恩殿等處要工出力人員開單呈覽一摺著依議

該部知道單二件併發

是日

起居注官世榮許澤新

十七日癸巳

上詣

隆裕皇太后前請安

長春宮

内閣奉

諭旨雲南按察使著秦樹聲補授又奉

諭旨雲南昭通府知府員缺著聶寶琛補授

是日

起居注官崇山黄思永

十八日甲午

上詣

隆裕皇太后前請安

長春宮

内閣奉

諭旨大學士孫家鼐品學純正志慮忠誠由翰林受

先朝特達之知入直上書房屢掌文衡得人稱盛條陳大

計持論閎通光緒四年欽奉

懿旨命在毓慶宮授讀兼祧

皇考德宗景皇帝恩禮優加洊擢正卿晉登揆席前因創

立學務授為管理大臣於一切應辦事宜擘畫周詳

規模正大前年設立資政院簡任總裁釐定章程悉

臻妥洽朕御極後眷顧老成深資倚畀嗣因患病屢

請開缺疊經賞假並賞給人葠以資調攝方冀永享

遐齡長資輔弼茲聞溘逝悼惜殊深著賞給陀羅經

被派貝勒毓朗帶領侍衛十員前往奠醊加恩予諡
文正晉贈太傅照大學士例賜卹入祀賢良祠賞銀
三千兩治喪由廣儲司給發任內一切處分悉予開
復應得卹典該衙門察例具奏靈柩回籍時沿途地
方妥為照料伊子陸軍部郎中孫傳棨著以四品京
堂補用伊孫一品廕生孫多焌孫多烇均著以郎中
分部補用用示篤念藎臣至意又奉

諭旨陸潤庠著充翰林院掌院學士又奉

諭旨江西提學使湯壽潛奏瀝述下情懇請收回成命
一摺覽奏具見孝思惟江西學務重要該員學問素
優正資整頓且就近迎養亦屬甚便著仍遵前旨赴
任毋庸固辭又奉

諭旨現在天氣漸寒所有食餉之閑散宗室覺羅人等
生計維艱殊堪軫念著加恩賞給一月錢糧其宗室
覺羅孤寡除有恩賞錢糧外著再加賞半月錢糧以
示體恤又奉

諭旨現在天氣漸寒京師兵丁當差勤苦殊深軫念所
有八旗及綠步各營官兵均著加恩賞給半月錢糧
以示體恤又奉

諭旨正黃旗漢軍都統印鑰著訥勤赫暫行佩帶

是日

起居注官覺羅文華李士鉁

十九日乙未
上詣　長春宮
隆裕皇太后前請安
內閣奉
諭旨鹿傳霖著充稽察欽奉上諭事件處又奉
諭旨鹿傳霖著充國史館總裁林紹年著充國史館
副總裁

是日禮部奏十二月初十日冬至祭各
陵遣官一摺奉
諭旨
永陵派恩常
福陵派隆譽
昭陵派樂誠
昭西陵派載瀛

孝陵派意普
孝東陵派溥釗
景陵派毓炤
泰陵派溥霱
泰東陵派奎瑛
裕陵派溥多
昌陵派溥閣

昌西陵派廣壽
慕陵派毓橚
慕東陵派毓祥
定陵派溥佶
普祥峪
定東陵派溥佶
菩陀峪

定東陵派溥佶
惠陵派溥倬
端慧皇太子園寢派聯寬
莊順皇貴妃園寢派毓𤨒各行禮
又奏十一月初十日冬至祭
醇賢親王園寢遣官一摺奉
諭旨派全榮行禮
是日
起居注官榮光楊提三

二十日丙申
上詣　長春宮
隆裕皇太后前請安
內閣奉
諭旨密雲副都統著豐陞阿調補所遺鑲黃旗漢軍副
都統著德麟調補又奉
諭旨浙江衢州鎮總兵著沈大鼇調補何祥麟著補授
溫州鎮總兵
是日
起居注官景潤吳士鑑

二十一日丁酉

上詣　長春宮

隆裕皇太后前請安　辰刻

詣　乾清宮

德宗景皇帝聖容前行禮畢

駕還養心殿

是日

起居注官錫鈞周爰諏

二十二日戊戌

上詣　長春宮

隆裕皇太后前請安　辰刻

詣　翊坤宮

孝欽顯皇后御容前行禮畢

駕還養心殿

是日

起居注官景󠄀後汪鳳藻

二十三日己亥

上詣　長春宮

隆裕皇太后前請安

是日

起居注官恩祥熊方燧

二十四日庚子

上詣　長春宮

隆裕皇太后前請安

內閣奉

諭旨

監國攝政王面奉

隆裕皇太后懿旨現據總管內務府大臣奏稱

慈甯宮工程為期較近修理不及等語十一月初三日崇

上徽號王大臣均著在

養性殿行禮三品以下文武官員仍在午門外行禮

是日禮部奏十一月初六等日各

忌辰遣官一摺奉

諭旨十一日初六日祭

莊順皇貴妃園寢派溥葵行禮十三日

聖祖仁皇帝忌辰祭
景陵派意普行禮

是日
起居注官延清鄭沅

二十五日辛丑
上詣長春宮
隆裕皇太后前請安

是日
起居注官世榮惲毓鼎

二十六日壬寅

上詣　長春宮

隆裕皇太后前請安

內閣奉

諭旨溥善著補授內閣學士兼禮部侍郎銜又奉

諭旨所有兵丁借支庫銀應扣本年十二月及次年正

月庫銀利息著加恩展限兩箇月

是日

起居注官崇山周克寬

二十七日癸卯

上詣　長春宮

隆裕皇太后前請安

軍機大臣欽奉

諭旨都察院奏代遞翰林院學士許澤新等呈請將已

故開復原銜革職禮部尚書李端棻開復原官一摺

李端棻著加恩開復原官該部知道

是日

起居注官覺羅文華許澤新

二十八日甲辰

上詣　長春宮

隆裕皇太后前請安

內閣奉

諭旨本日引見之降補都司補用總兵李家昌著以副將用又奉

諭旨毛慶蕃奏考覈吏治據實舉劾一摺甘肅署皋蘭縣事議敘通判賴恩培署河州事丹噶爾同知張廷武署狄道州事甯州知州陳必淮既據該護督臚陳政績均著傳旨嘉獎前署甯州知州候補知縣惠占鼇妄報開墾荒謬糊塗前辦新固渠工即用知縣薛位執拗性成頗有心疾西大通縣丞馬朝襄浮躁喜事妄改渠章前辦法政學堂收支委員試用典史周錦章無帳可稽有意侵蝕均著即行革職前署甯州事補用知縣陳文明貌似有才辦案草率著以府經歷縣丞降補開缺循化廳同知王開斌年老多病縱用門丁著勒令休致署華亭縣事張掖縣知縣汪宗瀚才識庸闇年力就衰惟文理尚優著以教職歸部銓選該部知道

是日

起居注官榮光黃思永

二十九日乙巳

上詣　長春宫

隆裕皇太后前請安

是日禮部奏十一月初八日祭

先醫廟遣官一摺奉

諭旨派景厚行禮兩廡派張仲元佟文斌各分獻

又奏十一月初十日冬至祭

天壇看牲一摺奉

諭旨派葛寶華看牲

是日

起居注官景潤李士鉁

三十日丙午

上詣　長春宫

隆裕皇太后前請安

内閣奉

諭旨外務部尚書梁敦彦正白旗滿洲都統符珍鑲白

旗蒙古都統苏車吏部左侍郎唐景崇禮部左侍郎

景厚均著加恩在紫禁城内騎馬

是日

起居注官錫鈞楊捷三

宣統元年歲次己酉十二月初一日丁未

上詣 長春宮

隆裕皇太后前請安

內閣奉

諭旨軍機大臣上學習行走尚書戴鴻慈著加恩賞穿

帶素貂褂

是日

起居注官景棱吳士鑑

初二日戊申

上詣 長春宮

隆裕皇太后前請安

內閣奉

諭旨崔永安奏查明災歉州縣請蠲緩糧租一摺本年

順直地方入夏以來雨澤愆期至六七月間霪雨連
綿河水漲發以致濱臨各河窪地禾稼均多被水並
因天時不齊各屬有被雹被蟲被旱之處若將應徵
錢糧照常徵收民力實有未逮加恩著照所請所有
武清等十一縣廳成災五六分村莊應徵本年錢糧
著蠲免十分之一成災七分村莊應徵本年錢糧著
蠲免十分之二各項旗租著蠲免十分之一成災八
分村莊應徵本年錢糧著蠲免十分之四各項旗租
著蠲免十分之二成災九分村莊應徵本年錢糧著

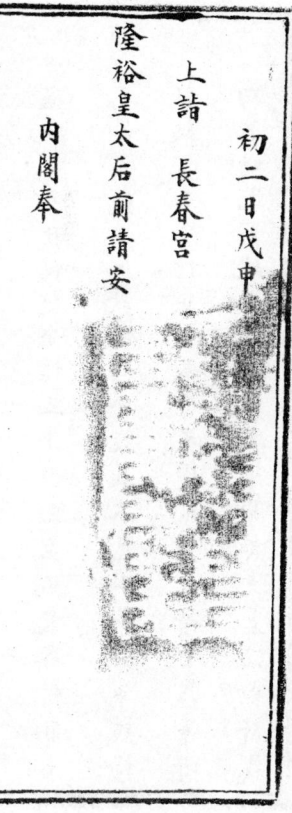

蠲免十分之六各項旗租著蠲免十分之四成災十
分村莊應徵本年錢糧著蠲免十分之七各項旗租
著蠲免十分之五應徵屯米穀豆草束竈課學租旗
産錢糧河淤海防經費儲備軍餉廣恩庫租通津二
幫屯租一併分別蠲緩其陸軍部馬館租鑾輿衛租
永濟庫租代徵租及出借倉穀籽種口糧牛具等項
著一體緩徵並分別減免差徭又三河等二十四州
縣歉收四分村莊應徵本節年糧租並歉收三分村
莊應徵節年糧租屯米穀豆草束竈課學租旗産錢
糧河淤海防經費儲備軍餉廣恩庫租陸軍部馬館
租鑾輿衛地租通津二幫屯租永濟庫租代徵租並
出借倉穀籽種口糧牛具等項均著緩至宣統二年
麥後啟徵並減免差徭以紓民力餘著照所議辦理
該護督即刊刻謄黃徧行曉諭務使實惠均霑毋任

吏胥舞弊用副朝廷軫念民艱至意該部知道又奉
諭旨崔永安奏查明開州等三州縣災歉情形分別蠲
緩糧賦一摺直隸開州東明長垣三州縣濱臨黃河
村莊本年被水秋禾歉收若將應徵糧賦照常徵收
民力實有未逮加恩著照所請所有開州等三州縣
成災五六分村莊應徵本年錢糧著蠲免十分之一
成災七分村莊應徵本年錢糧著蠲免十分之二成
災八分村莊應徵本年錢糧著蠲免十分之四其成
災五六七分村莊蠲賸錢糧著緩至宣統二年秋後
起分作二年帶徵成災八分村莊蠲賸錢糧著緩至
宣統二年秋後起分作三年帶徵至被災各村莊未
完節年糧銀及歉收四分村莊未完本年節年錢糧
同歉收三分村莊未完節年糧銀暨出借倉穀等項
均著緩至宣統二年秋後起徵仍減免差徭以紓民

力餘著照所議辦理該護督即刊刻謄黃徧行曉諭
務使實惠均霑毋任吏胥舞弊用副朝廷軫念民艱
至意該部知道

是日
起居注官恩祥周爰諏

初三日己酉
上詣長春宮
隆裕皇太后前請安 巳刻
隆裕皇太后
陞養性殿
寶座受賀
上詣養性殿
隆裕皇太后前行禮畢 午刻
詣樂壽堂
隆裕皇太后前遞如意畢
駕還養心殿

是日
起居注官延清汪鳳藻

初四日庚戌

上詣長春宮

隆裕皇太后前請安

是日

起居注官世榮熊方燧

初五日辛亥

上詣長春宮

隆裕皇太后前請安

是日

起居注官崇山鄭沅

初六日壬子
上詣　長春宮
隆裕皇太后前請安
內閣奉
諭旨度支部奏藩司玩誤要政據實糾叅一摺清理財
政為預算決算入手辦法於立憲前途大有關繫乃
甘肅布政使毛慶蕃於藩庫款項既不定期盤查亦
不遵章造報違抗玩誤實屬咎無可辭毛慶蕃著即
行革職以為貽誤憲政者戒
是日
起居注官覺羅文華惲毓鼎

初七日癸丑
上詣　長春宮
隆裕皇太后前請安
內閣奉
諭旨甘肅布政使著何彥昇補授直隸按察使著王乃
徵補授
是日
起居注官崇光周克寬

初八日甲寅

上詣　長春宮

隆裕皇太后前請安

内閣奉

諭旨湖南岳常澧道員缺著熙楨補授

是日

起居注官景潤許澤新

初九日乙卯

上詣　長春宮

隆裕皇太后前請安

内閣奉

諭旨湖南提學使著吳慶坻補授江甯提學使著陳伯陶補授廣西提學使著李翰芬補授河南提學使著孔祥霖補授福建提學使姚文倬著留任又奉

諭旨前據御史胡思敬奏叅大員罔利營私一摺當即諭令張人駿確查具奏茲據查明已革直隸總督端方前在兩江總督任内被叅各款尚無罔利營私實迹惟束身不檢用人太濫難辭疏忽之咎現在業已革職即著毋庸置議知縣陳潤藻前辦釐捐不能杜弊聲名平常都司夏鳴皋行止卑污冠裳不齒未占元紀律不嚴屢招物議均著即行革職湖北候補道

孫廷林前辦裕甯官銀錢局公家獲利甚微該員私積日豐有無虧挪情弊著澈底清查奏明辦理候補道王燮候補知府許星璧均著隨時察看升任湖北布政使楊文鼎前在淮揚海道任內辦理賑務雖無侵吞情弊惟在服官省分置產究屬不合著交部議處該部知道

是日

起居注官錫鈞黃思永

初十日丙辰

上詣長春宮

隆裕皇太后前請安

內閣奉

旨鑲藍旗滿洲副都統著瑞啟調補所遺鑲白旗蒙古副都統著祺誠武補授

是日

起居注官景褑李士鉁

十一日丁巳
上詣　長春宫
隆裕皇太后前請安
内閣奉
諭旨雲南巡警道著楊福璋補授
是日
起居注官恩祥楊捷三

十二日戊午
上詣　長春宫
隆裕皇太后前請安
内閣奉
諭旨内閣侍讀學士承瀛聲名平常行止不端著即行
革職
是日
起居注官延清吴士鑑

十三日己未

上詣　長春宮

隆裕皇太后前請安

內閣奉

諭旨本日軍諮處帶領引見之京師陸軍測繪學堂考列優上等畢業學生余忻文著賞給舉人授為測繪副軍校張翮鴻劉永淦萬文鳴邱岱郭恩榮覺羅豫震陸是翼敬權張福謙蕭廷球常萬選耿後卿均著賞給舉人授為測繪協軍校又奉

旨正紅旗護軍統領印鑰著文璞暫行佩帶

是日

起居注官世榮周爰諏

十四日庚申

上詣　長春宮

隆裕皇太后前請安

是日

起居注官崇山汪鳳藻

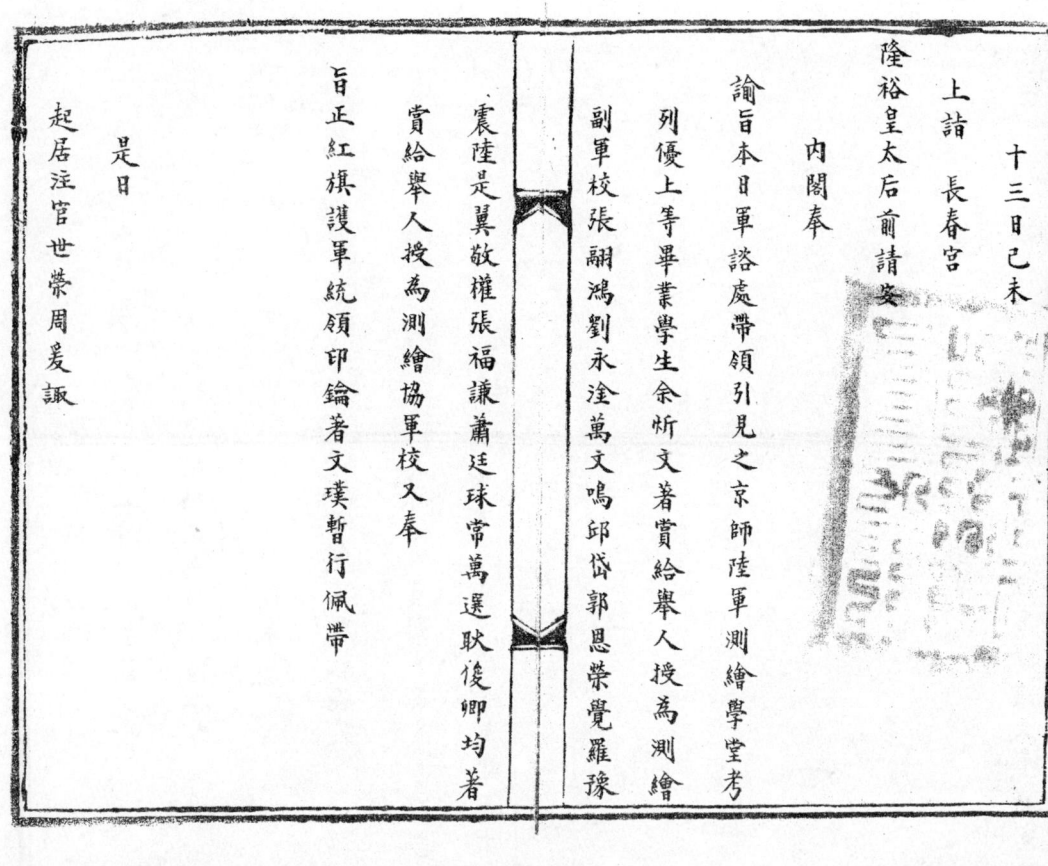

十五日辛酉

上詣　長春宮

隆裕皇太后前請安

內閣奉

諭旨現值天氣嚴寒

實錄館人員朝夕恭纂書籍著加恩於十一月十二月正月每月賞給柴炭銀五十兩在廣儲司支領

是日

起居注官覺羅文華熊方燧

宣統元年歲次己酉十一月十六日壬戌

上詣　長春宮

隆裕皇太后前請安

内閣奉

諭旨本日引見之陸軍部員外郎伊里布年力就衰著

原品休致又奉

諭旨本日引見分發廣東試用道劉慶鏜著發往雲南

交李經羲差遣委用又奉

諭旨江西建昌府知府員缺著張其鋆補授又奉

諭旨四川川東道員缺著朱有基補授又奉

諭旨奉天高等檢察廳檢察長著汪世杰補授吉林高

等檢察廳檢察長著史蓊補授

是日

起居注官榮光鄭沅

十七日癸亥

上詣　長春宮

隆裕皇太后前請安

内閣奉

諭旨法部尚書廷杰著加恩在紫禁城内騎馬又奉

諭旨副都統段祺瑞著充陸軍第六鎮統制官趙國賢

著即赴廣東潮州鎮總兵本任

是日

起居注官景潤惲毓鼎

十八日甲子

上詣　長春宮

隆裕皇太后前請安

內閣奉

諭旨瑞澂奏特參貪劣不職各員一摺江蘇前署吳縣事試用通判王士瞳人本無賴性復卑鄙前署吳江縣事候補知縣李國琮佻達性成敗禮蔑法均著即行革職永不敘用前署武進縣事試用通判徐之模遇案索賄怨聲載道前充巡警委員試用知縣程開吳虐待商民幾釀命案試用縣丞馬洪勤前在上海幫審案件營私武斷罔恤商艱均著即行革職調署山陽縣事清河縣知縣陳維藻遇事偏執不洽輿情試用知縣朱賡旦工於趨避難膺民社均著以府經歷縣丞降補海州直隸州知州謝元洪勸捐苛勒輿情未洽著開缺另補掘港營遊擊張熙於千總薛恩賄縱私運米船一案有心袒庇張熙薛恩著一併先行革職澈究審辦該部知道

是日

起居注官錫鈞周克寬

十九日乙丑
上詣長春宮
隆裕皇太后前請安
內閣奉
諭旨度支部奏陳明淮浙鹽務大概情形一摺朕詳加
披覽深悉各省鹽務糾轕紛紜疲敝日甚非統一事
權修明法令無以提挈大綱維持全局著派貝子銜
鎮國公載澤為督辦鹽政大臣凡鹽務一切事宜統
歸該督辦大臣管理以專責成其產鹽省分各督撫
本有兼管鹽政之責均著授為會辦鹽政大臣行鹽
省分各督撫於地方疏銷緝私等事考核較近呼應
亦靈均著兼會辦鹽政大臣銜該大臣等務當和衷
共濟通盤籌畫尤須體恤民艱一切事宜隨時奏明
辦理以示朝廷整飭鹺綱興利除弊之至意

是日禮部奏十二月初五日
穆宗毅皇帝忌辰祭
惠陵派毓楨行禮初六日
孝惠章皇后忌辰祭
孝東陵派載瀛行禮十一日
孝和睿皇后忌辰祭
昌西陵派溥霱行禮十二日
孝德顯皇后忌辰祭
定陵派溥倬行禮二十五日
孝莊文皇后忌辰祭
昭西陵派意普行禮
是日
起居注官景褑許澤新

二十日丙寅

上詣　長春宮

隆裕皇太后前請安

內閣奉

諭旨陸潤庠著授爲大學士戴鴻慈著以尚書協辦大

學士

是日

起居注官恩祥黄思永

二十一日丁卯

上詣　長春宮

隆裕皇太后前請安

內閣奉

諭旨吏部尚書著李殿林補授又奉

諭旨江西吉安府知府員缺著夏啟瑜補授又奉

諭旨正黄旗漢軍都統著載潤補授

是日

起居注官延清李士鉁

二十二日戊辰

上詣　長春宮

隆裕皇太后前請安

內閣奉

諭旨世續著充文華殿大學士那桐著充文淵閣大學士鹿傳霖著充東閣大學士陸潤庠著充體仁閣大學士

軍機大臣欽奉

諭旨內閣奏遵保恭備要差出力各員開單呈覽各摺片前內閣中書御史蕭丙炎著交部議叙餘依議

是日

起居注官世榮楊捷三

二十三日己巳

上詣　長春宮

隆裕皇太后前請安

是日

起居注官崇山吴士鑑

二十四日庚午

上詣　長春宮

隆裕皇太后前請安

是日

起居注官覺羅文華周爰諏

二十五日辛未

上詣　長春宮

隆裕皇太后前請安

内閣奉

諭旨毓朗現在服闋著補授步軍統領又奉

旨正黃旗護軍統領著善豫調補所遺鑲白旗護軍統

領著卓凌阿補授

是日

起居注官榮光汪鳳藻

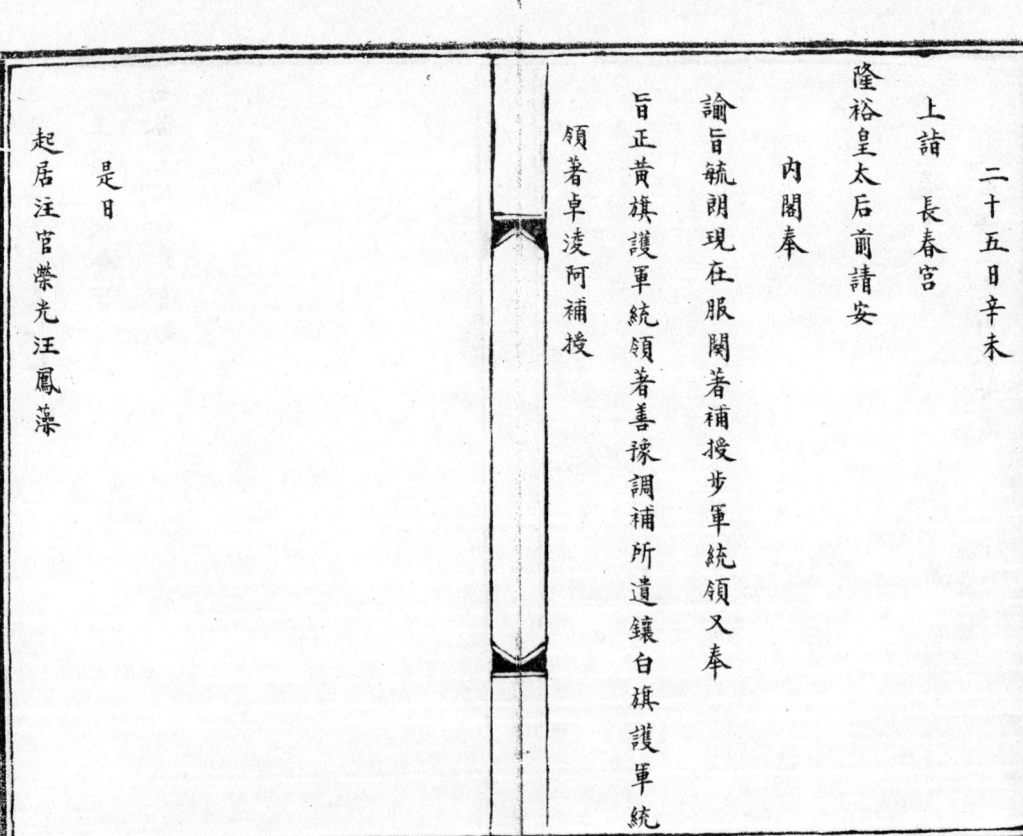

二十六日壬申

上詣　長春宮

隆裕皇太后前請安

是日

起居注官景潤熊方燧

二十七日癸酉

上詣　長春宮

隆裕皇太后前請安

內閣奉

諭旨雲南永昌府知府員缺著蓀熥補授又奉

旨正白旗護軍統領印鑰著溥倬暫行佩帶

是日

起居注官錫鈞鄭沅

二十八日甲戌

上詣長春宮

隆裕皇太后前請安

是日

起居注官景褑惲毓鼎

二十九日乙亥

上詣長春宮

隆裕皇太后前請安

内閣奉

諭旨本年十二月二十九日歲暮祫祭

太廟遣載功恭代行禮東西廡派錫露榮壑各分獻

軍機大臣欽奉

諭旨總管内務府奏遵旨查辦三旗發放米石條案據

實覆奏一摺着依議又奉

旨着派榮壑進内稽察三海值班官兵大臣班

是日

起居注官恩祥周克寬

宣統元年歲次己酉十二月初一日丙子

上詣　長春宮

隆裕皇太后前請安

內閣奉

諭旨十二月初一日

德宗景皇帝神牌升祔

奉先殿由

監國攝政王代詣行禮

是日

起居注官延清許澤新

初二日丁丑

上詣　長春宮

隆裕皇太后前請安

內閣奉

諭旨

監國攝政王面奉

隆裕皇太后懿旨明年元旦皇帝毋庸行禮停止筵宴在

外公主福晉命婦亦毋庸進內行禮又奉

諭旨禮部奏明年元旦禮節請旨遵行一摺著停止陞

殿受賀

是日

起居注官世榮黃思永

初三日戊寅
上詣　長春宮
隆裕皇太后前請安

是日
起居注官崇山李士鈖

初四日己卯
上詣　長春宮
隆裕皇太后前請安
內閣奉
諭旨朕敬維
列祖
列宗至仁極聖臨民敷政無時不廣開言路博採羣謀朕
御極以來勤求治理於嘉言直諫凡有益於國計民
生者罔不虛衷采納見諸施行即由該長官代奏者
亦必詳加披覽酌核辦理惟近來建言諸臣其直言
敢諫披瀝忠忱者固不乏人而懷挾私見及毛舉細
故不知大體者亦嘗有之否則毫無建白緘默偷安
甚負朕殷殷求言本意自此申諭以後朝廷寬其既
往嚴其將來其有言責諸臣暨代奏抒誠進言者果

能關懷時局為國為民條陳得當朕不但立准施行
且加以奬敘儻敢如前不悛任意嘗試亦必予以懲
處不貸用示廣納忠言勵精圖治之至意又奉
諭旨正白旗滿洲都統固倫額駙公符珍持躬謹慎練
達老成由散秩大臣補授副都統内大臣充御前侍
衛洊升都統管理圓明園八旗官兵事務宣力有年
克勤厥職茲聞溘逝軫惜殊深加恩著賞給陀羅經
被派鎮國公溥佶帶領侍衛十員即日前往奠醊照
部統例賜卹任内一切處分悉予開復應得卹典該
衙門察例具奏伊子記名二等侍衛三等侍衛松年
陸軍部補用郎中松耆頭品廕生松茂均著俟百日
孝滿後由該旗帶領引見用示篤念藎臣至意
是日
起居注官覺羅文華楊捷三

初五日庚辰
上詣 長春宮
隆裕皇太后前請安 辰刻
詣 乾清宮
穆宗毅皇帝聖容前行禮畢
駕還養心殿
内閣奉
諭旨耆齡奏因病懇請開缺一摺馬蘭鎮總兵兼總管
内務府大臣耆齡著准其開缺又奉
諭旨馬蘭鎮總兵兼總管内務府大臣著蘇嚕岱補授
是日
起居注官榮光吳士鑑

初六日辛巳

上詣　長春宮

隆裕皇太后前請安

內閣奉

諭旨孫寶琦電奏山東署濮州知州蔣茲非刑斃命曹州府知府王賡廷徇私溺職等語朝廷慎重民命停止刑訊不啻三令五申凡為地方官者自當一體遵守乃署濮州知州蔣茲於文童蕭春旺一案擅用非刑斃命實屬殘酷妄為著即行革職歸案訊辦曹州府知府王賡廷於屍親迭次控告置之不理著一併革職聽候查辦以為玩視民命者戒該部知道又奉

諭旨陸軍部尚書鐵良奏懇請續假並請派員署缺一摺鐵良著賞假一箇月毋庸派員署理

是日禮部具奏十二月二十八日告祭

太廟後殿派魁斌行禮

中殿派訥勒赫行禮二十九日祭

太歲壇派訥勒赫行禮兩廡派麒德瑞豐各分獻

又奏十二月二十九日歲暮祭

永陵派隆譽

福陵派樂誠

昭陵派恩常

昭西陵派載瀛

孝陵派意普

孝東陵派壽全

景陵派溥釗

泰陵派溥霱

泰東陵派奎瑛

裕陵派毓敏

昌陵派廣壽
昌西陵派全榮
慕陵派恩厚
慕東陵派安齡
定陵派聯寬
普祥峪
定東陵派聯寬
菩陀峪
定東陵派聯寬
惠陵派德岫
端慧皇太子園寢派樂泰各行禮
又奏十二月二十九日歲暮祭
醇賢親王園寢奉
旨派溥閏行禮

是日
起居注官景潤周爰諏

初七日壬午

上諭 長春宮

隆裕皇太后前請安

內閣奉

諭旨貝勒載潤之第一子著命名溥佑又奉

諭旨雲南昭通府知府員缺著石家銘補授又奉

諭旨梁敦彥等奏遵章核定游學專門各員開單呈覽

一摺擬列一等之詹天佑著賞給工科進士嚴復著

賞給文科進士魏瀚李維格鄭清濂鄺榮光吳仰曾

均著賞給工科進士辜湯生著賞給文科進士楊廉

臣著賞給工科進士張康仁著賞給法科進士伍光

建王劭廉均著賞給文科進士擬列二等之鄺佑昌

李大受溫秉仁均著賞給工科舉人陳聯祥著賞給

格致科舉人盧守孟劉冠雄江起鵬均著賞給工科

舉人餘依議

是日

起居注官錫鈞汪鳳藻

初八日癸未

上詣 長春宮

隆裕皇太后前請安

內閣奉

諭旨此次京察一等圈出之

東陵郎中麟祥明盛

西陵員外郎富基著各該管堂官再行出具切實考語交

內務府帶領引見其麟祥等五員均著准其一等加

一級又奉

諭旨孫寶琦奏查明本年山東各屬秋禾被災情形懇

恩蠲緩錢漕一摺本年山東青城等八十九州縣及

收併衛所並各鹽場夏秋雨季雨暘失時沿黃沿運

一帶大汛泛濫積水不消若將被淹村莊應徵錢漕

照常徵收民力實有未逮加恩著照所請所有成災

最重之青城縣屬各村莊應徵本年錢糧漕米漕倉

等項全行蠲免其餘成災輕重不等之東平州等州

縣應徵錢漕等項按照單開各村莊地畝分別蠲緩

該撫即刊刻謄黃徧行曉諭務使實惠均霑毋任吏

胥舞弊用副朝廷軫念民艱之至意餘著照所議辦

理該部知道單併發又奉

諭旨周樹模奏考察屬員賢否分別舉劾一摺黑龍江

署呼蘭府知府留江補用直隸州知州黃維翰奏調

補用知府王杜署大賚廳通判候補同知鍾毓既據

該撫臚陳政績著傳旨嘉獎湯源縣知縣劉虞卿才

具平庸性情貪鄙於任內自領腴荒轉售漁利被控

有案拜泉縣知縣王明懿懦弱無能羣小用事認民

婦為義母出入衙署物議沸騰候選知縣朱建功管

理軍械漫不經心捏寫帳簿浮冒侵蝕候選知縣熊

恩溥查拏私煙詐贓受賄均著即行革職該部知道

是日

起居注官景祿熊方燧

初九日甲申

上詣　長春宮

隆裕皇太后前請安

是日

起居注官恩祥鄭沅

初十日乙酉

上詣　長春宮

隆裕皇太后前請安

內閣奉

諭旨

監國攝政王面奉

隆裕皇太后懿旨明年正月初十日萬壽皇帝在宮內行禮王公百官毋庸行禮停止筵宴在外之公主福晉命婦均毋庸進內行禮萬壽正日王公百官均著穿褂挂朝珠初六初八初九十二十三十五日等日均常服挂朝珠又奉

諭旨禮部奏萬壽聖節應否照案行禮一摺明年正月十三日萬壽朕在宮內恭詣

隆裕皇太后前行禮王公百官均毋庸行禮十三日王公百官均著常服挂朝珠十六日十七日均常服不挂

朝珠

是日

起居注官延清惲毓鼎

十一日丙戌

上詣 長春宮

隆裕皇太后前請安

內閣奉

諭旨禮部奏祭讀祝官讀祝錯誤一摺昨日由

監國攝政王代詣

奉先殿恭奉

德宗景皇帝神牌升祔大典禮節隆重其執事各官宜如何謹慎將事乃讀祝官景明竟將

祝版內讀作恭代字樣其任意錯誤非尋常疏忽可比景明著即行革職發往軍台效力贖罪以示懲儆

是日

起居注官世榮周克寬

十二日丁亥

上詣 長春宮

隆裕皇太后前請安 辰刻

詣 建福宮

孝德顯皇后御容前行禮畢

駕還養心殿

內閣奉

諭旨本日引見之明保官在任候補直隸州知州直隸邢臺縣知縣岳齡著在任以知府補用又奉

諭旨湖北按察使著沈濬補授茹泰著補授陝西陝安道

是日

起居注官崇山許澤新

十三日戊子
上詣　長春宮
隆裕皇太后前請安
內閣奉
諭旨昨日召見之承襲一等子爵廣西委用知府李長
祿著仍以知府補用承襲一等男爵候選道度支部
員外郎劉朝仰著以道員即選又奉
諭旨前經查明咸豐同治以來勘定髮捻回各匪文武
大員之子孫業已加恩錄用茲據續行查出各員自
應一體施恩前雲貴總督劉長佑之長孫截取安徽
直隸州知州劉繩武著以知府仍留原省補用曾孫
知府銜儘先選用同知劉鶴慶著以知府選用前巡
撫一等男爵劉銘傳之次孫候選道陸軍部郎中劉
朝望著以道員即選贈布政使道員王鑫之長孫范
鈞同知銜江蘇補用知縣王禮峘著以直隸州知州
仍留原省補用曾孫王傳薪著以主事分部補用前
綏遠城將軍福興之長孫度支部郎中鐵寶著以道
員記名簡放前河南歸德鎮總兵一等子爵李臣典
之孫李榮芳著以主事分部補用前浙江提督鄧紹
良之長孫湖北候補通判鄧世勲著以直隸州知州
仍留原省補用曾孫鄧守清著以主事分部補用都
統銜前廣東副都統烏蘭泰之孫二等輕車都尉普
霖著以員外郎分部補用曾孫世昌著以主事分部
補用前署廣西提督甘肅肅州鎮總兵張玉良之長
孫應襲騎都尉張錫恩著以直隸州知州分省即補
前工部左侍郎呂賢基之嫡長曾孫承襲騎都尉兼
一雲騎尉湖北候補知府呂美璟著以知府仍留原
省即補前漕運總督袁甲三之孫度支部郎中袁世

勲著以道員記名簡放前都察院副都御史江西巡撫張芾之孫承襲騎都尉兼一雲騎尉張澐著以直隸州知州分省補用前署貴州巡撫韓超之孫湖北候補主簿選用知縣保升直隸州知州韓芳朴著以知府遇缺即選布政使銜前福建督糧道趙景賢之次子開復前廣西柳州府知府趙濂彥著以道員分省補用孫江蘇試用通判趙之驄著以直隸州知州仍留原省補用前雲南鶴麗鎮總兵朱洪章之子應襲騎都尉朱桂著以主事分部補用孫朱家炯著以通判分省補用前直隸提督郭松林之長子世襲一等輕車都尉兵部主事截取河南直隸州知州郭人凱著以知府仍留原省即補前廣東等省巡撫蔣益澧之孫優附生蔣祖耀著以主事分部補用布政使銜前江南道員温紹原之嫡長孫温祖蘧著以主事分部補用曾孫附生承襲騎都尉師範學堂畢業生温翊著以直隸州知州分省補用前署安徽廬鳳潁道金光筯之嗣孫應襲騎都尉兼一雲騎尉金志鵬著以直隸州知州遇缺即選前護軍統領恆齡之曾孫法部主事蔭康著以員外郎仍留本部補用元孫志海著以主事分部補用前新疆巡撫一等男爵劉錦棠之子新疆候補直隸州知州劉國祉著以知府仍留原省補用記名提督前廣西右江鎮總兵張樹珊之子襲騎都尉兼一雲騎尉浙江候補道張雲逵著以道員記名簡放孫監生員外郎職銜張紹烈著以員外郎分部補用贈布政使銜升用知府前天津縣知縣謝子澄之子候選直隸州州判謝觀瀾著以直隸州知州選用孫附貢生謝焜著以主事分部補用用示朝廷培植世臣激勵將士之至意

是日
起居注官覺羅文華黃恩永

十四日庚申
上詣 長春宮
隆裕皇太后前請安
是日禮部具奏次年正月初一日元旦祭
太廟後殿奉
諭旨派魁斌行禮初三日告祭
皇乾殿派懋林行禮初十日祭
太歲壇派訥勒赫行禮兩廡派麒德英縣各分獻
又奏次年正月初六日祭
祈穀壇奉
諭旨遣懋林恭代行禮
又奏正月初十日孟春祭
太廟遣載功恭代行禮
後殿派懋林行禮東廡派扎克丹西廡派延秀各分獻

是日

起居注官榮光李士鉁

十五日辛酉

上詣長春宮

隆裕皇太后前請安

內閣奉

諭旨貝勒載潤等奏考試宗室氣槍暨識滿漢文字開單呈覽一摺中氣槍五槍識滿漢字之錫啟保善溥佑齡秀均著賞給三等侍衛中氣槍五槍識漢字之印符裕瀛長續清鑑榮謙榮沛松順榮俊富森寶鑫玉崑常福均著賞給四等侍衛中氣槍四槍識漢字之松錕著賞給大緞一疋銀十兩中氣槍三槍識漢字之鐵超全斌樸清雙山連啟成崑升復溥芳並識滿漢字之常年均著賞銀五兩又奉

諭旨前據御史江春霖奏參疆臣素相朋比肆為謾欺一摺當經諭令張人駿確查茲據查明覆奏江西巡

撫馮汝騤謹飭和平所參煙癮甚重貴缺徇私各節
均無實迹可指至其用人間有未當已將各員分別
參撤毋庸再議惟該撫於提囘公費及委用丁憂人
員沈銘照二事雖有文牘可稽或前任曾經派委與
私行提取濫加委任者有別但均未奏報難辭疏忽
之咎馮汝騤著交部議處候補知縣何慧曾承辦供
張任子私用浮開濫數希圖冒領迹近侵欺著即行
革職餘著照所議辦理該部知道
軍機大臣欽奉
諭旨慶親王奕劻面奏職任繁重難以兼顧懇請開去
管理陸軍貴冑學堂之差等語著如所請俾稍節勞
以示優眷著派貝勒載濤會同陸軍部管理陸軍貴
冑學堂事務
軍機大臣欽奉
諭旨劉廷琛奏假期屆滿病仍未痊懇請開缺一摺大
學堂總監督劉廷琛著賞假一箇月毋庸開缺
是日
起居注官景潤楊捷三

宣統元年歲次己酉十二月十六日辛卯

上詣　長春宮

隆裕皇太后前請安

是日

起居注官錫鈞吳士鑑

十七日壬辰

上詣　長春宮

隆裕皇太后前請安

是日

起居注官景禐周爰諏

十八日癸巳

上詣長春宮

隆裕皇太后前請安　丑刻

詣

坤甯宮

皇太后率

皇上至

西案前隨同行禮畢

皇太后

陞北床

寶座

皇上

陞南床

寶座等喫肉畢

駕還養心殿

内閣奉

諭旨馮汝騤奏特參文武不職各員請分別懲處一摺

江西廣信府河口鎮同知鮑祖祥偏聽妄控擾累無
辜泰和縣知縣陳善垣聲名甚劣難膺民社候補知
縣張炳華辦理玉山稅卡縱容巡丁苛擾商賈試用
知縣夏顯斌居心險詐專務鑽營試用知縣邱錫淵
前代理德化縣辦事輕浮不諳政體試用知縣胡會
昌前辦義甯州官銀分號司事舞弊故為徇縱武甯
縣訓導熊舒長交結劣紳唆訟多事廣豐縣縣丞成
富春習為巧詐玉山縣典史祝襄擅受民詞洋口司
巡檢黃兆棠被控有據湖坊司巡檢曹國英縱庇地
保署小池司巡檢劉炳南丁役用事吉水縣典史柏
長青行為謬妄補用直隸州知州朱上清前帶巡防

營紀律廢弛缺曠亦多升用都司葛屏藩前帶巡防
營不守正規營務敗壞南康營都司劉鴻章任性放
蕩不守營規羊角營都司朱生富縱兵擾民不知約
束橫岡營都司林祖武收受賭規紀律懈弛豐城汛
把總李仕煐民怨甚深新城汛把總涂英蘭任性妄
為著一併革職試用知府楊德鎣前辦貢州官銀分
號迂懦無能耗損公款尚無營私肥己情事著以同
知降補龍泉縣知縣陳瑞鼎書吏招搖不能約束著
開缺另補試用知縣徐孝泰辦理樂平稅卡短收甚
鉅著摘去頂戴勒限賠繳署瀘溪縣試用知縣朱兆
麟署峽江縣試用知縣錢之燧財政報冊逾限均著
交部議處餘著照所議辦理該部知道

是日

起居注官恩祥汪鳳藻

十九日甲午 卯刻

上詣

坤甯宮

神杆前行禮至南床

陞座進肉畢

詣 長春宮

隆裕皇太后前請安

駕還養心殿

內閣奉

諭旨馮汝騤奏查明江西被災各屬分別緩徵遞緩新
舊錢漕等項開單呈覽一摺江西南昌等府各屬本
年入夏以來雨水過多山谿暴發河湖並漲沿河禾
苗多被淹浸又因晴霽日久天氣亢暘晚禾雜糧漸
形黃萎收成均甚歉薄若將應徵新舊錢漕等項照

常徵收民力實有未逮加恩著照所請所有勘實被
災之新建等廳縣並九江府同知所轄之南九二衛
均著將應徵新舊錢漕蘆課屯餘分別緩徵遞緩以
紓民力該撫即按照原單所開各廳縣村莊頃畝分
數暨緩徵銀兩米石各數刊刻謄黃徧行曉諭務使
實惠均霑毋任吏胥舞弊用副朝廷軫念民艱至意
該部知道單併發又奉
諭旨楊文鼎奏勘明湖北各屬被淹受旱輕重情形請
分別蠲緩新舊錢糧漕南銀米等項開單呈覽一摺
湖北本年入夏以來川襄二水迭次泛漲低窪田禾
被淹秋後襄水復漲垸隄多有潰決田禾復遭淹浸
高阜之區間受乾旱收成均形歉薄若將應徵錢糧
漕米等項照常徵收民力實有未逮加恩著照所請
將被災之石首等各廳州縣村莊應徵新賦錢糧漕
米等項並原緩節年銀米酌量輕重情形分別蠲緩
以紓民力該護督即按照單開詳細數目刊刻謄黃
徧行曉諭務使實惠均霑毋任吏胥舞弊用副朝廷
軫念民艱至意餘著照所議辦理該部知道單二件
併發又奉
諭旨輔國公溥葵奏請創辦籌助軍餉修理官房一摺
前經降旨諭令建言諸臣不准懷挾私見及毛舉細
故不知大體乃該輔國公所奏各節意圖攬捐徒滋
紛擾且自稱聯合男爵志福等先籌集股並請頒發
關防尤屬荒謬所請著不准行溥葵並交宗人府議
處又奉
諭旨恩壽奏特參庸劣不職各員一摺陝西米脂縣知
縣潘松不恤民隱強復舊捐署安定縣試用知縣涂
宗濂徇劣縱刁歛捐違衆均著即行革職綏德直隸

州知州張銘坤才識平庸難資表率著以府經縣丞
降補洵陽縣知縣盧東釣因循用事聽斷不明郃陽
縣知縣李漢源約束不嚴重聽誤事鎮安縣知縣李
麟圖學務廢弛難與更新紫陽縣知縣張曉年紀太
輕才欠穩練均著開缺留省察看甯羌州學正曹欽
生嗜利忘義洋縣教諭郝敬修年老氣衰鳳縣訓導
米樹棻才具平庸保安縣訓導高廷鏞聲名平常畧
陽縣訓導蔣善訓人欠安詳畧陽縣典史金松林取
巧規避乾州吏目斯樹梅欺飾營私延安縣典史馬
朝覲操守難信試用巡檢蔣沃塈膽大妄為試用從
九徐福昌聲名惡劣均著即行革職餘著照所議辦
理該部知道又奉
諭旨陝西布政使許涵度着開缺來京另候簡用
軍機大臣欽奉

諭旨都察院奏代遞總檢察廳廳丞王世琪等請開復
已故湖南巡撫陳寶箴原官呈一件陳寶箴著加恩
開復原官又據翰林院編修史寶安爲原任浙江布
政使沈兆澐請入祀河南名宦祠呈一件著禮部議
奏又據翰林院檢討區大原等請加恩褒卹已故廣
東巡撫馬丕瑤呈一件著毋庸議
是日
起居注官延清熊方燧

二十日乙未
上詣　長春宮
隆裕皇太后前請安
內閣奉
諭旨據都察院奏代遞直隸各省諮議局議員孫洪伊
等呈請速開國會一摺披覽均悉具見愛國悃忱朝
廷深為嘉悅朕仰承
先朝付託之重於豫備立憲之要政當御極之初即布告
內外仍以宣統八年為限業經明定國是上體
聖懷下慰薄海維新之企望欽惟我
孝欽顯皇后
德宗景皇帝前降
諭旨實係斷自
宸衷定以九年豫備為大清帝國君權立憲政體並
諭曰大權統於朝廷庶政公諸輿論此天下臣民所共見
共聞也今朝廷宵旰憂勞勤求上理已疊次申諭責
成京外各該衙門切實依限次第辦理深冀議院早
為成立以固邦基惟我國幅員遼濶籌備既未完全
國民智識程度又未畫一如一時遽開議院恐反致
紛擾不安適足為憲政前途之累非特朕無以慰
先朝在天之靈試問爾請願代表諸人其何以對我四萬
萬國民之衆乎朕開誠布公無所隱飾總之憲政必
立議院必開所慎籌者緩急先後之序耳夫行遠者
先求穩步圖大者不爭近功現在各省諮議局均已
舉行明年資政院亦即開辦所以為議院基礎者具
在於此但願我臣民各勤職務計日程功毋騖虛名
而隳實效茲特明白宣示俟將來九年豫備業經完

全國民教育普及屆時朕必毅然降旨定期召集議
院庶於勵精圖治之中更寓慎重籌維之意將此通
諭知之又奉
諭旨憲政編查館奏核定民政部修訂法律大臣會奏
禁煙條例開單呈覽一摺禁除鴉片為中國自强要
政歷奉
先朝諭旨飭令嚴行查禁並節經頒定章程俾資遵守本
年復重申誠諭責成京外各衙門認真辦理所為加
以訓勉示以防制者不為不至現在各省奏報種植
罌粟淨盡者已有多處人民戒除者亦逐漸加增亟
應明定懲戒之法方足以清蠹害而維久遠查閱所
擬核訂禁煙條例於應行懲罰諸端尚為周備應即
宣布京外一體實行所有未報種植禁絕各省分該
督撫務須督飭地方官將禁種罌粟設法酌縮年限

以圖及早廓清已報禁絕者尤當隨時察查如果毒
卉復萌即屬違背定章自必按照條例施以懲戒其
京師各衙門歷次奏定禁煙章程並各省奏請變通
年限曾經允行者均應作為定章如有違背概照條
例治罪京外大臣有統轄地方官吏之責者儻敢始
勤終怠陽奉陰違亦必予以懲處總期痼習漸次湔
除民生日臻强盛實有厚望焉又奉
諭旨學部左侍郎嚴修奏請假修墓一摺嚴修賞假兩
箇月學部左侍郎著李家駒署理又奉
諭旨陳夔龍奏直隸布政使崔永安呈請開缺送親回
旗籍便省墓據情代奏一摺崔永安著准其開缺又奉
諭旨直隸布政使著凌福彭補授又奉
諭旨順天府府尹著王乃徵補授未到任以前著錢能
訓署理又奉

諭旨陝西布政使著余誠格補授又奉

諭旨直隸按察使著齊耀琳補授又奉

諭旨吏部奏遵議江西巡撫馮汝騤處分一摺馮汝騤應得降二級留任處分著不准抵銷安徽巡撫朱家寶查辦此案於馮汝騤應奏不奏一節漏未聲明殊屬不合朱家寶著交部議處

是日

起居注官世榮鄭沅

二十一日丙申

上詣　長春宮

隆裕皇太后前請安

內閣奉

諭旨直隸天津道員缺著謝崇基補授

是日

起居注官崇山惲毓鼎

二十二日丁酉

上詣　長春宮

隆裕皇太后前請安

是日禮部奏次年正月初六日祭

祈穀壇看牲奉

旨派郭曾炘看牲

又奏正月初十日

皇太后萬壽聖節祭

太廟後殿奉

旨派魁斌行禮

又奏正月十四日

皇上萬壽聖節祭

太廟後殿奉

旨派懋林行禮同日祭

顯佑宮派景厚行禮

東嶽廟派郭曾炘行禮

都城隍廟派德茂行禮

是日

起居注官覺羅文華周克寬

二十三日戊戌

上詣 長春宮

隆裕皇太后前請安 酉刻

詣

坤寧宮

西案

北案

竈君前拈香畢

駕還養心殿

內閣奉

諭旨陳昭常奏吉林各屬民地暨內外城所屬旗地官莊田禾被災歉收請分別蠲緩開單呈覽各一摺本年六月吉林府等處霪雨滂沱山水暴發沿江上下民田旗地多被淹沒若將應徵錢糧照常徵收民力實有未逮加恩着照所請所有勘實被災之吉林府等屬暨省城十旗水師營官莊處所屬各旗地均着將本年應徵民地錢糧旗地租賦分別蠲緩以紓民力該撫即按單開詳細數目刊刻謄黃徧行曉諭務使實惠均沾毋任吏胥舞弊用副朝廷軫念災區之至意該部知道單二件併發又奉

諭旨丁寶銓奏查明陽曲等廳州縣被災地畝請分別豁免蠲緩停徵展停遞緩錢糧一摺本年山西省南北各屬夏秋之交陰雨過多霜飛較早兼以冰雹為患成災歉收暨水沖沙鹻未能墾復地畝若將應徵新舊糧賦照常徵收民力實有未逮加恩着照所請所有陽曲等八廳州縣應徵新舊錢糧著按照成災分數分別豁免蠲緩停徵展停遞緩以恤民艱該撫即將單開詳細數目刊刻謄黃徧行曉諭務使實惠

均沾毋任吏胥舞弊用副朝廷軫念災區之至意餘
著照所議辦理該部知道單併發
是日
起居注官榮光許澤新

二十四日己亥
上詣
壽皇殿行禮
詣　長春宮
隆裕皇太后前請安
駕還養心殿
內閣奉
諭旨本月二十日都察院代遞直隸各省諮議員孫洪
伊等呈請速開國會等因業經開布公誠剴切宣示
當為內外臣民所共悉乃昨據御史趙熙奏大臣苟
要世譽貽累君父請旨嚴懲一摺覽奏殊堪駭異朝
廷籌備憲政最為注意將來召集議院期在必行特
循次圖功自有秩序朕與軍機大臣等籌畫詳甚並
經再三垂問詢謀僉同機務既預贊襄即功過無所

推諉該大臣等受恩深重具有天良歸過朝廷之心
朕可信其必無何得摭拾浮言遽加詆毀所奏殊屬
失當特此明白曉諭知之又奉
諭旨吳重憙奏勘明河南被災各州縣請緩徵舊欠錢
漕一摺本年開封等府州所屬地方春夏以來雨澤
稀少秋後又陰雨連綿以致早晚秋禾收成歉薄若
將新錢漕同時並徵民力實有未逮加恩著照所請
所有祥符等四十一州縣民欠舊賦均予緩徵以紓
民力該撫即按照單開各州縣村莊頃畝銀兩米石
各數刊刻謄黄徧行曉諭務使實惠均沾毋任吏胥
舞弊用副朝廷軫念民艱至意該部知道單併發又奉
諭旨左翼總兵著鶴春補授
是日
起居注官景潤黄思永

二十五日庚子
上詣　長春宮
隆裕皇太后前請安
内閣奉
諭旨吏部奏遵議處分一摺安徽巡撫朱家寶應得降
一級調用私罪處分著加恩改為降一級留任又奉
諭旨甘肅甘涼道員缺著張毅補授
是日禮部奏次年正月初三日
高宗純皇帝忌辰祭
裕陵派載瀛行禮初七日
世祖章皇帝忌辰祭
孝陵派意普行禮十一日
孝全成皇后忌辰祭
慕陵派奎璜行禮十四日

宣宗成皇帝忌辰祭
慕陵派載濤行禮二十一日
孝穆成皇后忌辰祭
慕陵派溥霱行禮二十三日
孝聖憲皇后忌辰祭
泰東陵派奎瑛行禮二十九日
孝儀純皇后忌辰祭
裕陵派載瀛行禮
是日
起居注官錫鈞李士鉁

二十六日辛丑
上詣　長春宫
隆裕皇太后前請安
内閣奉
諭旨直隸密雲副都統豐陞阿由行伍於咸豐年間投效軍營從征直隸安徽陝西河南等省曾著勞績賞給侍衛並識勇巴圖魯名號簡授副都統克勤厥職兹聞溘逝軫惜殊深加恩著照副都統例賜卹任内一切處分悉予開復應得卹典該衙門察例具奏又奉
諭旨錫良等奏查明奉省新民遼陽等屬旗民各項地畝被災分數懇恩蠲緩糧租一摺奉天新民等處本年夏間霪雨連綿各屬地方多受水患該省連年荒歉尚未復元兹復被災實堪軫念加恩著照所請所有新民遼陽等十七府廳州縣並各城旗界地畝著

按照單開各村屯被災分數分別蠲緩如未經奏請以前業經花戶長完者准其流抵次年正賦其未被災之輯安縣秋成歉薄並著將此項地畝展緩起科以紓民力該督等即刊刻謄黃徧行曉諭務使實惠均霑毋令吏胥舞弊用副朝廷軫念民艱至意餘著照所議辦理該部知道單併發又奉

諭旨廣東碣石鎮總兵員缺著吳祥達調補陸建章著補授廣東高州鎮總兵又奉

諭旨趙爾巽奏舉劾屬員一摺四川署甯遠府知府陳廷緒夔州府知府成昌署越嶲廳同知劉思慈署邛州直隸州知州路廣鍾署忠州直隸州知州鄧邦造卸署雷波廳通判候補直隸州知州陳廉署漢州知州樓藜然彭山縣知縣調署簡州知州阮閬銓署安縣知縣孫錫祺西充縣知縣調署榮縣知縣李淇章署新津縣知縣祿勲署灌縣知縣張溥署大竹縣知縣謝汝霖壁山縣知縣哈銳岳池縣知縣周湘廉署萬縣知縣謝廷騏署蓬溪縣知縣楊開運蒲江縣知縣調署大邑縣知縣胡周霖署冕山縣縣丞徐懷章江北廳照磨張元璐署瀘州嘉明鎮巡檢何章縉資州羅泉井州判潘廷杓既據該督臚陳政績均著傳

旨嘉奬卸署廣安州知州吳豈不矜細行因循貽害卸署大足縣知縣鄺國元割裂契尾無辭解免署南溪縣知縣劉應鎬昌言不辦蠶桑人亦庸瑣威遠縣知縣德壽優柔玩忽幾釀大亂另補知縣梁鴻翥不能治下試用知縣梅承礽借放漁利試用鹽大使呂研聲名齷齪准補瀘州嘉明鎮巡檢徐振鏞罔利營私署涪州鶴游坪州同本任冕山縣丞程杏書馭下不嚴致釀控案鄧井關縣丞陸維城怠惰自安大足

縣典史楊煥文聲名素劣著阿所拉巡檢易繼祖藉
棻勒索璧山縣典史龍錫鉞性質粗戾所知不合試
用典史洪震浮夸難任均著即行革職眉州學正溫
翰棻遂甯縣典史李諒試用典史吳維鏞王龍章試
用未入流邵繼雍均屬戒煙不力著革職永不敘用忠
州直隸州知州張增蔚性情迂緩精神不振崇慶州
知州章國霖才識平庸難勝繁劇射洪縣知縣陶大
塤事少斷決治理無聞三臺縣知縣黃應泰性懦民
玩人地不宜南溪縣知縣韓光敬才識庸闇筠連縣
知縣韓家駿拘迂縱弛定遠縣知縣蕭家駿性近因
循均著開缺另補富順縣典史施德釗清溪縣泥頭
典史陳思泉名山縣典史張鈺均年力衰邁著勒令
休致該部知道

是日

起居注官景澧楊捷三

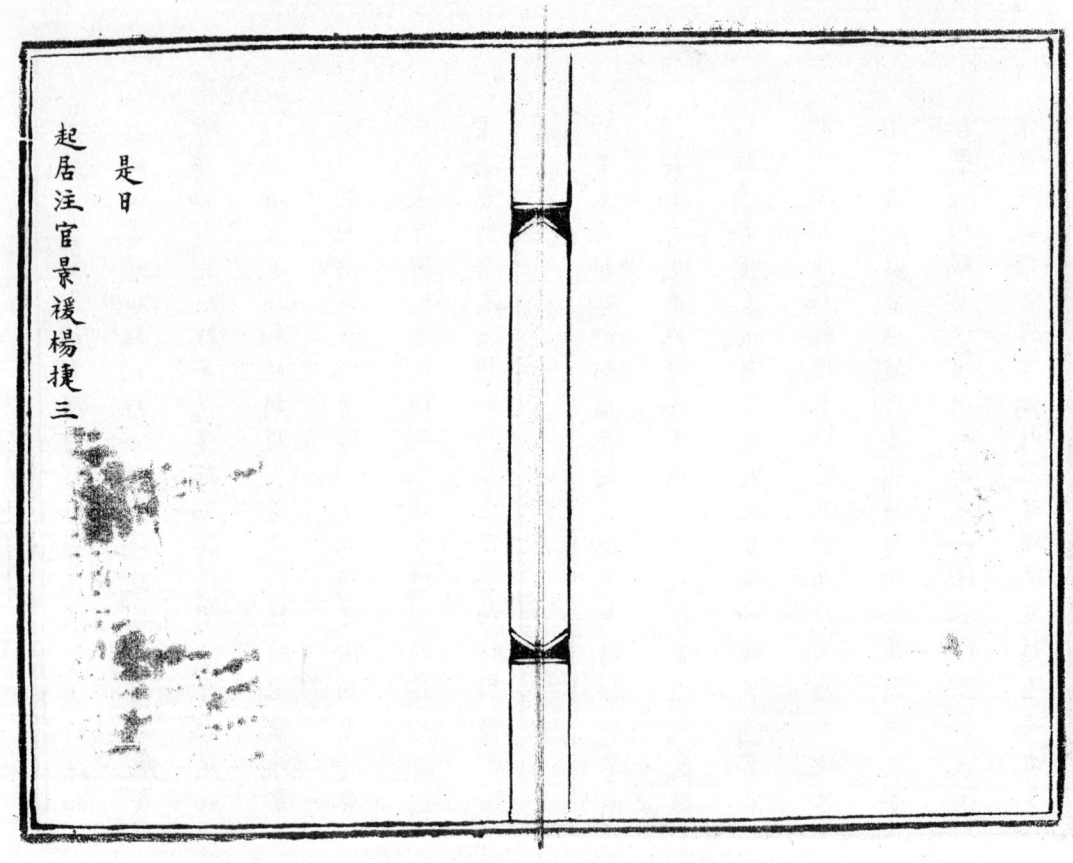

二十七日壬寅

上詣 長春宮

隆裕皇太后前請安

内閣奉

諭旨本日憲政編查館奏覆核府廳州縣地方自治章程並府廳州縣議事會議員選舉章程繕單呈覽一摺朕詳加披覽尚屬周妥府廳州縣各官為國家親民之吏兼為執行上級自治之職此次所定章程與城鎮鄉地方自治章程相輔而行即著民政部會同各督撫按照定章督飭各該地方官切實施行各該地方紳民於自治事宜休戚相關尤當恪守範圍公同協議務期官民交勉治理自隆用副朝廷實行憲政樂利同民之至意餘著照所議辦理又奉

諭旨朱家寶奏查明安徽各屬秋禾歉收請分別緩徵錢糧一摺本年五河等三十九州縣被水被旱被風秋禾收成均形歉薄若將應徵民衛丁漕各款照常徵收民力實有未逮加恩著照所請將被災各州縣分別輕重緩徵以紓民力該撫刊刻謄黃徧行曉諭務使實惠均霑毋任吏胥舞弊用副朝廷軫念民艱至意餘著照所議辦理該部知道單併發又奉

諭旨朱家寶奏查明各屬秋禾歉收請分別徵緩漕糧一摺本年安徽省各屬被水被旱被風田畝收成歉薄本日已經降旨將錢糧分別緩徵以示體恤若將應徵漕糧照常徵收民力仍有未逮加恩著照所請所有被災較重之五河通境新漕並泗州之舊虹鄉通境新舊漕糧同靈璧等三十二州縣應徵新漕及節年災緩舊欠漕米均著分別流抵緩徵以紓民力餘著照所議辦理該撫即一併刊刻謄黃並將各該

州縣區圖村莊分別徵緩詳細刊明遍行曉諭務使
實惠均霑毋任吏胥舞弊用副朝廷軫念民艱至意
該部知道
是日
起居注官恩祥吳士鑑

二十八日癸卯
上詣　長春宮
隆裕皇太后前請安
內閣奉
諭旨本日憲政編查館奏核訂法院編制法並另擬法
官考試任用司法區域分劃及初級暨地方審判廳
管轄案件各暫行章程繕單呈覽一摺朕詳加披閱
均係參考列邦之制度體察中國之情形斟酌釐訂
尚屬周妥立憲政體必使司法行政各官權限分明
責任乃無諉卸亦不得互越範圍自此次頒布法院編
制法後所有司法之行政事務著法部認真督理審
判事務著大理院以下審判各衙門各按國家法律
審理從前部院權限未清之處即著遵照此次奏定
各節切實劃分其應欽遵逐年籌備事宜清單籌辦

各級審判廳並責成法部會同各督撫督率提法司切實籌設應需司法經費著該部會同度支部隨時妥籌規畫以期早日觀成至考用法官尤關重要該部堂官務須破除情面振刷精神欽遵定章舉辦嗣後各審判衙門朝廷既予以獨立之權行政各官即不准違法干涉該審判官吏等遇有民刑訴訟案件尤當恪遵國法聽斷公平設或不知檢束或犯有贓私各款一經覺察必當按律治罪以示懲儆而維法紀其有關宗室案件著另訂細則辦法奏明請旨餘著照所議辦理又奉

諭旨前據御史趙熙奏參部臣貪贓亂法錯亂紀綱請飭查辦當經諭令那桐葛寶華確查茲據查明覆奏原參楊文鼎行賄部臣得贓及該侍郎分付從輕比照致有爭執各節或無從根究或係傳聞之誤即著毋庸置議惟該部議處楊文鼎在服官省分置買田宅以該司業已升任即將律內解任一層置而不議並不聲明請旨辦理實有未協吏部堂官及承辦此案司員著交都察院照例議處至楊文鼎在服官省分置買田宅業經得有處分著免其解任又奉

諭旨前據御史江春霖奏參江西巡撫馮汝騤聲名狼籍安徽巡撫朱家寶朋比謾欺當經張人駿查明覆奏馮汝騤有應奏不奏事件朱家寶分別予以應得處分業經明降諭旨朝廷賞功罰罪一秉至公遇有奏參之案凡關係國計民生者刻即諭令查辦如果屬實無不加以懲處惟各省疆臣尤於平日官聲政績深加考核酌量輕重或宥過之中寓策勵之意此中自有權衡斷不能以一人之咎牽及多人致滋紛擾政體所關亦向無此辦法該御史彈章迭上均已

飭查核辦其中有參張人駿查覆遲延者該督隨即登奏又有參朱家寶賄託幕友關說者並未指明無從根究至始則謂朱家寶為馮汝騤謾欺繼則謂張人駿為朱家寶謾欺無非以兩次覆查不能知該御史所指有意深文挾持成見本屬非是朝廷優待言官不欲明白宣示茲該御史又以是非不明進退失據乞將前後疏章飭部平議斷斷不休並敘及母老妻故旁無婢妾歸隱林泉感且不朽等語無非博一己戇直之名貽朝廷拒諫之過人臣竭忠效誠自當舉其大者遠者剴切直陳如以一二處分牽連冒瀆翻以一去為得計撫衷自問何以自安乎本應予以處分姑從寬免江春霖著傳旨申飭又奉

諭旨廣東鹽運使丁乃揚著開缺交部帶領引見又奉

諭旨廣東鹽運使員缺著蔣式芬補授又奉

諭旨袁樹勛奏考察屬員分別舉劾一摺署廣東廣州府正任韶州府知府嚴家熾潮州府知府陳兆棠候補知府吳宗禹前署化州知州候補知州朱紘署東莞縣知縣試用知縣徐慶元長樂縣知縣調補新會縣知縣王景沂署平縣知縣試用知縣張延慶既據該署督臚陳政績均著傳旨嘉獎候補道易鳳修聲名惡劣同僚不齒准補欽州直隸州知州番禺縣知縣周汝敦緝捕不力承審命案疲玩模糊德慶州知州章茂林才識昏庸不孚衆望聲名貪鄙控案甚多前署東莞縣知縣補用知縣李祖湘驗案草率居心欺詐歷官所至民有怨聲順德縣知縣饒澤春審理命案諸多顢頇勒繳花紅罔知政體前署英德縣知縣補用知縣劉培春漠視劫案久匿不報形同聾瞶心地糊塗信宜縣知縣黃炳文擅釋匪犯任意揑飾

居心險狡欺罔行私署開平縣知縣大挑知縣馮東
經袒吏殃民縱弁婪索被控有據怨讟繁興前署海
康縣知縣補用知縣秦廣綬縱容差役苛擾病民漁
利營私操守難信前署遂溪縣知縣試用通判范鼎
得賄縱匪頗滋物議前任三水縣正任永安縣知縣
洪錫疇顢頇因循玩視民瘼前署新甯縣知縣試用
知縣倪祖培聲名卑劣輿論不孚試用知縣陸琦苛
細病商怨聲載道藍口司巡檢王守正紳民交惡凌
祿司巡檢試用從九劉近光行同市儈佛岡同知司
獄朱錫輝擅離職守均著即行革職李祖湘黃炳文
馮東經並著歸案查辦劉近光有縱米出洋情事著
俟結案後遞回原籍交地方官管束候補道李光宇
才識平庸操守難信升用道員前署番禺縣知縣劉
慶鏜小有才能遇事取巧玩視民瘼延不詳報雷州

府知府元瑞識闇才庸難資表率均著以同知降補
嘉應州知州鄒增祐性情偏執聽斷糊塗潮陽縣知
縣崔炳炎短於吏才辦事操切惟文理尚優均著以
教職歸部銓選增城縣知縣胡光鏞才具竭蹶人地
未宜著開缺另補新甯縣知縣鍾蕚廣甯縣知縣張
鼎勛報災情俱有不實均著撤省察看又片奏現署
水師右營遊擊請補香山協副將黃占元縱容子姪
兇暴傷人龍門協副將李慶雲約兵不嚴操守難信
准補平海營參將施光廷前署新會營參將任內查
辦鬪案縱弁妄為現署潮州鎮中軍遊擊准補新會
營參將劉輝南聲名惡劣心地糊塗水師營儘先遊
擊吳祥光前在碣石右營都司任內遇事取巧緝捕
不力現署廣州協右營都司達濠營守備高厚蔥聽
任匪線妄拏良民管帶水師親軍左營千總淦雲欽

朦混曠餉有心欺飾署開平縣城守把總李鈞藉案勒詐娶取多贓啟新營哨長六品軍功鄧思成隨同辦案任勇搶掠均著即行革職高厚慈心尤很毒並著永不敘用不准投赴各營効力記名提督總兵吳貴年實任崖州協副將王世明暫標儘先副將劉先枡海安營守備王本華久已離省查無下落均著勒令休致餘著照所請辦理該部知道

是日

起居注官延清周爰諏

二十九日甲辰

上詣　長春宮

隆裕皇太后前請安

內閣奉

諭旨前據翰林院侍讀榮光奏山東陽穀縣境內委員杜秉寅等妄指民田作為官荒等語當經諭令孫寶琦確查茲據查明覆奏墾務局委員候補道杜秉寅院幕杜賢書典史章錫元均查無劣跡著免其置議准補即墨縣栲栳島巡檢武恪忠前在陽穀縣委辦墾務貪鄙妄為不知自愛著即革職代理陽穀縣知縣候補通判吳繼高於李萬吉劉永月二案濫押無辜得贓有據請予革職又據片奏該員納賄營私不可枚舉僅予革職不足蔽辜著革職發往軍臺効力贖罪以為貪墨不職者戒仍勒令交出門丁張貴潘

鈞高姓等三人硏訊詐贓分別定擬該縣劣幕羊讞
行止卑汚著查明驅逐回籍東阿墾務委員候補經
歷周書成收受賄賂匿地不報又復假公濟私扶同
欺隱著一併革職該部知道

是日

起居注官世榮汪鳳藻

三十日乙巳

上詣 長春宮

隆裕皇太后前請安 巳刻

詣

坤甯宮

皇太后率

皇上至

西案

北案前隨同行禮畢

駕還養心殿

是日

起居注官崇山熊方燧

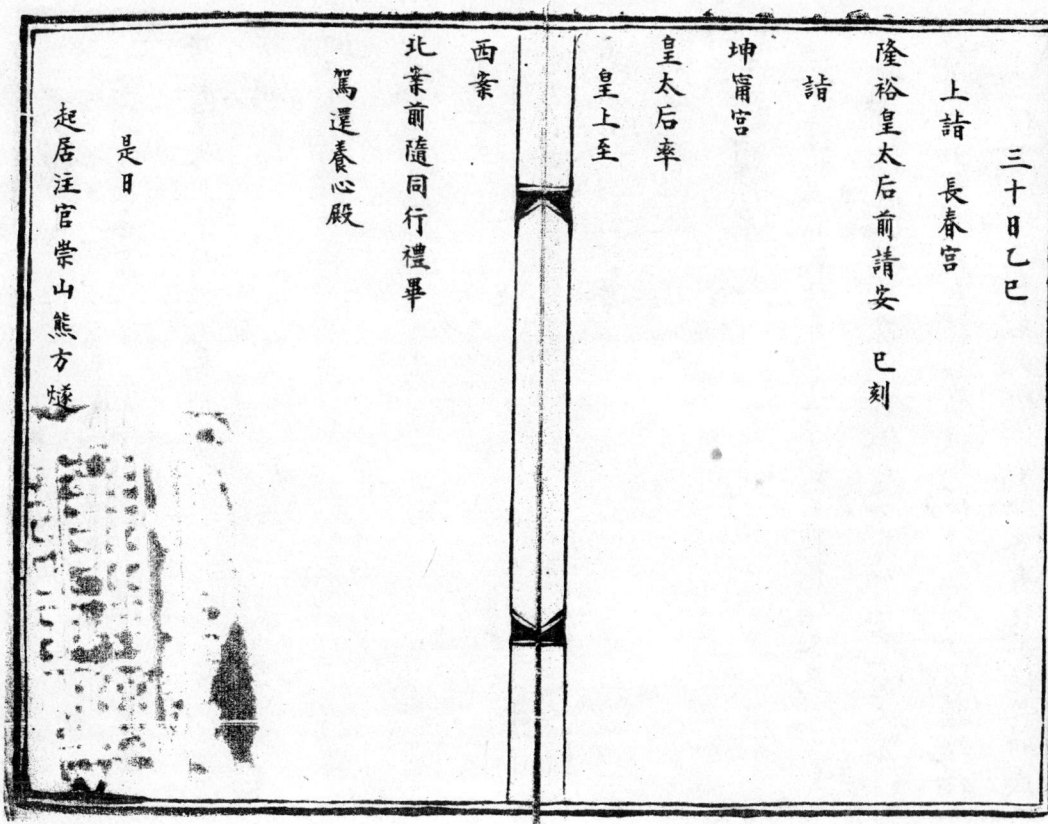

宣統二年歲次庚戌正月初一日丙午

上詣長春宫
隆裕皇太后前請安 辰刻
詣
坤甯宫
皇太后率
皇上至
西案
北案前隨同行禮畢
駕還養心殿
是日
起居注官恩祥周克寬

初二日丁未

上詣長春宫
隆裕皇太后前請安 辰刻
詣
坤甯宫
皇太后率
皇上至
西案前隨同行禮畢
駕還養心殿
內閣奉
諭旨莊親王載功著加恩賞戴三眼花翎又奉
諭旨豫親王懋林前得罰俸處分著加恩寬免又奉
諭旨上年順天直隸各屬被災地方業經分別蠲緩糧
租小民諒可不至失所惟念今春青黄不接之時民

力未免拮据加恩著將被災歉收之武清等州縣廳
各村莊應徵本年春賦地丁錢糧等項並原緩宣統
元年及節年地丁錢糧等項分別緩至本年麥後及
秋後啟徵其坐落武清天津二縣地方之津軍廳葦
漁課納糧地畝並歸入該二縣災歉村莊一律辦理
以紓民力該督即按照原奏開明詳細數目刊刻謄
黄徧行曉諭務使實惠均霑毋任吏胥舞弊用副朝
廷廑端布闓嘉惠畿疆之至意該部即遵諭行

是日

起居注官景褑楊捷三

初三日戊申

上詣 長春宮

隆裕皇太后前請安

內閣奉

諭旨吉林度支使陳玉麟著開缺送部引見又奉

諭旨吳重憙奏特參庸劣不職各員一摺河南候補通
判白榕性情懶惰人亦平庸候補知縣應桂馨人不
安分聲名惡劣准補黑岡管河縣丞車鉞宗旨不正
久未回工滎澤縣管河縣丞陳謙請咨赴引二年餘
未曾回工靈寶縣縣丞鄭榕任性妄為民不堪擾候
補縣丞方培東年老多病難期振作固始縣往流集
巡檢國文魁縱子為非頗滋民怨候補巡檢程霖調
驗不到候補典史曹蘊鏡浮躁多事永城營虞城汛
千總高良發擅離職守歸德鎮右營歸併左營候補

把總赫連恭禮募補勇糧舞弊營私均著即行革職
候補知縣鄭振軒嗜好未除有意規避候補縣丞稽
爾楫嗜好甚深兼滋物議均著革職永不敘用候補
副將石慶藩前管帶防營馭下不嚴操防未能得力
著以遊擊降補該部知道

是日

起居注官覺羅文華李士鉁

初四日己酉

上詣 長春宮

隆裕皇太后前請安

內閣奉

諭旨上年山東被災各州縣業經分別蠲緩錢漕小民
諒可不至失所惟念今春青黃不接之時民力未免
拮据加恩著將被災之濟甯等州縣各村莊應徵本
年上忙錢漕租課等項均分別緩至本年麥後及秋
後啟徵其坐落該州縣境內之寄莊竈課與裁併衛
所並永利等場均隨同民田一律辦理以紓民力該
撫即按照單開詳細數目刊刻謄黃徧行曉諭務使
實惠均霑毋任吏胥舞弊用副朝廷始和布澤惠愛
羣黎之至意該部即遵諭行

是日
起居注官崇山吴士鑑

初五日庚戌
上詣　長春宫
隆裕皇太后前請安
是日
起居注官延清周爰諏

初六日辛亥
上詣長春宮
隆裕皇太后前請安　卯刻
詣
坤甯宮
神杆前行禮畢
駕還養心殿
是日
起居注官世榮熊方燧

初七日壬子
上詣長春宮
隆裕皇太后前請安
內閣奉
諭旨鐵良奏假期屆滿病仍未痊懇請開缺一摺鐵良
著再賞假一箇月毋庸開缺陸軍部尚書著壽勳署
理又奉
諭旨岑春蓂奏查明澧州南洲等州廳縣被水田畝請
分別蠲緩遞緩錢漕蘆課等項一摺湖南上年五月
間永順等府霪雨兼旬山水暴發建瓴直下沅酉資
澧諸水亦一同泛漲澧州等屬田廬被淹秋收均形
歉薄若將應徵錢漕蘆課等項照常徵收民力實有
未逮加恩著照所請所有澧州南洲安鄉等州廳縣
均著按照被災輕重情形將應徵錢漕蘆課等項分

刋刻謄黄徧行曉諭務使實惠及民毋任吏胥舞弊用副朝廷軫念民艱之至意餘著照所議辦理該部知道

是日

起居注官錫鈞鄭沅

初八日癸丑

上詣長春宫

隆裕皇太后前請安

内閣奉

諭旨陸軍部左侍郎著那晋署理

是日

起居注官景潤汪鳳藻

初九日甲寅
上詣　長春宮
隆裕皇太后前請安
內閣奉
諭旨張人駿等奏蘇州等屬秋收歉薄請將應徵錢漕
分別蠲減緩徵一摺江蘇蘇州等屬上年入夏以來
霉雨連綿山水下注田禾半被淹沒秋後又復亢晴
收成均形歉薄若將應徵錢漕照常徵收民力實有
未逮加恩著照所請所有長洲等二十八州廳縣拋
荒坍廢等田銀米吳江等六縣被淹無收田銀米震
澤等二縣被淹無收及未種各田銀米同新陽縣蘆
價田條銀溧陽等縣被淹被旱無收漕屯各田銀米
崑山等二縣拋荒蘆價田條銀丹陽等二縣被淹無
收蘆田課銀靖江縣被歉無收漕田銀米同蘆田課
銀陽湖等縣被淹災田下忙條銀及漕米暨溧陽縣
上忙條銀一律全行蠲免丹徒等縣歉收田條銀漕
米各等項均著分別減免以紓民力餘著照所議辦
理該督等即照所奏詳細開明區圖村莊頃畝及應
行蠲免細數刊刻謄黃徧行曉諭務使實惠均霑
毋任吏胥舞弊用副朝廷軫念民艱至意該部知道
又奉
諭旨張人駿等奏江甯等屬秋禾被災請將新舊錢糧
分別蠲緩一摺江蘇江甯等屬上年入夏以後連遭
霪雨湖河泛漲田禾多被淹浸收成歉薄若將新舊
錢糧照常徵收民力實有未逮加恩著照所請所有
海州贛榆二州縣及上元等二十六州縣廳同淮安
等四衛屯田歸併各該州縣被災田地應徵上年地
丁等項錢糧均著分別蠲緩其上元等州縣廳衛節

年未完原緩遞緩各欵均著分別展緩帶徵以紓民

力該督撫即照所奏詳細開明區圖村莊頃畝數目

刋刻謄黄徧行曉諭務使實惠均霑毋任吏胥舞

弊用副朝廷軫念民艱至意餘著照所議辦理該部

知道

是日

起居注官㸌光惲毓鼎

初十日乙卯

隆裕皇太后

萬壽聖節　辰刻

上詣　長春宫

皇太后前行禮遞如意畢

駕還養心殿

是日

起居注官恩祥許澤新

十一日丙辰

上詣 長春宮

隆裕皇太后前請安 辰刻

詣 承乾宮

孝全成皇后御容前行禮畢

駕還養心殿

内閣奉

諭旨張人駿奏考察屬員秉公舉劾一摺江蘇江甯府知府楊鍾羲揚州府知府嵩峋徐州府知府田庚署泰州知州趙興奚署桃源縣知縣陳杭署碭山縣知縣左杕周既據該督臚陳政蹟均著傳旨嘉奬江蘇候補道桂運熙狎妓聚賭舉止輕佻候補知府萬德潤久辦釐捐玩公肥己候補直隷州知州龔寶琛行為卑鄙罔顧廉隅正任丹陽縣知縣羅良鑑失察櫃書浮收不恤輿情幾釀巨案候補知縣陳亮恭經理電鐙官廠採辦朦混操守難信署泰興縣印莊司巡檢試用州吏目馬家豐習為狡詐不堪造就候補布理問陶揚嘉素行無賴改名誣告同寅抗傳匿審候補巡檢吕康齡佻健荒唐冠裳不齒候補巡檢徐輔臣性嗜樗蒲罔知檢束候選巡檢孟平前帶巡防隊治遊賭博紀律不嚴准補江南内洋水師通州營遊擊龔先第顛倒是非居心險詐均著即行革職陶揚嘉吕康齡並著驅逐回籍交地方官嚴加管束沛縣知縣李緒田才欠開展人地不宜著開缺另補候補知府姚繩武前辦統捐因仍積弊告誡不除著以通判降補前署句容縣知縣姚祖義辦事操切釀成命案降補知縣朱永錫勘丈屯田不實虧欠公款均著以府經歷縣丞降補該部知道又奉

諭旨前福州將軍景星由部屬簡放道員歷任按察使
布政使荐擢湖北巡撫福州將軍均能克勤厥職當
因患病准予開缺回旗調理嗣經派充資政院協理
大臣禁煙大臣辦理一切悉臻妥協茲聞溘逝軫惜
殊深加恩著照將軍例賜卹任內一切處分悉予開
復應得卹典該衙門察例具奏伊子蔭琦著以郎中
補用
是日
起居注官景禄周克寬

十二日丁巳
上詣長春宮
隆裕皇太后前請安
内閣奉
諭旨二月初四日祭
社稷壇遣載功恭代行禮
是日禮部奏二月初三日祭
先師孔子廟遣官一摺奉
旨派魁斌行禮
四配派李殿林葛寶華溥頲徐世昌
十二哲及兩廡派于式枚林紹年陳邦瑞李家駒
紹昌王垿各分獻同日祭
崇聖祠派陸潤庠行禮配位及兩廡派麒德瑞豐榮勳
溥善各分獻

是日

起居注官覺羅文華楊捷三

十三日戊午

萬壽聖節

上詣　長春宮

隆裕皇太后前行禮遞如意畢

駕還養心殿

是日

起居注官崇山李士鈐

十四日己未

上詣　長春宮

隆裕皇太后前請安

是日

起居注官延清吳士鑑

十五日庚申

上詣　長春宮

隆裕皇太后前請安　辰刻

詣

坤甯宮

西案

北案前行禮畢

駕還養心殿

是日

起居注官世榮周爰諏

宣統二年歲次庚戌正月十六日辛酉

上詣　長春宮

隆裕皇太后前請安

內閣奉

諭旨御史江春霖奏參慶親王奕劻一摺朝廷虛衷納諫博採羣言然必指陳確實方足以明是非該御史所奏直隸總督陳夔龍為奕劻之乾女壻安徽巡撫朱家寶之子朱綸為載振之乾兒各節果何所據而言著江春霖明白回奏又奉

諭旨西藏達賴喇嘛阿旺羅布藏吐布丹甲錯濟寨汪曲却勒朗結夙荷

先朝恩遇至優極渥該達賴具有天良應如何虔修經典恪守前規以期傳衍黃教乃自執掌商上事務以來驕奢淫佚暴戾恣睢為前此所未有甚且跋扈妄為擅違朝命虐用藏衆輕啟釁端光緒三十年六月間乘亂潛逃經駐藏大臣以該達賴聲名狼藉據實糾參奉

旨暫行革去名號迨該達賴行抵庫倫折回西甯朝廷念其遠道馳驅冀其自新悛改飭由地方官隨時存問照料前年來京展覲

賜加封號

錫賚駢蕃並於起程回藏時派員護送該達賴雖沿途逗遛需索騷擾無不量予優容曲示體恤寬既往而策將來用意至為深厚此次川兵入藏專為彈壓地方保護開埠藏人本無庸疑慮詎該達賴回藏後布散流言藉端抗阻誣詆大臣停止供給疊經剴切開導置若罔聞前據聯豫等電奏川兵甫抵拉薩該達賴未經報明即於正月初三日夜內潛出不知何往

當經諭令該大臣設法追回妥為安置迄今尚無下
落掌理教務何可迭次擅離且查該達賴反覆狡詐
自外生成實屬上負國恩下辜衆望不足為各呼圖
克圖之領袖阿旺羅布藏吐布丹甲錯濟寨汪曲却
勒朗結著即革去達賴喇嘛名號以示懲處嗣後無論
逃往何處及是否回藏均視與齊民無異並著駐藏
大臣迅即訪尋靈異幼子數人繕寫名籤照案入於
金瓶掣定作為前代達賴喇嘛之真正呼畢勒罕奏
請施恩俾克傳經延世以重教務朝廷彰善癉惡一
秉大公凡爾藏中僧俗皆吾赤子自此次降諭之後
其各遵守法度共保治安毋負朕綏靖邊疆維持黃
教之至意

是日

起居注官錫鈞熊方燧

十七日壬戌

上詣 長春宮

隆裕皇太后前請安

內閣奉

諭旨御史陳善同奏直省州縣調委紛紜妨害吏治請
申明定章以資整頓一摺州縣為親民之官必須久
於其任方足以專責成現在各直省調委各缺其為
地擇人者固所時有其為屬員調劑缺分規避處分
亦難保必無嗣後該督撫等務當遵照定章調委各
員不得過實缺十分之二仍於每季彙奏開單聲明
毋得視為具文如實有人地相需者准其體察情形
分別改補調補俾得各理各任以重地方又奉

諭旨河南開封府知府員缺緊要著該撫於通省知府
內揀員調補所遺員缺著徐承焜補授

是日
起居注官景潤鄭沅

十八日癸亥
上詣　長春宮
隆裕皇太后前請安
內閣奉
諭旨徐世昌著以郵傳部尚書協辦大學士又奉
諭旨內閣學士吳郁生著在軍機大臣上學習行走
又奉
諭旨湖南永州鎮總兵員缺著馬文翰補授又奉
諭旨協辦大學士尚書戴鴻慈忠清亮達學識閎通由
翰林迭掌文衡洊陟清要擢任正卿均能恪盡厥職
考察政治尤能抉擇精微有裨憲法朕御極後優加
倚畀俾參機務晉協綸扉夙夜靖共深資擘畫前因
偶患微痾賞假調理方冀醫治就痊長承恩眷遽聞
溘逝軫惜殊深著賞給陀羅經被派貝子溥倫帶領

侍衛十員即日前往奠醊加恩賞加太子少保銜照
大學士例賜卹入祀賢良祠賞銀一千兩治喪由廣
儲司給發任內一切處分悉予開復應得卹典該衙
門察例具奏靈柩回籍時沿途地方官妥為照料伊
子一品廕生戴曾謨著以郎中補用用示篤念藎臣
至意又奉
諭旨前據御史江春霖奏參慶親王奕劻一摺牽涉瑣
事羅織多人朝廷早鑒其誣妄其中謂陳夔龍為奕
劻之乾女壻朱家寶之子朱綸為載振之乾兒尤屬
荒誕不經當即諭令明白回奏茲據覆奏率以數十
年前捕風捉影之事及攻訐陰私之言皆屬毫無確
據恣意牽扯謬妄已極國家設立言官原冀其指陳
得失有裨政治若如該御史兩次所奏實屬莠言亂
政有妨大局親貴重臣固不應任意詆誣即內外大
臣名譽所關亦不當輕於污衊似此信口雌黃意在
沽名實不稱言官之職江春霖著回原衙門行走以
示薄懲又奉
諭旨湯壽潛奏父老且衰勢難就養懇請開缺一摺江
西提學使湯壽潛著准其開缺又奉
諭旨克勤郡王崧杰承襲王爵入直當差前因患病開
去差使賞假調理茲聞溘逝軫惜殊深著賞給陀羅
經被派貝勒毓朗帶領侍衛十員即日前往奠醊所
有飾終典禮該衙門察例具奏

是日

起居注官榮光汪鳳藻

十九日甲子

上詣 長春宮

隆裕皇太后前請安

内閣奉

諭旨前經諭令建言諸臣毋得懷挾私見及毛舉細故儻敢任意嘗試必予懲處該言官等應如何敬謹懍遵乃昨據御史江春霖奏參慶親王奕劻並明白回奏各摺牽涉瑣事羅織多人以毫無確據之言肆意誣衊殊屬有妨大局本應予以重懲姑念該御史平日戇直尚無劣迹是以從寬祇令其回原衙門行走朝廷於用舍大權斟酌至當毫無容心茲據陳田趙炳麟胡思敬等奏請收回成命暫予優容留任効用之處著毋庸議又奏

諭旨江西提學使著王同愈補授

是日

起居注官恩祥惲毓鼎

二十日乙丑

上詣 長春宮

隆裕皇太后前請安

內閣奉

諭旨朱家寶奏甄別屬員分別獎懲一摺安徽徽州府知府劉汝驥廬江縣知縣馬文錦太和縣知縣田毓璠婺源縣知縣魏正鴻既據該撫臚陳政績均著傳

旨嘉獎潁州府知府鳳林年力就衰神思恍惚著以原品休致祁門縣知縣杜英才遇事因循差役滋擾前署霍邱縣補用知縣董玉書緝捕無能幾肇事變前署含山縣補用知縣李光綸才識懦庸事多廢弛蒙山縣知縣齡安馭下無方差役越境為盜未能覺察前辦大洲局委員試用知縣曹述誥氣質麤暴濫刑以逞試用縣丞王廷勳充正陽關巡官濫責苛罰不恤怨讟桐城縣馬踏巡檢林承法懦怯無能操守難信前署宿松縣典史試用巡檢周鏡藻性情浮躁擅離職守前代理宿松縣典史試用巡檢賈寅熙聲名平常同知檢東前署潛山縣天堂寨巡檢劉章浩藉案需索物議頗滋試用巡檢高國綬借差逞兇被控有據均著即行革職署黟縣太平縣知縣闞希仁署合肥縣黟縣知縣胡汝霖盜案迭出未能一律破獲均著摘去頂戴勒限緝捕餘著照所議辦理該部知道又奉

諭旨湖北提督著張彪補授又奉

諭旨安徽潁州府知府員缺著長紹補授

是日

起居注官景褑許澤新

二十一日丙寅

上詣　長春宮

隆裕皇太后前請安

內閣奉

諭旨四川松潘鎮總兵員缺著閻泰補授又奉

諭旨安徽巡警道員缺著卞緒昌補授安徽勸業道員

缺著童祥熊補授

是日

起居注官覺羅文華周克寬

二十二日丁卯

上詣　長春宮

隆裕皇太后前請安

是日

起居注官崇山楊捷三

二十三日戊辰

上詣　長春宮

隆裕皇太后前請安

內閣奉

諭旨給事中忠廉等奏言路無所遵循請明降諭旨一

摺前因御史江春霖以毫無確據之言肆意瀆陳殊

失建言大體諭令回原衙門行走以示薄懲茲據該給

事中等奏稱請飭仍遵

欽定臺規

列聖諭旨辦理等語覽奏殊多誤會朝廷優待言官凡有

切實指陳無不虛衷採納豈有抑遏言路之心況我朝

列聖廣開言路凡有條陳得當無不虛衷嘉納其衆劾失

實者亦必予以譴責詳載臺規該給事中等當共知

之嗣後仍宜恪遵

祖訓謹守臺規凡遇民生疾苦官吏貪横諸大端務當據

實陳奏如立言得體必立予施行用副朕博採羣言

虛衷納諫之至意將此通諭知之

是日

起居注官延清李士鉁

二十四日己巳
上詣　長春宮
隆裕皇太后前請安
內閣奉
諭旨二月十一日祭
朝日壇遣懋林恭代行禮
是日禮部奏二月初三日告祭
文昌帝君廟派載潤行禮後殿派郭曾炘行禮初六日祭
黑龍潭派海年行禮同日祭
玉泉山派璞玉行禮同日祭
白龍潭派左景祐行禮同日祭
昆明湖派繼祿行禮初八日祭
昭忠祠派希璋同日祭
雙忠祠派錫明初十日祭

先醫廟派郭曾炘行禮兩廡派張仲元李崇光各分
獻十二日祭
獎忠祠派恩輝同日祭
褒忠祠派扎克丹又奏二月初七等日各
忌辰遣官一摺奉
旨二月初七日
孝淑睿皇后忌辰祭
昌陵派溥霱行禮十六日
孝康章皇后忌辰祭
孝陵派意普行禮二十日
孝哲毅皇后忌辰祭
惠陵派溥倬行禮二十六日
孝昭仁皇后忌辰祭
景陵派載瀛行禮

是日
起居注官世榮吳士鑑

二十五日庚午
上詣　長春宮
隆裕皇太后前請安
是日
起居注官錫鈞周爰諏

二十六日辛未

上詣　長春宮

隆裕皇太后前請安　巳刻

詣　養性門内跪接

皇太后還樂壽堂

駕還養心殿

是日

起居注官景潤熊方燧

二十七日壬申

上詣　樂壽堂

隆裕皇太后前請安

是日

起居注官榮光鄭沅

二十八日癸酉

上詣 樂壽堂

隆裕皇太后前請安

是日

起居注官恩祥 汪鳳藻

二十九日甲戌

上詣 樂壽堂

隆裕皇太后前請安

内閣奉

諭旨君臣為千古定名我朝滿漢文武諸臣有稱臣稱奴才之分係因舊習相沿以致名稱各異恭讀

高宗純皇帝諭旨奴才即僕僕即臣本屬一體嗣後凡内外滿漢諸臣會奏公事均著一體稱臣等因欽此

祖訓煌煌允宜遵守况當此豫備立憲時代尤宜化除成見悉泯異同嗣後内外滿漢文武諸臣陳奏事件著一律稱臣以昭畫一而示大同將此通諭知之又奉

諭旨軍機大臣上學習行走内閣學士吳郁生著加恩在紫禁城内騎馬

是日

起居注官景祾惲毓鼎

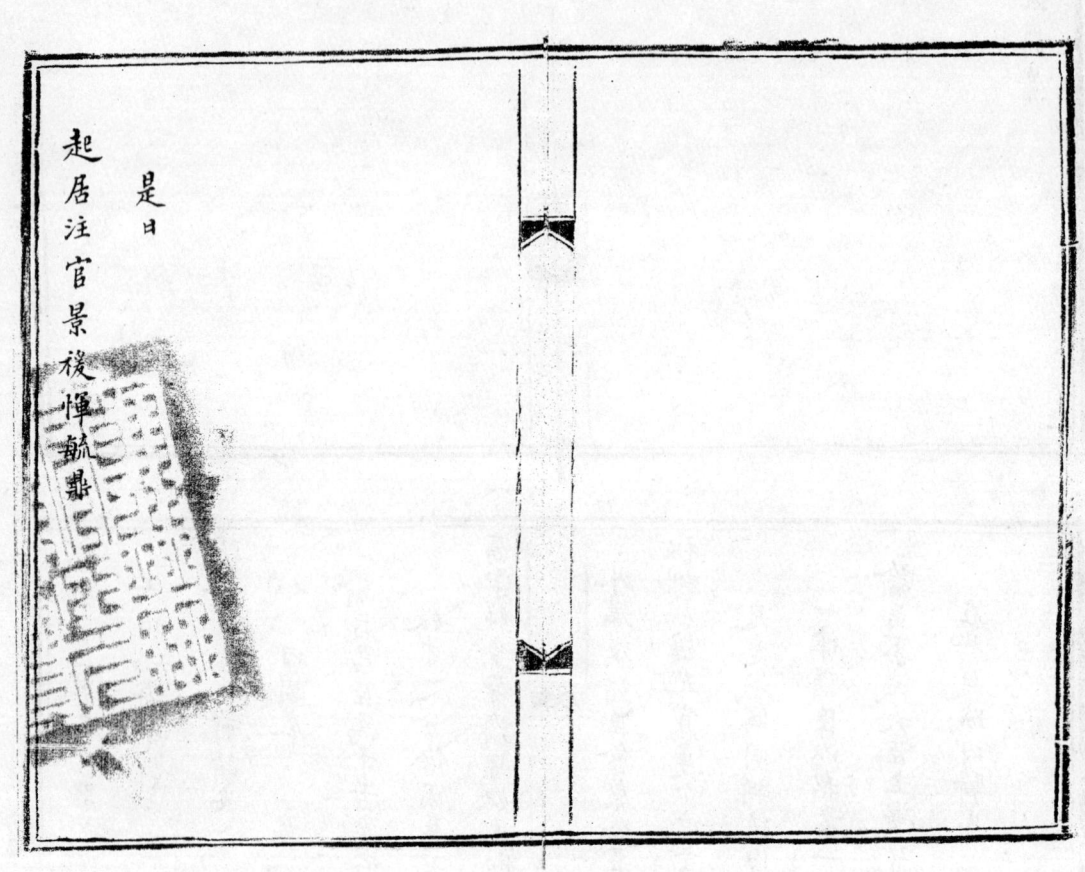

宣統二年歲次庚戌二月初一日乙亥

上詣樂壽堂

隆裕皇太后前請安

是日

起居注官覺羅文華許澤新

初二日丙子

上詣樂壽堂

隆裕皇太后前請安

內閣奉

旨蘇州織造仍著棫興接管毋庸更換

軍機大臣欽奉

諭旨都察院代奏法部主事吳本鈞等請將已故提督雷正綰戰功宣付國史館並集資建祠呈一件雷正綰著准其宣付國史館立傳並在立功省分捐建專祠該衙門知道

是日

起居注官崇山周克寬

初三日丁丑

上詣樂壽堂

隆裕皇太后前請安

內閣奉

旨鑲藍旗蒙古副都統著兜欽兼署

是日

起居注官延清楊捷三

初四日戊寅

上詣樂壽堂

隆裕皇太后前請安　辰刻

詣

坤甯宮

皇太后率

皇上至

西案前隨同行禮畢

皇太后

陞北床

寶座

皇上

陞南床

寶座喫肉畢

駕還遂初堂

是日

起居注官世榮李士鉁

初五日己卯

上詣樂壽堂

隆裕皇太后前請安　辰刻

詣

坤甯宮

神杆前行禮畢

駕還遂初堂

是日禮部具奏二月十三日祭

文昌帝君廟等處遣官一摺奉

旨二月十三日祭

文昌帝君廟派毓朗行禮後殿派景厚行禮

十五日祭

關聖帝君廟派訥勒赫行禮後殿派郭曾炘行禮

二十一日祭

賢良祠派德茂同日祭
旌勇祠派秀綸二十二日祭
顯忠祠派錫露同日祭
表忠祠派延秀二十五日祭
歷代帝王廟派載功行禮兩廡派紹英達壽榮勳溥善
各分獻
是日
起居注官錫鈞吳士鑑

初六日庚辰
上詣樂壽堂
隆裕皇太后前請安
是日
起居注官景潤周爰諏

初七日辛巳

上詣 樂壽堂

隆裕皇太后前請安

内閣奉

諭旨鐵良奏假期屆滿病仍未痊懇請開缺一摺陸軍部尚書鐵良著准其開缺又奉

諭旨陸軍部尚書著廕昌補授未到任以前仍著壽勳署理左侍郎仍著那晉署理又奉

諭旨陸軍部右侍郎著姚錫光補授又奉

諭旨外務部尚書梁敦彥著充稅務處會辦大臣

是日

起居注官榮光熊方燧

初八日壬午

上詣 樂壽堂

隆裕皇太后前請安

内閣奉

諭旨陸軍部尚書廕昌現在尚未服滿著改為署任

是日

起居注官恩祥鄭沅

初九日癸未

上詣樂壽堂

隆裕皇太后前請安

內閣奉

諭旨陸軍部左丞著朱彭壽轉補右丞著許秉琦補

授左參議著慶蕃轉補右參議著錫嘏補授又奉

諭旨廣西慶遠府知府員缺著全興補授

是日

起居注官景禐汪鳳藻

初十日甲申

上詣樂壽堂

隆裕皇太后前請安

內閣奉

諭旨廣西潯州府知府員缺著張官劭補授

是日

起居注官覺羅文華惲毓鼎

十一日乙酉

上詣樂壽堂

隆裕皇太后前請安

是日

起居注官崇山許澤新

十二日丙戌

上詣樂壽堂

隆裕皇太后前請安

是日

起居注官延清周克寬

十三日丁亥

上詣　樂壽堂

隆裕皇太后前請安

是日

起居注官世榮楊捷三

十四日戊子

上詣　樂壽堂

隆裕皇太后前請安

内閣奉

諭旨正黄旗護軍統領印鑰著都凌阿暫行佩帶

是日禮部具奏二月二十七日清明祭各

陵遣官一摺奉

旨

永陵派廣珍行禮

福陵派恩常行禮

昭陵派隆譽行禮

昭西陵派懋林行禮

孝陵派意普行禮

孝東陵派溥伒行禮

景陵派全榮行禮
泰陵派溥霱行禮
泰東陵派奎瑛行禮
裕陵派增培行禮
昌陵派廣壽行禮
昌西陵派溥閒行禮
慕陵派溥偉行禮
慕東陵派毓祥行禮
定陵派溥佶行禮
普祥峪
定東陵派溥佶行禮
菩陀峪
定東陵派溥佶行禮
惠陵派毓岐行禮

端慧皇太子園寢派聯寬行禮
莊順皇貴妃園寢派溥偉行禮又奏二月二十七
日清明祭
醇賢親王園寢遣官一摺奉
旨派載洵行禮
是日
起居注官錫鈞李士鈖

十五日己丑

上詣 樂壽堂

隆裕皇太后前請安

內閣奉

諭旨朱家寶奏查明皖省上年被災各屬民情困苦

懇恩量予接濟一摺安徽各屬歷歲荒歉上年又

遭水患曾經 加恩將是年錢漕銀米分别緩徵遞

緩以紓民力現當青黄不接之時民情仍形困苦

覽奏殊深憫惻著加恩賞給帑銀三萬兩由度支

部給發著該撫督飭員紳妥為散放務使實惠均

霑毋任吏胥舞弊用副朝廷軫念民依有加無已

之至意該部知道又奉

諭旨安徽皖南鎮總兵員缺著張士翰補授又奉

諭旨本日召見上年

東陵

西陵內務府京察一等圈出之麟祥明[illegible][illegible]基均著記

名以關差道府用並准其一等加一級又奉

旨加恩固山貝子溥伒著在乾清門行走頭品頂戴

溥僩著賞給乾清門頭等侍衛

是日

起居注官景潤吳士鑑

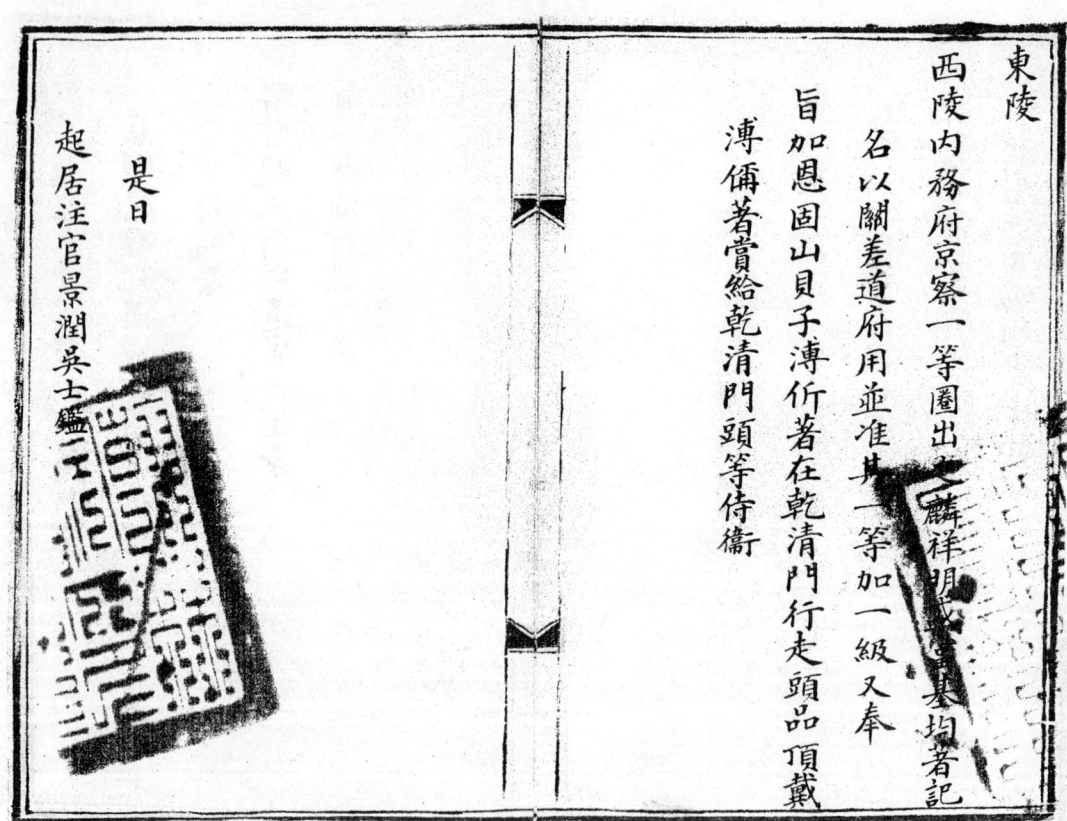

宣統二年歲次庚戌二月十六日庚寅

上詣　樂壽堂

隆裕皇太后前請安

內閣奉

諭旨趙爾巽奏四川提學使趙啟霖呈請開缺養親

據情代奏一摺趙啟霖著准其開缺又奉

諭旨四川提學使著劉嘉琛補授又奉

旨杭州織造著聯榮去

是日

起居注官榮光周爰諏

十七日辛卯

上詣　樂壽堂

隆裕皇太后前請安

是日

起居注官恩祥熊方燧

十八日壬辰

上詣　樂壽堂

隆裕皇太后前請安

是日

起居注官景禐鄭沅

十九日癸巳

上詣　樂壽堂

隆裕皇太后前請安

是日

起居注官覺羅文華汪鳳藻

二十日甲午

上詣　樂壽堂

隆裕皇太后前請安

是日

起居注官崇山惲毓鼎

二十一日乙未

上詣　樂壽堂

隆裕皇太后前請安

内閣奉

諭旨禮部尚書葛寶華廉明勤慎學問優長由部曹洊陟卿貳疊掌文衡擢授尚書宣力有年克稱厥職前因患病迭次賞假方期調理就痊長資倚畀兹聞溘逝軫惜殊深加恩賞給陀羅經被派貝勒毓朗帶領侍衛十員即日前往奠醊照尚書例賜卹任内一切處分悉予開復應得卹典該衙門察例具奏伊子葛紹煒俟及歲時以主事用用示篤念藎臣至意

是日

起居注官延清許澤新

二十二日丙申

上詣　樂壽堂

隆裕皇太后前請安

內閣奉

諭旨吏部左侍郎著吳郁生補授又奉

諭旨禮部尚書著榮慶調補唐景崇著補授學部尚書

是日

起居注官世榮周克寬

二十三日丁酉

上詣　樂壽堂

隆裕皇太后前請安

內閣奉

諭旨吳郁生著以侍郎在軍機大臣上學習行走又奉

諭旨吏部左侍郎著于式枚轉補瑞良著補授吏部右

侍郎

軍機大臣欽奉

諭旨都察院代奏浙江京官陸軍部左丞朱彭壽等

呈稱已故四川總督劉秉璋功德在民條列事實

懇請加恩予謚一摺劉秉璋著加恩予謚該衙門

知道

是日

起居注官錫鈞楊捷三

二十四日戊戌

上詣　樂壽堂

隆裕皇太后前請安

是日

起居注官景潤李士鉁

二十五日乙亥

上詣　樂壽堂

隆裕皇太后前請安

內閣奉

諭旨輔國公溥葵前得罰俸處分著加恩寬免又奉

諭旨楊文鼎奏已故提督戰功卓著懇恩賜卹一摺湖北提督夏毓秀勇敢誠樸軍紀嚴明咸豐年間束髮從戎轉戰雲南貴州四川等省剿辦髮逆番夷土匪所向有功由偏裨洊升總兵擢授提督整頓營務勞瘁不辭茲聞溘逝軫惜殊深夏毓秀加恩著照提督例從優議卹任內一切處分悉予開復應得卹典該衙門察例具奏並將戰功事蹟宣付國史館立傳伊子學部候補主事夏瑞庚著以員外郎補用以彰勞勩該衙門知道又奉

旨烏里雅蘇台參贊大臣榮恩現在丁憂著俟百日孝
滿後即行前往差次
是日禮部具奏三月初七日祭
先農壇遣官一摺奉
旨派樾林行禮又奏三月初十等日各
忌辰遣官一摺奉
旨三月初十日
孝貞顯皇后忌辰祭
普祥峪
定東陵派溥葵行禮十一日
孝賢純皇后忌辰祭
裕陵派意普行禮
是日
起居注官榮光吳士鑑

二十六日庚子
上詣
樂壽堂
隆裕皇太后前請安
内閣奉
諭旨陜西陜安道員缺著黄誥補授又奉
諭旨直隸巡警道員缺著舒鴻貽補授又奉
諭旨直隸勸業道員缺著孫多森補授
是日
起居注官恩祥周爰諏

二十七日辛丑

上詣　樂壽堂

隆裕皇太后前請安

是日

起居注官景褑熊方燧

二十八日壬寅

上詣　樂壽堂

隆裕皇太后前請安　辰刻

詣　承乾宫

孝全成皇后御容前行禮畢

駕還遂初堂

内閣奉

諭旨浙江督糧道員缺著曲江宴補授又奉

旨鑲紅旗護軍統領印鑰著成安暫行佩帶

是日

起居注官覺羅文華鄭沅

二十九日癸卯

上詣樂壽堂

隆裕皇太后前請安

内閣奉

諭旨山東濟南府知府員缺緊要著該撫於通省知府内

揀員調補所遺員缺著鮑心增補授

是日

起居注官崇山汪鳳藻

三十日甲辰

上詣樂壽堂

隆裕皇太后前請安

是日

起居注官延清惲毓鼎

宣統二年歲次庚戌三月初一日乙巳

上詣樂壽堂

隆裕皇太后前請安

内閣奉

諭旨廣東廣州府知府員缺緊要著該督於通省知府内揀員調補所遺員缺著聯堃補授又奉

諭旨正黃旗蒙古副都統署江北提督王士珍奏因病懇請開缺一摺王士珍著准其開缺又奉

諭旨江北提督著雷震春署理

是日

起居注官世榮許澤新

初二日丙午

上詣樂壽堂

隆裕皇太后前請安

内閣奉

諭旨興京副都統靈熙著留京當差又奉

諭旨陳寶琛著補授内閣學士兼禮部侍郎銜

是日

起居注官錫鈞周克寬

初三日丁未

上詣　樂壽堂

隆裕皇太后前請安

是日

起居注官景潤楊捷三

初四日戊申

上詣　樂壽堂

隆裕皇太后前請安

内閣奉

諭旨督辦鹽政大臣載澤奏遵旨詳議一摺各督撫電奏鹽政章程不無窒礙各節既據該大臣詳晰申明酌量變通應如所奏辦理各省鹽務糾轕紛紜非統一事權不足以資整頓各該督撫等務當懔遵上年十一月十九日諭旨與該大臣和衷共濟妥協辦理以副朝廷整飭鹺綱之至意又奉

諭旨霍倫泰奏請飭查明贓款籌還國債一摺援引既屬錯誤措詞尤多失實至片奏各節乃舉地方案件臚列多端率請查辦該副都統本無糾察之責外官賢否豈能深悉其為受人嗾使情節顯然著傳旨申

飭原摺片擲還又奉
諭旨鑲紅旗蒙古副都統承祐奏因病懇請開缺一摺
承祐著准其開缺又奉
諭旨學部左侍郎嚴修奏因病懇請開缺一摺嚴修著
准其開缺
是日
起居注官榮光李士鉁

初五日己酉
上詣 樂壽堂
隆裕皇太后前請安
內閣奉
諭旨四月初一日孟夏時享
太廟遣載功恭代行禮
後殿派訥勒赫行禮東廡西廡派布璋錫明各分獻又奉
諭旨四月初三日常雩大祀
天於
圜丘遣懋林恭代行禮
四從壇派承蔭榮埜扎克丹德壽各分獻又奉
諭旨學部左侍郎著寶熙轉補李家駒著補授學部右
侍郎又奉
諭旨本日召見之承襲一等男爵蕭年玉著以同知用

是日

起居注官恩祥 吴士鑑

初六日庚戌

上詣樂壽堂

隆裕皇太后前請安

內閣奉

諭旨甘肅蘭州府知府員缺緊要著該督於通省知府

內揀員調補所遺員缺著慶隆補授

是日

起居注官景稷 周爰諏

初七日辛亥

上詣　樂壽堂

隆裕皇太后前請安

內閣奉

諭旨雲南迤東道員缺著魏家驊補授

是日

起居注官覺羅文華熊方燧

初八日壬子

上詣　樂壽堂

隆裕皇太后前請安

是日

起居注官崇山鄭沅

初九日癸丑
上詣樂壽堂
隆裕皇太后前請安
是日
起居注官延清汪鳳藻

初十日甲寅
上詣樂壽堂
隆裕皇太后前請安　辰刻
詣　建福宮
孝貞顯皇后御容前行禮畢
駕還遂初堂
內閣奉
諭旨京師自去冬雪澤稀少今春又復雨澤愆期現在
節屆穀雨農田待雨孔殷朕心實深寅盼允宜虔申
祈禱本月十二日派肅親王善耆敬謹前詣
大高殿恭代拈香
時應宮派貝勒載潤
昭顯廟派貝子溥倫
凝和廟派鎮國公溥佶同於是日分詣拈香以迓甘

霖而慰農望又奉
諭旨增韞奏查明浙江各屬田禾被災請將應徵地漕
分别蠲緩一摺上年浙江杭州等屬田禾被水旱風
蟲受傷致成災歉及歷年沙淤石積尚未墾復各田
地塘若將應徵地漕照常徵收民力實有未逮加恩
著照所請所有仁和等二十州縣成災十分各田地
並仁和等三十州縣及嘉湖衢歉收民屯學沙牧各
田地與富陽等十三縣及衢所沙淤石積各田地塘
應徵宣統元年分地丁等項正耗錢糧漕白等項米
石暨沙牧學租銀錢分别蠲免緩徵其被災各縣蠲
免銀米各災戶已輸在官者准其留抵次年新賦至
秋收減色之於潛等廳縣及杭嚴台州衢州各衛所
與被災歉各州縣所未完各年舊欠暨原緩帶徵地
漕屯餉各銀米均著遞緩一年徵收以紓民力該撫
即按照單開各廳州縣衛所田地塘頃畝分數應蠲
應緩錢糧米石各細數刊刻謄黄徧行曉諭務使實
惠均霑毋任吏胥舞弊用副朝廷軫念民艱至意餘
著照所議辦理該部知道單二件併發又奉
諭旨雲南勸業道劉孝祚著開缺送部引見又奉
諭旨雲南勸業道員缺著袁玉錫補授

是日

起居注官世榮惲毓鼎

十一日乙卯

上詣　樂壽堂

隆裕皇太后前請安

內閣奉

諭旨貴州貴陽府知府員缺緊要著該撫於通省知府內揀員調補所遺員缺著連培型補授

是日

起居注官錫鈞許澤新

十二日丙辰

上詣　樂壽堂

隆裕皇太后前請安

內閣奉

諭旨陳夔龍奏舉劾屬員一摺直隸清苑縣知縣黃國瑄天津縣知縣胡商彝署吳橋縣知縣南宮縣知縣呂調元南和縣知縣姒錫章故城縣知縣姜宗泰既據該督臚陳政績均著傳旨嘉獎宣化縣知縣江宗瀚擅行苛罰物議沸騰遂安縣知縣劉道春縱容家丁不孚輿論候補通判李松材相驗草率民受拖累署樂亭縣知縣候補知縣趙巽年廢弛捕務不洽輿情候補知縣姚和羹操守不謹奉差舞弊均著即行革職束鹿縣知縣馮宗岱才具竭蹶難膺赤緊著以府經歷縣丞降補候補知縣石盛明調驗瘾疾私帶煙末

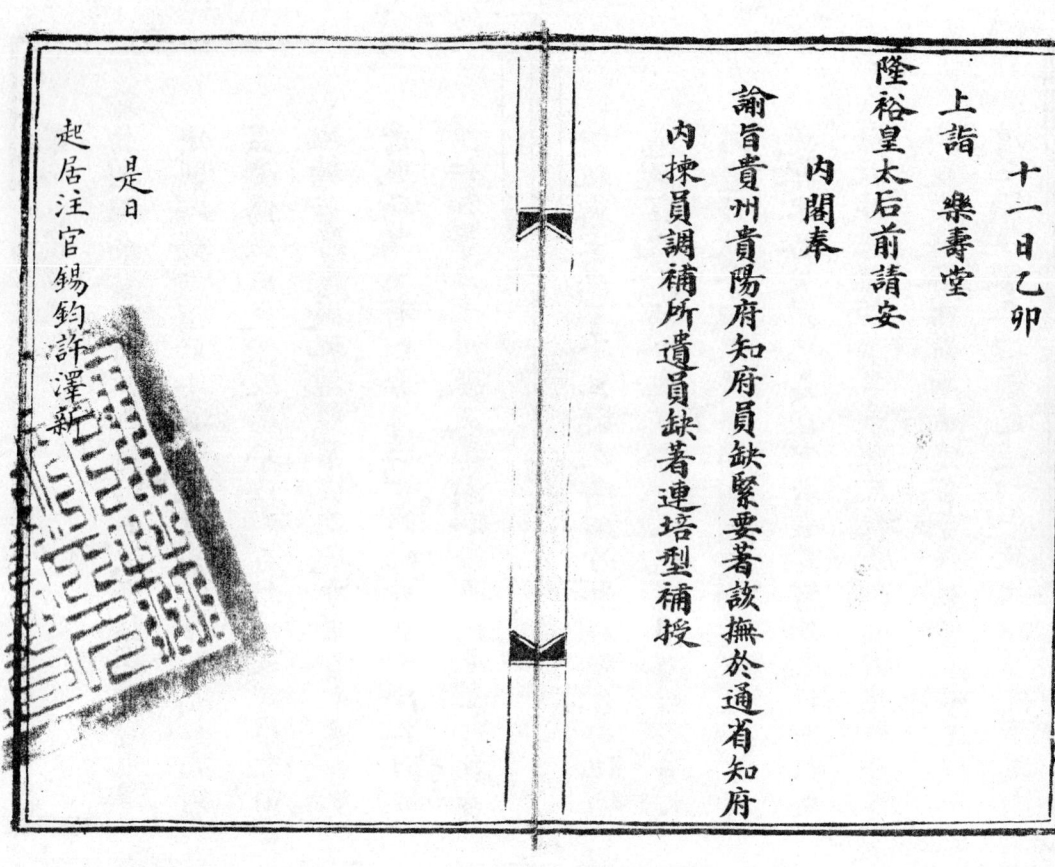

昌黎縣教諭黃樹棻嗜好難除罔知自愛均著革職
永不敘用餘著照所議辦理該衙門知道又奏
諭旨聯魁奏特条戒煙不力各員請旨嚴懲一摺新疆
候補通判李士澄署新平縣知縣候補知縣胡桂齡
候補知縣李瑞禾候補從九惠敏署伊犁鎮標甯遠
營中軍左哨把總儘先守備周學祥署伊犁鎮標中
營左旗右哨把總儘先千總張得勝署伊犁鎮標左
營右旗左哨把總儘先千總朱得名均屬煙癮甚深
戒除不力著一併革職永不敘用又片奏糾劾庸
劣各員等語奇臺縣知縣楊方熾措置乖方幾釀重
案鄯善縣知縣尋選馭下不嚴控案纍纍均著開缺
另補阜康縣典史熊仲禹行同市井有玷官箴著即
行革職餘著照所議辦理該衙門知道又奏
諭旨湖南巡撫岑春蓂已有旨開缺派楊文鼎暫行署
理楊文鼎著迅赴署任毋稍延緩

是日

起居注官景潤周克寬

十三日丁巳

上詣　樂壽堂

隆裕皇太后前請安

是日

起居注官榮光楊捷三

十四日戊午

上詣　樂壽堂

隆裕皇太后前請安

是日

起居注官恩祥李士鈖

十五日己未
上詣 樂壽堂
隆裕皇太后前請安
內閣奉
諭旨前因京師雨澤稀少當經派肅親王善耆虔詣
大高殿恭代拈香並派貝勒載潤等分詣
時應宮等處拈香虔誠祈禱仰荷
昊蒼默佑連日得沛甘霖朕心實深寅感允宜敬謹報謝
用答
天庥本月十七日仍派肅親王善耆敬謹前詣
大高殿恭代拈香
時應宮仍派貝勒載潤
昭顯廟仍派貝子溥倫
宣仁廟仍派貝子銜鎮國將軍載振
凝和廟仍派鎮國公溥佶同於是日分詣拈香行禮
報謝仍冀頻邀
鴻貺甘澍應時以慰農望
是日
起居注官景溎吳士鑑

宣統二年歲次庚戌三月十六日庚申

上詣 樂壽堂

隆裕皇太后前請安

是日

起居注官覺羅文華周爰諏

十七日辛酉

上詣 樂壽堂

隆裕皇太后前請安

內閣奉

諭旨河南巡撫吳重憙著開缺另候簡用又奉

諭旨河南巡撫著寶棻調補迅赴新任毋庸來京陛見

又奉

諭旨江蘇巡撫著程德全調補迅速來京陛見未到任

以前著陸鍾琦暫行護理

是日

起居注官崇山熊方燧

十八日壬戌
上詣 樂壽堂
隆裕皇太后前請安
是日禮部具奏四月初三日常雩祭
天壇奏派看牲大臣一摺奉
旨派郭曾炘看牲
是日
起居注官延清鄭沅

十九日癸亥
上詣 樂壽堂
隆裕皇太后前請安
内閣奉
諭旨奉天巡撫著即裁撤東三省總督錫良著兼管奉
天巡撫事又奉
諭旨伊犂將軍著廣福補授希賢著補授伊犂副都統
又奉
諭旨四川提督著田振邦署理
是日
起居注官世榮汪鳳藻

二十日甲子

上詣　樂壽堂

隆裕皇太后前請安

內閣奉

諭旨鹿傳霖奏假期屆滿病難速痊懇請開去軍機大

臣要差並續假一箇月一摺鹿傳霖著再賞假一箇

月安心調理毋庸開去軍機大臣差使

是日

起居注官錫鈞惲毓鼎

二十一日乙丑

上詣　樂壽堂

隆裕皇太后前請安

內閣奉

諭旨興京副都統墨麒著充

永陵守護大臣

是日

起居注官景潤許澤新

二十二日丙寅

上詣　樂壽堂

隆裕皇太后前請安

內閣奉

諭旨署理江北提督雷震春著賞給侍郎銜

是日

起居注官榮光周克寬

二十三日丁卯

上詣　樂壽堂

隆裕皇太后前請安　辰刻

詣　乾清宮

穆宗毅皇帝聖容前行禮畢

駕還遂初堂

內閣奉

諭旨湖北按察使著馬吉樟補授

是日

起居注官恩祥楊捷三

二十四日戊辰

上詣　樂壽堂

隆裕皇太后前請安

內閣奉

諭旨本日軍諮處帶領引見之京師陸軍測繪學堂考列優上中等畢業學生朱受豫國勳景文黃秉德貴林鄧崇熙李華穠龔靖義陳忠元黃櫂秋馬景南臧焜庚厚王秀何其彬陳恕崔作栴均著賞給舉人授為測繪副軍校王思輔王澄清崇福李廷棟劉志道長銘于文蔚程立民張啟華林彰鑑保瑞靳星沅耿之翰陳文海張國棟岳蓬壺馬壽愷田統宇田兆霖恩懋黃鉞曹壯思周之章徐壽椿閔文熙文實靳光榮李先知廣興楊善培承麟張淦寶賢均著賞給舉人授為測繪協軍校林超雙柱吉立嗔涖均著賞給舉人以測繪協軍校記名補用

是日

起居注官景禐李士鈐

二十五日己巳

上詣　樂壽堂

隆裕皇太后前請安

是日禮部具奏四月十七等日各

忌辰遣官一摺奉

旨四月十七日

孝端文皇后忌辰祭

昭陵派恩常行禮二十九日

孝慎成皇后忌辰祭

慕陵派奎瑛行禮

是日

起居注官覺羅文華吳士鑑

二十六日庚午

上詣　樂壽堂

隆裕皇太后前請安

內閣奉

諭旨山西提學使著駱成驤補授

是日

起居注官崇山周爰諏

二十七日辛未

上詣 樂壽堂

隆裕皇太后前請安

是日

起居注官延清熊方燧

二十八日壬申

上詣 樂壽堂

隆裕皇太后前請安

內閣奉

諭旨楊士琦現在出差農工商部右侍郎著溥善署理

又奉

諭旨本日軍諮處陸軍部帶領引見之軍官學堂深造科考列上中等畢業學員郝福田著授為工程隊正軍校江壽麒著授為馬隊正軍校熊炳琦著授為礮隊正軍校崔承熾著授為輜重隊正軍校師景雲張紀朱鼎勳陳調元易兆霖馬毓寶均著授為步隊正軍校胡叔麒楊朝麟張學顏劉鼎臣翟殿林靳同明陳清源方先聰張榮魁均著授為步隊副軍校宋煥彩全斌均著授為礮隊副軍校

是日

起居注官世榮鄭沅

二十九日癸酉

上詣樂壽堂

隆裕皇太后前請安

是日

起居注官錫鈞汪[illegible]澡

宣統二年歲次庚戌四月初一日甲戌

上詣　樂壽堂

隆裕皇太后前請安

內閣奉

諭旨前奉

先朝諭旨設立資政院以為上下議院之基礎

聖謨宏遠薄海同欽朕御極以來日以繼志述事為務迭經降旨將該院院章暨各項選舉章程釐定頒布責成內外臣工切實籌辦本年九月初一日為第一次開院之期所有單開各項欽選議員宗室王公世爵著魁斌載功訥勒赫載瀛載潤溥需全榮壽全載鎧載振毓盈載燕盛昆慶恕為議員滿漢世爵著希璋黃懋澄志鈞榮全禜整延秀曾廣鑾存興李長祿敬昌劉能紀胡祖蔭為議員外藩王公世爵著博迪蘇貢桑諾爾布色淩敦魯布色隆托濟勒勒旺諾爾布特古斯阿勒坦呼雅克圖綳楚克車林多爾濟帕拉穆達木党蘇倫那彥圖索特那木扎木柴巴勒珠爾拉布坦斯迪克那木濟勒錯布丹為議員宗室覺羅著定秀世珣榮普成善景安宜純為議員各部院衙門官著奎濂陳懋鼎趙椿年錫嘏榮凱毓善劉道仁文哲琿張緝光李經畬林炳章慶蕃顧棟臣何藻翔陳善同劉澤熙魏聯奎趙炳麟儼忠胡駿王景芳文溥吳敬修柯劭忞榮厚胡礽泰汪榮寶劉華長福曹元忠吳緯炳郭家驥為議員碩學通儒著吳士鑑勞乃宣章宗元陳寶琛沈家本嚴復江瀚喻長霖沈林一陶葆廉為議員自應先期召集以備舉行著以本年八月二十日為召集之期所有該院議員均即

遵照定期一律齊集將開院以前應有事宜妥行準
備該議員等須知此次召集資政院為中國前此未
有之創舉即為將來成立國會之先聲務期竭盡忠
誠恪守秩序克擔義務代表輿情用副朝廷實行立
憲循序程功之至意將此通諭知之

是日
起居注官景潤惲毓鼎

初二日乙亥
上詣　樂壽堂
隆裕皇太后前請安
內閣奉
諭旨浙江定海鎮總兵邱開浩著開缺另候簡用又奉
諭旨福建興化府知府陳景墀貴州鎮遠府知府雙壽
均著開缺送部引見

是日
起居注官榮光許澤新

初三日丙子

上詣樂壽堂

隆裕皇太后前請安

内閣奉

諭旨貴州鎮遠府知府員缺著吴蔭培補授

是日

起居注官恩祥周克寬

初四日丁丑

上詣樂壽堂

隆裕皇太后前請安

軍機大臣欽奉

諭旨署陸軍部左侍郎那晉差務較繁著毋庸進文職班

是日

起居注官景礙楊捷三

初五日戊寅

上詣 樂壽堂

隆裕皇太后前請安

內閣奉

諭旨貝勒載瀛奏病難速痊懇請開去御前行走差使並請停俸一摺載瀛著再賞假一箇月調理毋庸開去差使

是日

起居注官覺羅文華李士鈐

初六日己卯

上詣 樂壽堂

隆裕皇太后前請安

內閣奉

諭旨此次驗看之學部考驗游學畢業生吳匡時著賞給工科進士魏宸組金保康金鴻翔張更生郝延鍾龔廷楝均著賞給法政科舉人

是日

起居注官崇山吳士鑑

初七日庚辰
上詣　樂壽堂
隆裕皇太后前請安
内閣奉
諭旨上年據修律大臣奏進編定現行律當經諭令憲
政編查館覆覈奏准茲據該館及該大臣等將現行
刑律黄册並按照新章修改各條繕具進呈朕詳加
披覽尚屬妥協著即刊刻成書頒行京外一體遵守
國家律令因時損益此項刑律為改用新律之預備
内外問刑各衙門務當悉心講求依法聽斷毋得任
意出入致滋枉縱以副朝廷慎刑協中之至意又奉
諭旨前據御史胡思敬奏疆臣縱庇私人濫殺多命請
飭查辦一摺當經諭令陳夔龍確查茲據查明覆奏
已革文水縣知縣劉彤光於民人要求種煙既不早
為勸導臨時又甚張皇致釀重案業經革職著永不
敘用署交城縣知縣直隸州知州徐星朗查禁敷衍
坐任部民聚衆滋事著即行革職陸軍教練處幫辦
布理問銜江蘇武備畢業生夏學津鹵莽圖功誤傷
多命陸軍步隊第一營管帶武備畢業生李逢春縱
令所部騷擾閭閻著一併撤差褫革山西巡撫丁寶
銓兩次奏陳但就各文武等所禀情形據以入告僅
將劉彤光參革而於此外辦理不善之文武概未議
及亦難辭疏忽之咎丁寶銓著交部察議朝廷於禁
煙一事志在必行此次該省釀亂始由於地方官之
查禁不力而統兵官亦未能審慎辦理故各予以處
分至於民間種煙希圖弛禁膽敢聚衆抗官此等刁
風斷不可長自應嚴加懲治嗣後仍著各該地方官
嚴切查禁毋稍懈弛該衙門知道

是日
起居注官延清周爰諏

初八日辛巳
上詣　樂壽堂
隆裕皇太后前請安
內閣奉
諭旨那桐等奏查驗續經報到薦舉各員分別加考開
單呈覽一摺所有中書科中書馬其昶著查驗大臣
那桐等帶領引見陸軍部補用員外郎陳宧前直隸
長蘆鹽運使周學熙山西河東道陳際唐著於本月
初九日起每日一員呈遞膳牌預備召見又奉
諭旨瑞澂奏巡警道溺職殃民據實糾叅一摺湖北巡
警道馮啟鈞徇利忘義警政廢弛縱容劣弁擾害商
民著即行革職永不敘用以示懲儆該部知道又奉
諭旨湖北巡警道員缺著全興補授

是日

起居注官世榮熊方燧

初九日壬午

上詣 樂壽堂

隆裕皇太后前請安

內閣奉

諭旨鑲黃旗滿洲都統那彥圖等會奏議覆御史王春奏開放八旗兵丁餉銀畫一辦法一摺八旗開放兵餉弊竇叢生亟應認真整頓以期食餉兵丁均霑實惠著各旗都統將從前積弊悉行剔除擬定畫一辦法請旨辦理所請原領一分辦公由部扣除按照六分數目發給專為闔署辦公之處著毋庸議

是日

起居注官錫鈞鄭沅

初十日癸未

上詣樂壽堂

隆裕皇太后前請安

内閣奉

諭旨各省添設巡警勸業兩道缺所以保衛治安振興實業皆屬新政要圖而各省或將裁缺人員改授或於候補班中按資請補名為公道而人不稱職則事多廢弛閭閻無以保治安實業亦無振興之望此豈設官本意耶著各該督撫於已補之巡警勸業兩道人員悉心考覈如其不能勝任或於此缺不宜即行奏明開缺另補毋得迴護瞻徇總期為缺擇人不為人擇缺庶於地方有益又奉

諭旨四川鹽茶道員缺著尹良補授

是日

起居注官景潤汪鳳藻

十一日甲申

上詣　樂壽堂

隆裕皇太后前請安

內閣奉

諭旨督辦鹽政大臣載澤奏遵旨會商一摺朝廷慎重

鹽政特派大臣督辦原令直接管理以一事權而資

整頓惟因疏銷緝私關涉地方故命各督撫會同辦

理前據錫良等電奏鹽政章程諸多窒礙當經諭令

該大臣會商各督撫詳議具奏茲據覆陳會商各節

朕詳加披覽該督等擬將用人行政悉歸會辦之督

撫是與從前督撫兼管鹽政無異朝廷何貴有此特

舉耶且於前兩次諭旨毫未仰體至該督辦大臣受

國重寄應如何力任其難認真籌辦乃此次僅據該

督等覆電具奏意存諉卸殊負委任均著傳旨申飭

所有鹽務用人行功一切事宜仍著照奏定章程辦

理將來如有應行變通之處著該督辦大臣隨時體

察情形奏明請旨遵行鹽務關繫重要自此次嚴切

申諭後務各懍遵前兩次諭旨和衷共濟相與有成

若各懷挾成見因循積習斷斷權限貽誤要政惟該

大臣與各督撫等是問恐不能當此重咎也將此諭

令知之

是日

起居注官榮光惲毓鼎

十二日乙酉

上詣　樂壽堂

隆裕皇太后前請安　巳刻

詣　長春宮院内跪接

皇太后還長春宮

駕還養心殿

内閣奉

諭旨續經報到保薦人才經派那桐等查驗詢問茲已
一律召見引見完竣所有單開之前長蘆鹽運使周
學熙山西河東道陳際唐均著交軍機處存記陸軍
部員外郎陳宧著以四品京堂候補仍回奉天充當
統制差使中書科中書馬其昶著以學部主事補用

又奉

諭旨本日補行引見之陸軍貴胄學堂畢業考列上等
之附貢生衞獻玫著補授陸軍副軍校

是日

起居注官恩祥許澤新

十三日丙戌

上詣　長春宮

隆裕皇太后前請安

內閣奉

諭旨琦瑶屢次請假久未當差著開去乾清門並委散

秩大臣差使

是日

起居注官景稷周克寬

十四日丁亥

上詣　長春宮

隆裕皇太后前請安

內閣奉

諭旨此次考試各省保送舉貢宗室取中二名滿洲取

中十三名蒙古取中四名漢軍取中五名直隸取中

三十二名奉天取中四名山東取中二十六名山西

取中十二名河南取中十六名陝西取中十一名甘

肅取中七名江蘇取中二十名安徽取中十四名浙

江取中二十二名江西取中二十一名湖北取中十

五名湖南取中十二名四川取中十四名福建取中

二十二名廣東取中十五名廣西取中十二名雲南

取中十名貴州取中十一名又奉

諭旨廷杰奏因病請續假一箇月並請派署尚書員缺

一摺廷杰著賞假一箇月毋庸派署

是日

起居注官覺羅文華楊捷三

十五日戊子

上詣長春宮

隆裕皇太后前請安

是日

起居注官崇山李士鉁

宣統二年歲次庚戌四月十六日己丑

上詣 長春宮

隆裕皇太后前請安

内閣奉

諭旨上年度支部奏稱幣制重要宜策萬全當即諭令會議政務處妥議旋經覆奏准予飭部設局調查茲據該部具奏釐定幣制酌擬則例繕單呈覽及籌擬舊幣辦法各摺朕詳加披覽所擬各節尚屬切實可行亟宜明白宣示中國國幣單位著即定名曰圓暫就銀為本位以一圓為主幣重庫平七錢二分另以五角二角五分一角三種銀幣及五分鎳幣二分一分五釐一釐四種銅幣為輔幣圓角分釐各以十進永為定價不得任意低昂著度支部一面責成造幣廠迅即按照所擬各項重量成色花紋鑄造新幣積有成數次第推行所有賦稅課釐必用制幣交納放款亦然並責成大清銀行會同造幣廠將新舊交換機關籌備完密一面通行各省將現鑄之大小銀銅圓一律停鑄並知照京外各衙門按照單開折合標準及改換計數名稱各條依限妥辦將來新幣發行地方所有生銀及從前鑄造各項銀銅圓准其暫照市價行用由部飭幣廠銀行逐漸收換並酌定限期停止行用迨新幣通行以後無論官私各款均以大清銀幣收發交易不得拒不收受亦不准强行折扣至於偽造制幣大干例禁緝拏懲治均屬地方之責著各部院順天府及將軍都統大臣各省督撫督飭所屬各就所管事項遵照則例切實奉行並轉諭各該處商會宣演則例大意使人人知此次改定幣制專為便民便商剗除向來平色紛淆之弊以立清釐

財政之基儻有奸商市儈藉端摇惑愚民抑揚物價
即著從嚴懲治用副朝廷利用厚生之至意餘著照
所議辦理將此諭令知之又奉
諭旨鑲紅旗漢軍都統崇勳由翰林洊躋卿貳擢授都
統宣力有年克勤厥職玆聞溘逝軫惜殊深加恩著
照都統例賜卹任內一切處分悉予開復應得卹典
該衙門察例具奏伊子一品廕生松年著以郎中補
用又奉
諭旨荊州將軍著聯芳補授又奉
諭旨鄒嘉來著轉補外務部左侍郎外務部右侍郎著
胡惟德補授又奉
諭旨鑲紅旗漢軍都統著恩存補授
是日
起居注官延清吳士鑑

十七日庚寅
上詣長春宮
隆裕皇太后前請安
內閣奉
諭旨前經降旨將宗室王公世爵等應選資政院議員
人員分別選定並經豫定召集日期令該院各項議
員屆期一律齊集玆據資政院奏請續行欽選議員
開單呈覽一摺所有單開之納稅多額互選當選人
著孫以芾李士鈺周廷弼林紹箕席綬王佐良宋振
聲李湛陽羅乃馨王鴻圖為議員該員等務各按照
定期與上次欽選各項議員暨各省互選議員一律
齊集預備開院並各懍遵前旨竭誠協贊有厚望焉
將此諭令知之

是日

起居注官世榮周爰諏

十八日辛卯

上詣　長春宮

隆裕皇太后前請安

内閣奉

諭旨汪大燮現在出差郵傳部左侍郎著李焜瀛署理

是日

起居注官錫鈞熊方燧

十九日壬辰

上詣 長春宮

隆裕皇太后前請安

内閣奉

諭旨瑞澂楊文鼎奏遵旨查明湘省痞匪藉飢擾亂地方文武辦理不善分别參辦一摺此次湘民肇亂該省城文武各員事前疏於防範臨時又因應失宜均屬咎有應得除開缺湖南巡撫岑春蓂業經交部議處外巡警道賴承裕操切偏執肇衅釀患鹽法長寶道朱延熙遇事庸懦應變無方長沙協都司貴齡左營守備周長泰消防所所長遊擊龔培林警務委員知縣周騰均保護不力著一併革職布政使莊賡良措置失當著開缺交部議處按察使周儒臣長沙府知府汪鳳瀛長沙縣知縣余屏垣善化縣知縣郭中廣身任地方亦難辭咎惟平日官聲尚好辦理善後亦頗敏慎周儒臣汪鳳瀛均著交部察議余屏垣郭中廣均著革職留任署長沙協副將楊明遠查拏匪犯尚能認真著摘去頂戴勒令捕匪以觀後效餘著照所議辦理該部知道又奉

諭旨瑞澂奏特參紳士挾私釀亂請分别懲儆一摺據稱該省議勸紳捐先辦義糶湘紳王先謙首先梗議事遂遷延變起之後復歸咎撫臣激變電請易人殊屬不知大體孔憲教楊鞏二人於推戴藩司排陷撫臣持之尤力楊鞏本係被議人員朦捐候選道尤屬品行卑下葉德輝當米貴時積穀萬餘石不肯減價出售實屬爲富不仁等語前國子監祭酒王先謙分省補用道孔憲教均著交部嚴加議處吏部主事葉德輝候選道楊鞏均著即行革職交地方官嚴加管

束餘著照所議辦理該部知道又奉
諭旨趙爾巽奏提督因病出缺據情代奏一摺已故四川提督馬維騏由武童隨前雲貴總督岑毓英轉戰滇邊三迤剿辦蠻夷各匪所向有功洊升總兵擢授提督巴塘番逆搆亂統兵進剿全台肅清平日整頓營務勞瘁不辭茲聞溘逝軫惜殊深馬維騏加恩著照提督軍營立功後病故例從優議䘏任內一切處分悉予開復應得䘏典該衙門察例具奏並將戰功事蹟宣付國史館立傳伊子四川試用同知馬佩璥著以知府分省補用以彰勞勩該衙門知道又奉
諭旨瑞澂楊文鼎奏會同籌辦湘省善後事宜一摺此次湘省變生倉猝雖因米價昂貴要求平糶而起實有莠民痞棍從中煽亂自非嚴懲不足以昭炯戒除業經格斃及正法各匪外所有續獲匪徒仍著悉心研鞫分別首從盡法懲辦以警刁頑其安分良民務須妥為賑撫毋任失所至所陳一切善後事宜著即相機妥速辦理用弭後患又奉
諭旨郵傳部左丞著李經楚署理梁士詒著署理右丞左參議著胡祖蔭署理陳毅著署理右參議又奉
諭旨江蘇巡警道員缺著汪瑞闓試署
軍機大臣欽奉
諭旨御史趙炳麟奏請飭議確定行政經費一摺著在京各衙門各省將軍督撫將九年籌備單內所開各條某年某事需款若干從何籌定分年列表詳議具奏至所稱湘鄂等省流民衆多豫籌安插之策等語著該部妥籌議奏
是日
起居注官景潤鄭沅

二十日癸巳

上詣　長春宫

隆裕皇太后前請安

內閣奉

諭旨鹿傳霖奏病體難支仍請開去軍機大臣要差並

續假一箇月一摺鹿傳霖著再賞假一箇月並賞給

人葠二兩安心調理毋庸開去軍機大臣差使又奉

諭旨湖南布政使著趙濱彥補授俞鍾穎著補授廣東

按察使又奉

諭旨湖南巡警道員缺著桂齡補授又奉

諭旨湖南鹽法長寶道員缺著吳肇邦補授又奉

諭旨外務部尚書梁敦彥奏因病續假並請派署員缺

一摺梁敦彥著賞假兩箇月外務部尚書兼會辦大

臣著鄒嘉來署理曹汝霖著署理外務部左侍郎外

務部右丞著劉玉麟署理

是日

起居注官榮光汪鳳藻

二十一日甲午

上詣　長春宮

隆裕皇太后前請安

内閣奉

諭旨廣東瓊崖道員缺緊要著該署督於通省道員内揀員調補所遺員缺著榮元補授

是日

起居注官恩祥惲毓鼎

二十二日乙未

上詣　長春宮

隆裕皇太后前請安

内閣奉

諭旨前據給事中陳慶桂奏廣東新軍滋事恐有寃濫情事請派員查辦一摺當經諭令張人駿澈底查究茲據覆奏查明當日滋亂情形始由新軍二標與警兵口角起釁繼因統帶官不准放假一標營兵首先鬨鬧革黨倪映典藉端煽惑各兵希圖起事昌言於衆語極悖逆業經防軍當時格斃共擊死亂兵二十八名正法十一名先後拏獲亂黨四十餘名事雖敉平而該管官等措置失當幾致良莠不分宜於輿情不洽前協統張哲培平日撫馭無方臨事棄營逃避一標統帶劉雨沛於標兵喧鬧之時即已避匿次日

又復私逃即著袁樹勛拏解大理院治罪前充廣東
老城巡警第一分局巡官試用巡檢陳慶燾縱容警
兵鎖毆新軍兵士釀成鉅案實爲厲階著即行革職
督練公所參議道員吳錫永疏於籌畫臨事張皇統
領水師親軍候升道員候補知府吳宗禹紀律不嚴
失察兵丁剽竊均著交部議處署兩廣總督袁樹勛
於兵勇交鬨彈壓剿撫兩失其宜且據查當時新軍
畏避出外者多在場滋事者少事後來歸悉被遣散
以致數年訓練剋期成鎮之兵一旦決裂敗壞實屬
咎有難辭前據自請議處案經查明袁樹勛著交部
議處其當日殉難之礮隊一營管帶齊汝漢著照協
參領陣亡例從優議卹一標一營隊官胡思深一標
二營隊官宋殿魁二標二營前隊隊官李錚均著照
正軍校陣亡例從優議卹至增祺袁樹勛前奏參一
標一營管帶胡兆瓊一標二營管帶于如周一標三
營管帶楊長卿礮隊二營管帶林金鏡工程營管帶
陳宏萼輜重營管帶許嘉澍均著交部分別議處餘
著照所議辦理該部知道

是日

起居注官景祓許澤新

二十三日丙申

上詣 長春宮
隆裕皇太后前請安
內閣奉
諭旨直隸承德府知府員缺緊要著熱河都統會同直
隸總督於通省知府內揀員調補所遺員缺著陳應
濤補授又奉
諭旨五月十六日夏至大祀
地於
方澤遣莊親王載功恭代行禮
四從壇派布璋扎克丹延秀承蔭各分獻又奉
諭旨吏部奏遵議湖南官紳處分各一摺開缺湖南巡
撫岑春蓂開缺湖南布政使莊賡良均著照部議革
職湖南按察使周儒臣長沙府知府汪鳳瀛應得降
三級調用處分加恩改為降三級留任前國子監祭
酒王先謙分省補用道孔憲教均著照部議降五級
調用又奉
諭旨此次考取各省保送舉貢著於五月初二日在保
和殿覆試
是日禮部具奏五月初三等日各
忌辰遣官一摺奉
旨初三日
孝景仁皇后忌辰祭
景陵派全榮行禮二十三日
孝恭仁皇后忌辰祭
景陵派意普行禮
是日
起居注官覺羅文華周克寬

二十四日丁酉

上詣　長春宮

隆裕皇太后前請安

内閣奉

諭旨陝西勸業道員缺著光昭補授又奉

諭旨陝西西安府知府員缺緊要著該撫於通省知府

内揀員調補所遺員缺著丁麟年補授

是日

起居注官崇山楊捷三

二十五日戊戌

上詣　長春宮

隆裕皇太后前請安

内閣奉

諭旨御史儼忠奏州縣懸案不結監禁多人無辜被累

請飭認真查辦以維憲政一摺近來舉行憲政訟獄

一事尤宜實心清理惟各省審判廳尚未能一律成

立各州縣辦理命盜案件難保無羈繫牽累等弊

著各直省督撫認真查核如地方官有懸案不結無

辜久禁者從嚴叅辦以副朝廷矜恤庶獄之至意

是日

起居注官延清李士鈐

二十六日己亥

上詣長春宫

隆裕皇太后前請安

内閣奉

諭旨雲南普洱鎮總兵員缺著王世雄調補謝有功著

調補山西太原鎮總兵又奉

諭旨河南開歸陳許鄭道員缺著江瀚補授

是日禮部具奏五月十三日祭

關聖帝君廟遣官一摺奉

旨派魁斌行禮後殿派景厚行禮

是日

起居注官世榮吳士鑑

二十七日庚子

上詣長春宫

隆裕皇太后前請安

内閣奉

諭旨浙江巡警道員缺著楊士燮補授勸業道員缺著

董元亮補授

是日

起居注官錫鈞周爰諏

二十八日辛丑

上詣　長春宮

隆裕皇太后前請安

內閣奉

諭旨浙江嘉興府知府員缺著英霖補授

是日

起居注官景潤熊方燧

二十九日壬寅

上詣　長春宮

隆裕皇太后前請安

是日

起居注官榮光鄭沅

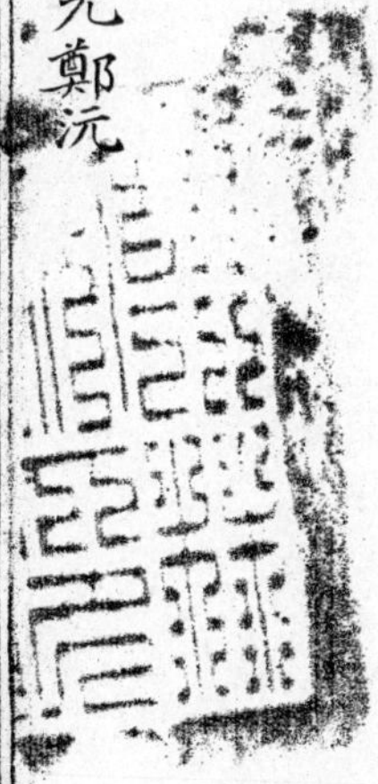

宣統二年歲次庚戌五月初一日癸卯

上詣長春宮

隆裕皇太后前請安

是日

起居注官恩祥汪鳳藻

初二日甲辰

上詣長春宮

隆裕皇太后前請安

是日

起居注官景禄惲毓鼎

初三日乙巳

上詣　長春宮

隆裕皇太后前請安

內閣奉

諭旨此次引見之廷試游學畢業生進士項驤林大閶程鴻書陳籙唐有恒劉鍾華均著授為翰林院編修林志琇濮登青顏惠慶朱光燾王煥文均著授為翰林院檢討王兆枏吳匡時均著改為翰林院庶吉士劉崇倫王若儼均著以主事按照所學科目分部補用舉人魏宸組楊汝梅夏錫祺張競仁潘承福于樹楨陳遵統厲家福王秉善周秉琨馮閱模王頌賢郭經周藻祥辛漢金泯瀾曾耀垣雷休朱祖鋐祁耀川彭望恕陳定保王若宜均著以主事按照所學科目分部補用劉勳麟唐演羅昌李家桐吳肅汪振聲淩士鈞錢漢陽高近宸麟趾單毓華劉成志王愷憲錢家治陳爾錫彭樹滋金保康李祖虞梁燮張清澤劉瑩澤丁瀠高方瀚沙曾詒張瑾雯安永昌盛在琨趙鴻藻馮國鑫劉學誠黎炳文余琛楊禧涂壽田劉濬章世炎蹇先榘邱在元黃鳴盛劉頌虞吳瀹張德馨熊楙儒張汝翹李讜張慶華丁兆冠林大同盛在珣朱學曾董玉墀趙曾翔王毓崑曹敦錄崔斯哲汪祖澤毛邦偉孫德泰趙保泰郭玉清易翔均著以內閣中書補用王淮琛戴彬陸近禮曾貞邱心榮王庚酉張文烺柯鴻烈郭開文張德滋吳淞馬彝德王倫章計萬全涂景新王雙歧朱彰年姚生范張務本傅振舉邵修文吳達彭光祜朱文焯狄梁孫褚辛培謝存胡光第徐輝嚴維坤袁翼過耀根陳培琛黃豫鼎李棟熊成章張翅謝健陸龍翔劉德昭吳成章薛光錢

金鴻翔劉文嘉傅廷楨楊湘吳經銓何膺恆孫蔭蘭
梁楚珩彭應蕃王佩楊永貞吳天寵陳光莊璟珂蕭
度董修武鄭釗王治昌王泰鎔蕭友梅葉衍華汪翔
張毓驊郝延鍾陳天輔張清樾廖治湯中何崇禮戴
汝佳劉重熙孟繼旦汪郁年趙一德李成林金殿勳
張伯楨胡晴崖馮世德葛為輔吳榮炳劉懋昭談錫
恩蔡寅區金均楊光湛王國樑許孝綬郭衛村許企
謙何奇陽區謥周祚章鍾震川駱通康寶忠石德純
曹祖蕃張更生李懷亮汪其砥金天錄侯毓汶均著
以小京官按照所學科目分部補用謝曉石陳英才
梁志和蔡耀卿徐天敘均著以知縣分省即用左文
炬覃壽公鄧堮春梁廖德典何道濰孫潤宇李杭文
黃錫齡江洪杰趙巽雲林觀光陳經龔廷棟劉彥卿
陳學釗張青選均著以知縣分省試用分部郎中王
煥功譚汝鼎均著按照所學科目分部俟奏留後以
本部郎中即用分部員外郎沈其昌袁榮叜均著按
照所學科目分部俟奏留後以本部員外郎即用分
部主事陳緯虞熙正陳福頤馬家麟張文廉孫方尚
均著按照所學科目分部俟奏留後以本部主事即
用湖北補用知縣曹濬湘著仍以知縣歸原省即用
指分浙江試用知縣傅定祥著仍以知縣歸原省補用

是日

起居注官覺羅文華許澤新

初四日丙午

上詣 長春宮

隆裕皇太后前請安

內閣奉

諭旨壽勳奏遵旨校閱陸軍第一第二兩鎮一摺據陳此次校閱該兩鎮官兵學術暨內務外場各項情形近更擴張戰備益整新規成績昭然深堪嘉許仍著陸軍部督飭專司訓練大臣認真訓練力求進步俾成勁旅用副朝廷修明武備振厲戎行之至意餘依議又奉

諭旨鎮國公溥植屢次請假當差懶惰著開去差使停止俸祿

軍機大臣欽奉

諭旨都察院奏據浙江巡撫增韞查覆已革縉雲縣知縣范傳衣被參冤抑可否送部引見一摺范傳衣著送部引見

是日

起居注官崇山周克寬

初五日丁未

上詣　長春宮

隆裕皇太后前請安

是日

起居注官延清楊捷三

初六日戊申

上詣　長春宮

隆裕皇太后前請安

內閣奉

諭旨湖廣總督著瑞澂補授又奉

諭旨湖南巡撫著楊文鼎補授

是日

起居注官世榮李士鉁

初七日己酉

上詣　長春宫

隆裕皇太后前請安

内閣奉

諭旨順天府府尹著丁乃揚補授又奉

諭旨湖北布政使著王乃徵補授又奉

諭旨廣東廉州府知府員缺著長潤補授

是日禮部奏五月十六日夏至祭

地壇奏派看牲大臣一摺奉

旨派景厚看牲

是日

起居注官錫鈞吳士鑑

初八日庚戌

上詣　長春宫

隆裕皇太后前請安

内閣奉

諭旨貝勒載瀛奏因病未痊懇恩續假並請開去御前行走差使一摺載瀛著再賞假一箇月准其開去御前行走差使

是日

起居注官景潤周爰諏

初九日辛亥

上詣 長春宮

隆裕皇太后前請安

内閣奉

諭旨前禮部左侍郎張亨嘉著仍在南書房行走

是日

起居注官榮光熊方燧

初十日壬子

上詣 長春宮

隆裕皇太后前請安

内閣奉

諭旨前據翰林院侍讀榮光奏請仍在天津城西南隅設立車站一摺當經諭令郵傳部確查茲據查明津城西南隅設立車站諸多不便並繪圖具説據實奏陳津浦鐵路天津總站前因設在南開弊端百出業經查明改定乃該侍讀一再瀆陳淆亂是非甘為影販地皮奸商所唆使置大局於不顧實屬有玷清班翰林院侍讀榮光著交部議處

是日

起居注官恩祥鄭沅

十一日癸丑

上詣 長春宮

隆裕皇太后前請安

是日

起居注官景禵汪鳳藻

十二日甲寅

上詣 長春宮

隆裕皇太后前請安

內閣奉

諭旨翰林院侍讀榮光奏津浦鐵路車站實係繞道糜費一摺天津津浦鐵路車站前經郵傳部查勘並會同直隸總督覆查幾費經營始經定議辦理尚屬周妥前以該侍讀一再瀆陳淆亂是非當經交部議處茲該侍讀復以前情具奏堅執影販地皮之奸商刊刻圖說飾詞聳聽不候部議嘵嘵置辯實屬謬妄已極侍讀榮光著改為交部嚴加議處又奉

諭旨此次考試舉貢業經引見完竣自應分別錄用陳

命官陶恩章唐瀚波沈聰訓王涵川陳耀嫣杜芝亭李樹芳帥培英張挄劉志清馬繼楨彭蔭棠王錫鑾

嚴士濬劉登瀛崔福謙方汾王張之基向一中張釆
薇張勳年宋煥奎何積祜鄭景僑周殿薰姜崇恩程
量書陳永鑫吳台高孝聰張度嚴紹曾陸鍾渭賀紹
章錢祿田夏敬愷荆致中党遠昉王楚喬崔崑江平
孫振麒張宗祥葉在廷張孔瑛王荃濬徐步聯馬象
雍胡宗虞陳錫玉蔡鎮藩詹聯芳張鳳翔李景澔黄
永筠王盛春祥康莫永成俞玉書黄肇河曹驤觀周
克恭楊式震程銘善楊景新賀長治王維楨陳同熙
劉夔梅王新銘李萬鍾馮登賢王繼林趙芝雲范晋
卿鄭有璉張曰睿臧增慶王訥何增喬劉熾昌危尚
志呂嘉賓劉崇本李煦東李洪鈞余銘芝蘭鴻著高
慶頤劉樹鑫張繼祖富春普勳張坤本善聞韶金萬
川師善均著以主事分部學習龐友蘭王全鎧張淑
琳鄧振聲陳廷策王履泰崔璉王楨張永和劉子棨

高凌霄均著以內閣中書用國治劉蔭第黄衍袁郭
錫炬劉明昭李伯驥汪國傑黄維周余其貞邱嘉謨
劉氏安志鈺蔣元慶熊勝陳元璧陳鑑藻蔣祖庚張
嘉德施茂華孔憲榮余嶽霖朱啟瀾陸炳章周謹庠
王鳴珂陳範施藻章張慶韶黄鵬祁錫藩韓鎮鼎陳
德昌恩格劉榮第劉鴻書王嗣鋆張鳳魯伊人鏡廣
熒周紀武棋致榮劉有壁羅獻修張培鼎黄華黄惠
傅國雄王希曾鄔繩準孫錫彤劉錦龍顔之樂均著
以七品小京官分部學習祁人傑涂澍霖江友夔王
恒李正誼丁永暉李繼楨張紹伸熊羅宿黄周郭翼
唐李昂青查宗釗林思律孫祖燧徐心羲謝鳳孫趙
正印李宗漢王榮貴秦寶瑤余澤淦樹藩周珩姚仝
楊道隆王祖德黄家琨胡承治吳惟允段繼武劉續
曾陳端徽朱撰卿王萬懷張濟川左攀龍孟鍾鄒俊卿

杜國樑張治王樹槐陳敬顏哲本曹信本藍培原張
家樞史延壽成芳齊溎玉林培藻胡鍌蔆王維賢倪
隆德李倬元汪錫彬王體融吳孝展張稼軒朱逢咸
李光麟齊福丕李實崐李作棐熙珍魯延俊梁榮祥
安永昌賈睿熙尤聲璸董玉書郭際豐曹善同張廷
琇楊炳盧士芬陳廷蘭李域王廷燮朱錦綬關天培
張銘西王恩詔牛獻珠謝家梓慶祉黃慶翰嚴樹滋
周永年曾唯儒包延杰黃逢元趙文龍定剛楊壽祺
周焯黃鼎銘李政準杜之堂程文藻程適門安朝湯
之光李中淇蔣鴻壽黃象冕何銘敬黃廷治黃翼雲
馬良猶林鶴鳴劉鯤海高維嶽張熙慶豐慈裕段經
畬朱裳曹左熙杜培元張大年王執中周汝為鄭長
善鄭錫田馬文煥恩霖毓衡于澤潤郭公闕富和朱
振基劉昌楹沈經衢陳蔭松徐耀鑾田智良周先聲

魯伯龍趙雲瑞王紹曾張家驥虞璋馬啟人曲鳳翼
張宜炎熊瀛士孫嶽金劉立夫文海伯堃張啟琛劉
經邦張咸之高尊達沙培金楊華亭王銘恩蘇紹章
均著以知縣分省補用其補行引見之唐際虞著以
七品小京官分部學習蕭先炆著以知縣分省補用

是日

起居注官覺羅文華惲毓鼎

十三日乙卯

上詣　長春宮

隆裕皇太后前請安

是日

起居注官崇山許澤新

十四日丙辰

上詣　長春宮

隆裕皇太后前請安

內閣奉

諭旨本日補行引見陸軍貴胄學堂畢業考列二等之

二品廕生承啟著以陸軍部員外郎用又奉

諭旨本日引見之翰林院庶吉士吳震春著授職編修

又奉

諭旨本日引見之應襲三等伯爵李翿著准其承襲賞

給二等侍衛在大門上行走又奉

諭旨吏部奏遵議處分一摺翰林院侍讀榮光著照部

議即行革職

是日

起居注官延清周克寬

十五日丁巳

上詣 長春宮

隆裕皇太后前請安

是日

起居注官世榮 楊捷三

宣統二年歲次庚戌五月十六日戊午

上詣 長春宮

隆裕皇太后前請安

內閣奉

諭旨瑞澂楊文鼎電奏湖南常德府濱河築城地勢低窪本月初間黔省久雨山水下灌又因上游發蛟河水陡漲初五日以後大雨如注晝夜不息城根水深八九尺下閘坍塌堤障潰決沿河田廬悉遭漂沒小民蕩析離居覽奏深堪憫惻加恩著賞給帑銀二萬兩由度支部給發著該督撫派委妥員前往詳細查勘辦理急賑毋令災民失所並設法補築圍堤俾得復業用副朝廷軫念災黎至意該部知道又奉

諭旨駐藏大臣聯豫奏稱光緒二十五年已革達賴喇嘛咨稱第穆呼圖克圖阿旺羅布藏稱勒饒結賄延瞻對康巴喇嘛使用邪咒圖害達賴生命請撤銷呼圖克圖及靖善禪師名號等因茲據布賚繃寺洛嶺札倉喇嘛等偕同第穆本寺喇嘛等聯名稟稱第穆呼圖克圖阿旺羅布藏稱勒饒結並無劣跡竟被奇冤臚列案情懇請恩施等語此案既據聯豫查明第穆呼圖克圖無端受禍良堪矜憫第穆呼圖克圖阿旺羅布藏稱勒饒結著加恩復其靖善禪師名號並賞還第穆呼圖克圖准其轉世所有該寺內財物田產飭由商上查明如數給還以彰公道而維黃教該部知道

是日

起居注官錫鈞李士鈴

十七日己未

上詣長春宮

隆裕皇太后前請安

是日

起居注官景潤吳士鑑

十八日庚申

上詣長春宮

隆裕皇太后前請安

内閣奉

諭旨希朗阿奏因病懇請開去一切差使一摺鑲黄旗

滿洲副都統希朗阿著准其開去一切差使

是日

起居注官恩祥周爰諏

十九日辛酉

上詣 長春宮

隆裕皇太后前請安

內閣奉

旨鑲黃旗護軍統領著卓淩阿調補所遺鑲白旗護軍統領著岳樑補授又奉

旨英信著調補鑲黃旗滿洲副都統所遺鑲紅旗滿洲副都統著文泰調補所遺鑲黃旗蒙古副都統著景麟補授又奉

旨善撲營事務著派芬車管理又奉

旨寶坻縣等四處官兵事務著派兜欽管理

是日

起居注官景䄶熊方燧

二十日壬戌

上詣 長春宮

隆裕皇太后前請安

內閣奉

諭旨瑞澂奏湖北勸業道鄒履和才難勝任一摺鄒履和著即開缺湖北勸業道著高松如試署又奉

諭旨鹿傳霖奏久病請開去軍機大臣要差並續假一箇月一摺大學士鹿傳霖久直樞廷勤勞倍著茲因久病未痊朕心實深廑念著再賞假一箇月並賞給人葠二兩俾資調攝一俟病痊即行銷假所請開去軍機大臣差使之處著毋庸議

是日

起居注官覺羅文華鄭沅

二十一日癸亥

上詣 長春宮

隆裕皇太后前請安

內閣奉

諭旨據都察院奏代遞諮議局議員孫洪伊等並直省旗籍各代表等呈請速開國會一摺披覽均悉速開議院一事上年十二月間據直隸各省諮議局議員等聯名呈請已經明白宣諭俟九年預備完全國民程度普及必毅然降旨定期召集朝廷慎重圖維之意無非願我臣民勿騖虛名而隳實效本年復經憲政編查館奏派妥員分起前赴各省按照籌備清單認真考核並飭各省將籌備事宜應需之款詳加預算本日復面詢各衙門行政大臣亦皆奏稱按期次第籌備一切尚未完全等語朕仰承

先朝付託之重俯念臣民呼籲之殷夙夜孜孜深望憲政早一日成立即早紓一日憂勞亦何所靳於議院耶惟思國家至重憲政至繁緩急先後之間為治亂安危所繫壯往則有悔慮深則獲全論議院之地位在憲法中祇為參預立法之一機關耳其與議院相輔相成之事何一不關重要非盡議院所能參預而謂議院一開即足致全功而臻郅治古今中外亦無此理況以我國幅幀之廣近今財政之艱屢值地方偏災兼虞匪徒滋事皆於憲政前途不無阻礙而朝廷按期責效並未嘗稍任鬆懈宵旰急切圖治之心當為薄海臣民所共諒本年九月即屆資政院開院之期業已降旨選定議員先期集會如能上下一心共圖治理不惟立議院之基礎兼以養議院之精神朕纘述

前謨定以仍俟九年籌備完全再行降旨定期召集議院
爾等忠愛之忱朕所深悉惟茲事體大宜有秩序宣
諭甚明毋得再行瀆請茲特通行諭令知之又奉
諭旨浙江紹興府知府員缺著溥琦補授
是日
起居注官崇山汪鳳藻

二十二日甲子
上詣　長春宮
隆裕皇太后前請安
內閣奉
諭旨意普蘇嚕岱奏庫存祭器虧短現將看守經管官
役嚴行審訊並自請議處一摺庫存祭器關係最為
重要應如何敬謹看守乃
菩陀峪
定東陵庫內所存金銀器皿竟致失去六件之多實屬異
常疏忽意普蘇嚕岱均著交該衙門議處該管官員
一併查取職名分別交部議處並著民政部步軍統
領衙門順天府直隸總督嚴飭所屬一體勒限嚴緝
務獲懲辦餘著照所議辦理該衙門知道又奉
旨理藩部額外侍郎著色淩那木濟勒旺寶補授

二十三日乙丑

上詣長春宫

隆裕皇太后前請安

是日

起居注官世榮許澤新

是日

起居注官延清惲毓鼎

二十四日丙寅
上詣 長春宮
隆裕皇太后前請安
內閣奉
諭旨伊犂副都統兼塔爾巴哈台參贊大臣額勒渾未
到任以前著錫恆馳驛前往署理科布多辦事大臣
著錫恆擬保妥員電奏請旨護理又奉
旨額勒渾著調補伊犂副都統兼塔爾巴哈台參贊大
臣照例馳驛前往所遺察哈爾副都統著盛桂補授
是日
起居注官錫鈞周克寬

二十五日丁卯
上詣 長春宮
隆裕皇太后前請安
內閣奉
諭旨增韞奏考察屬員賢否分別舉劾一摺浙江秀水
縣知縣秦國鈞署平湖縣嘉興縣知縣張學智署餘
姚縣瑞安縣知縣湯贊清署石門縣請補錢塘縣知
縣高莊凱署蕭山縣永嘉縣知縣翁長芬署金華縣
候補知縣黃美欽正任麗水縣知縣李瑞年署建德
縣試用知縣賀家德署分水縣候補知縣唐繼勛平
陽縣知縣王寶璜候補知縣陶霦既據該撫臚陳政
蹟均著傳旨嘉獎定海廳同知試用通判史悠揚昏
聵糊塗事權旁落著衢州府同知候補同知魯彤曾
擅離職守政治多疎正任杭州府通判方駿前任湖

州府通判署任縱役濫刑辦事顢頇前署餘杭縣候補知縣侯資森才識平庸馭下寬縱前署諸暨縣另補知縣楊泰階敷衍因循玩視警政署新昌縣試用知縣劉承均積壓詞訟輿論不孚東陽縣知縣廖鳴韶玩視禁煙要政任意欺朦前署淳安縣候補知縣蕭攸裕剛愎自用辦理礦案措置乖方署遂安縣候補知縣鍾靈性耽安逸漠視民瘼署麗水縣正任烏程縣知縣顧曾沐嗜好甚深難膺民社前署瑞安縣候補知縣朱桐遇事畏葸禁種罌粟未能切實奉行前署宣平縣試用知縣陳象紱縱丁滋事於禁煙要政亦多欺朦前署開化縣大挑知縣王嵩年聽斷無才濫押釀命候補知縣王祖恩前充官紙局提調侵蝕公款押追不繳前代理甯海縣知縣試用按照磨張鵬翰身家念重民瘼念輕前代理仙居縣知縣台

州府經歷王靄吉禁令廢弛貽誤要政試用縣丞孔昭昂屢滋訟端罔知檢束署塘棲巡檢正任四安巡檢何式琦才識庸闇聲名平常仁和縣典史王鴻福年少氣浮兼有嗜好前署餘杭縣縣丞試用縣丞鄒登瀛罔上營私擅受有據於潛縣典史胡保勳才具平庸長興縣縣丞程炳烈不知遠嫌岑港巡檢吳望雲操守難信紹興府照磨王士楨遇事因循署蕭山縣典史試用從九品何佑臣物議繁滋廟山巡檢余廷夔習染已深正任仙居縣典史湯守銘才欠明通永康縣典史尹功廷性情浮躁開化縣訓導王寶良才具昏庸難資表率於潛縣教諭孫廷榮規避取巧遂安縣教諭潘琳書抗違禁令分水縣訓導陳準福戒煙不力均著即行革職試用通判賈厚墉浮薄性成聲名狼藉候補通判陳榮甲行止有虧衣冠敗類雲

和縣典史金鼎銘帷薄不修聲名甚穢均著即行革
職永不叙用已革知縣江文光巧於趨避罔知愧奮
著永不叙用該部知道
是日
起居注官景潤楊捷三

二十六日戊辰
上詣長春宮
隆裕皇太后前請安
是日
起居注官恩祥李士鉁

二十七日己巳

上詣　長春宮

隆裕皇太后前請安

內閣奉

諭旨本日憲政編查館奏酌擬宗室覺羅訴訟章程繕

單呈覽一摺上年頒布法院編制法因司法獨立為

憲政初基當將審訊宗室覺羅事宜分別劃歸大理

院高等審判廳審理並諭令該館另訂細則奏明請

旨茲據擬定此項章程六章並附則凡三十七條朕

詳加披閱大致原本大清會典及宗人府則例諸書

參以新制承行新舊之間尚屬周密嗣後宗室覺羅

案件即照此次定章辦理其在新章以前未結之案

概由宗人府分別咨交各該衙門審訊至有爵宗室

與有爵宗室民事案件仍由該府審理並著該堂官

另擬章程奏請施行外其宗室覺羅刑事案件定案

時由大理院咨行宗人府法部察核後由大理院具

奏餘依議

是日

起居注官景禨吳士鑑

二十八日庚午
上詣　長春宫
隆裕皇太后前請安
內閣奉
旨塔爾巴哈台領隊大臣著錫恆暫行兼署又奉
諭旨廣東高州府知府員缺著鮑振鏞補授
是日
起居注官覺羅文華周爰諏

二十九日辛未
上詣　長春宫
隆裕皇太后前請安
內閣奉
諭旨吉林民政使著鄧邦述試署所遺交涉使著施肇
基試署
是日
起居注官崇山熊方燧

三十日壬申

上詣　長春宮

隆裕皇太后前請安

是日

起居注官延清鄭沅

宣統二年歲次庚戌六月初一日癸酉

上詣　長春宮

隆裕皇太后前請安

內閣奉

諭旨江甯提學使著勞乃宣補授又奉

諭旨袁樹勛奏江甯提學使陳伯陶呈請開缺在籍養

親據情代奏一摺江甯提學使陳伯陶著准其開缺

是日

起居注官世榮汪鳳藻

初二日甲戌

上詣　長春宮

隆裕皇太后前請安

軍機大臣欽奉

諭旨鹿傳霖奏承修內閣紅本大庫工程完竣請派員

驗收一摺著派世續前往驗收餘依議又欽奉

諭旨湖北布政使王乃徵奏籌備憲政酌分緩急一摺

著在京各衙門各省督撫歸併御史趙炳麟條陳一

併詳議具奏

是日

起居注官錫鈞惲毓鼎

初三日乙亥

上詣　長春宮

隆裕皇太后前請安

內閣奉

諭旨直隸承德府遺缺知府員缺著麟祜補授

是日

起居注官景潤許澤新

初四日丙子

上詣　長春宮

隆裕皇太后前請安

是日

起居注官恩祥周克寬

初五日丁丑
上詣 長春宮
隆裕皇太后前請安
內閣奉
諭旨總司稽察守衛事宜阿穆爾靈圭等奏守衛官兵
當差疏懈據實糾參一摺禁門重地守衛宜嚴屢經
誥誡不啻三令五申乃本月初三日竟有侍衛處筆
帖式海祥擅入蒼震門該班官兵毫無覺察實屬異
常玩忽護軍參領恒春著交部嚴加議處景運門司
鑰長恩隆著一併交部議處值班大臣正紅旗護軍
統領誠全督率無方亦難辭咎著交部議處餘依議
該衙門知道又奉
諭旨正白旗蒙古副都統王英楷因病奏請開缺一摺
王英楷著准其開缺又奉
諭旨吉林西南路道員缺著顏世清補授
是日
起居注官景禐楊捷三

初六日戊寅

上詣　長春宮

隆裕皇太后前請安

內閣奉

諭旨前因宮禁守衛日漸疏懈疊經嚴申誥誡並諭令

稽查守衛大臣詳定專章切實整頓該值班官兵應

如何恪守定章始終罔懈乃奉行未久又復視為具

文竟至有人擅入內廷重地殊屬不成事體昨已有

旨將失察之官兵分別懲處嗣後著責成前鋒護軍

各統領總管內務府大臣嚴飭該班官兵懔遵疊次諭

旨及奏定章程認真巡查不准絲毫疏懈自此次申

諭後儻再仍前玩忽定即從重懲處決不姑寬並著

稽察守衛王大臣加意稽察遇有官兵曠誤情事破

除情面隨時據實糾參勿稍瞻徇以昭嚴肅又奉

諭旨正白旗蒙古副都統著靈熙補授

是日

起居注官覺羅文華李士鈖

初七日己卯

上詣　長春宮

隆裕皇太后前請安

內閣奉

諭旨七月初一日孟秋時享

太廟遣懋林恭代行禮

後殿派魁斌行禮東廡西廡派布璋榮堃各分獻又奉

諭旨伊犁將軍廣福奏藩王營私藐法請旨懲辦一摺據稱舊吐爾扈特東部落郡王帕勒塔函致署伊犁府知府賀家棟欲以官權壓買羊隻又稱擬將貝子德恩沁何拉什劣蹟糾參指稱交伊犁將軍查辦革去此人之爵將來覆奏能否辦到若由將軍自行嚴劾更佳等語帕勒塔身列藩封在京當差應如何謹慎奉公深知自愛乃擅致信函挾私請託實屬不安本分帕勒塔著交理藩部議處以示懲儆

是日禮部具奏六月二十三日祭

火神廟遣官一摺奉

旨派劉果行禮

是日

起居注官崇山吳士鑑

初八日庚辰

上詣　長春宮

隆裕皇太后前請安

内閣奉

諭旨鑲藍旗滿洲副都統塔克什訥由繙譯生員總理衙門八品官隨使各國曾著勞績擢升副都統歷充各差均能勤職茲聞溘逝軫惜殊深加恩著照副都統例賜卹任内一切處分悉予開復應得卹典該衙門察例具奏又奉

諭旨著派那彦圖管理圓明園八旗包衣三旗官兵並鳥鎗營事務又奉

諭旨文璞著調補鑲藍旗滿洲副都統所遺鑲藍旗漢軍副都統著奎煥補授

是日

起居注官延清周爰諏

初九日辛巳

上詣 長春宮

隆裕皇太后前請安 辰刻

詣 乾清宮

文宗顯皇帝聖容前行禮畢

駕還養心殿

內閣奉

諭旨本日軍諮處陸軍部帶領引見之軍官學堂第二班速成科考列上中等畢業學員張安邦姚任支吳中英趙瑞龍余鵬舉張培勳奚宗唐賈文祥畢化東吳德振楊紹曾杜持王承斌楚琢郭連峰均著授為步隊正軍校方本仁張仲鼎王冠勳均著授為馬隊正軍校孫岳謝紹安均著授為礮隊正軍校吳兆鼇文藻蘭芳均著授為工程隊正軍校程夔著授為輜重隊正軍校金鴻恩徐鎮坤實恆李正溶唐國謨王永清胡驤龍李景泌雙斌馬鳳亭斌啟均著授為步隊副軍校王金山瑞印均著授為馬隊副軍校陳寶琮徐森劉廷森均著授為礮隊副軍校其已補步隊副軍校之訥欽泰王獻廷胡雲程王都慶李濟臣胡國棟成居敬馬隊副軍校穆文善馬興邦孟廣潤礮隊副軍校董王銘桂成輜重隊副軍校欒汝霖均著

賞加五品銜

軍機大臣 欽奉

諭旨正藍旗滿洲副都統豐深著加恩免其帶領引見

是日

起居注官世榮熊方燧

初十日壬午

上詣　長春宮

隆裕皇太后前請安

內閣奉

諭旨周樹模電奏江省本年入夏以來陰雨過多至五月下旬連日大雨各處江河暴漲汎濫為災愛琿坤河水發屯居被淹雨雹寸餘禾苗傷損嫩江龍江地畝亦多淹漫秋收失望大賚廳屬塔子城地方積雨生蟲食禾殆盡等語江省連年歉收茲復被水被蟲田廬浸沒蕩析堪虞覽奏殊深憫惻加恩著賞給帑銀二萬兩由度支部發給該撫派委妥員前往災區切實散放毋任失所用副朝廷軫念災黎之至意餘著照所請該部知道

是日

起居注官錫鈞鄭沅

十一日癸未

上詣　長春宮

隆裕皇太后前請安

是日

起居注官景潤汪鳳藻

十二日甲申

上詣　長春宮

隆裕皇太后前請安

內閣奉

諭旨江西贛州府知府員缺緊要著該撫於通省知府內揀員調補所遺員缺著楊熊祥補授

是日

起居注官恩祥惲毓鼎

十三日乙酉

上詣長春宮

隆裕皇太后前請安

內閣奉

諭旨正白旗護軍統領印鑰著英信暫行佩帶

是日

起居注官景祿許澤新

十四日丙戌

上詣長春宮

隆裕皇太后前請安

內閣奉

諭旨所有新定宗室覺羅訴訟章程著俟新訂法律實行及將來皇室大典並民刑訴訟法頒布後再行會同奏明實行現在宗室覺羅訴訟一切事宜著暫行仍照向章辦理毋庸按照新章更改該衙門知道

又奉

諭旨本日正黃旗滿洲帶領引見之記名二等侍衛三等侍衛松年著賞給二等侍衛陸軍部補用郎中松耆著仍以郎中儘先補用

是日

起居注官覺羅文華周克寬

十五日丁亥

上詣　長春宮

隆裕皇太后前請安

是日

起居注官崇山楊捷

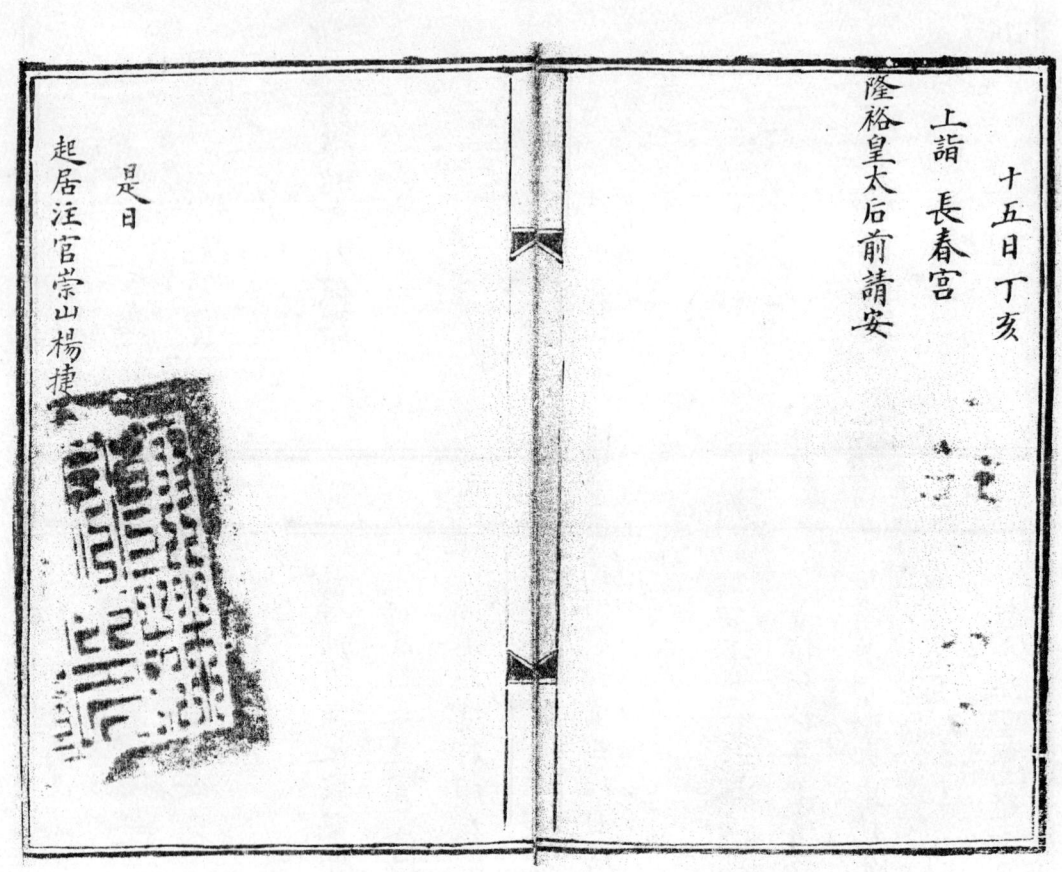

宣統二年歲次庚戌六月十六日戊子

上詣長春宮

隆裕皇太后前請安

內閣奉

諭旨鑲白旗漢軍副都統馮國璋現在百日孝滿著改

為署任照常當差

是日

起居注官延清李士鈐

十七日己丑

上詣長春宮

隆裕皇太后前請安

內閣奉

諭旨此次考取各省拔貢著於本月二十六二十七日

在保和殿覆試又奉

諭旨恩存現在穿孝其所管鑲紅旗漢軍都統著載瀛

署理

是日

起居注官世榮吳士鑑

十八日庚寅

上詣長春宮

隆裕皇太后前請安

內閣奉

諭旨籌辦海軍事務大臣貝勒載洵著充參預政務大

臣又奉

諭旨馮汝騤奏考察屬員賢否分别舉劾一摺江西饒
州府知府王祖同南安府同知請調廣信府同知明
良署萍鄉縣瀘溪縣知縣楊焜代理萬載縣補用知
州金沛田署贛縣補用知縣汪都良准補義甯州知
州許鳳藻既據該撫臚陳政蹟均著傳旨嘉獎廣信
府通判晏蔚琦玩視功令顢頇糊塗龍南縣知縣沈
錫綬權落家丁操守不謹署清江縣知縣葉培椿信
任官親家丁事皆懈弛試用知縣張宣中行止不謹
有玷官箴安遠縣板石司巡檢袁錫璋擅行戳差釀
案私和署大庾縣赤石司巡檢余蔭桐辦事敷衍鄱
陽縣典史姚樹藩疏懶無能餘干縣典史徐錫麟嗜
賭玩公均著即行革職德安縣知縣柴正衡要案延
不解勘監斃多名著開缺撤省聽候查辦署浮梁縣
星子縣知縣劉仁壽禁賭不力著摘去頂戴撤省察
看又片奏禁煙不力之署甯都州補用知縣王樹森
於該州私種煙苗未能禁拔迨委員蒞勘又不上緊
嚴辦著即行革職署永新縣試用知縣盛時賡先事
未能勸禁臨時剷拔幾釀聚衆抗拒之案著摘去頂
戴撤省察看卸署玉山縣試用知縣王慶大禁拔煙
苗不嚴產土較多著摘去頂戴停委三年蓮花廳同
知俞錫祉雖已拔盡惟產苗較多著撤任摘去頂戴
又片奏陸軍混成協馬隊第一營管帶副軍校江澄

清品行不端操守難信應發馬乾含混倒馬甚多二
標步隊第一營管帶縣丞職銜宣豪雄敷衍顢頇紀
律懈弛二標步隊第二營後隊隊官協軍校劉聲震
嗜賭偷安操課懈弛九江城守營守備劉國棟任性
妄為均著一併革職江澄清並著驅逐回籍交地方
官嚴加管束不准投効各省軍營該部知道

是日

起居注官錫鈞周爰諏

十九日辛卯

上詣 長春宮

隆裕皇太后前請安

內閣奉

諭旨本日引見陸軍貴胄學堂畢業考列上等之一等
男爵麟鈺著以二等侍衛用宗室世綱著以三等侍
衛用考列中等之恩騎尉尚久恩著以藍翎侍衛用

是日

起居注官景潤熊方燧

二十日壬辰

上詣　長春宮

隆裕皇太后前請安

內閣奉

諭旨鹿傳霖奏再陳久病情形仍請開去軍機大臣要差並續假兩箇月一摺覽奏情詞懇切實屬出於至誠惟朝廷倚任老成深資贊助著再賞假兩箇月並賞給人葠二兩俾資調攝所請開去軍機大臣差使之處仍毋庸議又奉

諭旨梁敦彥奏假期屆滿病仍未痊懇請開缺一摺外務部尚書梁敦彥著准其開缺俾得安心調理一俟病痊即行銷假當差又奉

諭旨外務部尚書兼會辦大臣著鄒嘉來補授胡惟德著轉補外務部左侍郎外務部右侍郎著曹汝霖補授劉玉麟著補授外務部右丞又奉

諭旨外務部左侍郎胡惟德著充稅務處幫辦大臣

是日

起居注官恩祥鄭沅

二十一日癸巳

上詣長春宮

隆裕皇太后前請安

是日

起居注官景禝汪鳳藻

二十二日甲午

上詣長春宮

隆裕皇太后前請安

內閣奉

諭旨加恩御前行走阿拉善親王塔旺布嚕克扎勒著

賞戴三眼花翎

是日

起居注官覺羅文華惲毓鼎

二十三日乙未

上詣　長春宮

隆裕皇太后前請安

是日

起居注官崇山許澤新

二十四日丙申

上詣　長春宮

隆裕皇太后前請安

内閣奉

諭旨禮部右參議著端緒署理又奉

諭旨增韞奏布政使顏鍾驥呈請開缺修墓據情代奏

一摺浙江布政使顏鍾驥著准其開缺又奉

諭旨山西歸綏道員缺著咸麟補授

是日

起居注官延清周克寬

二十五日丁酉
上詣　長春宮
隆裕皇太后前請安
內閣奉
諭旨各省舉行新政就地籌款如學堂巡警諸務原以本地方之財用辦本地方之公益而地方自治即以此為根基惟一省之中州縣貧富不同風氣亦異全在地方官酌度情形量力辦事察吏司諸督撫責成則在州縣為牧令者必當勤於理事通達民隱凡涉地方行政添籌捐款應於事前剴切曉諭集耆老子弟告以此事之所以然又善用士紳蒞之以嚴察則疑謗之端自少謠言無自而生即間有持強抗阻者核其情節擇尤懲治一二人公道既彰斷無激動衆憤之理蓋牧令得人而地方滋亂者未之有也乃聞不肖州縣平時上下隔絕於行政籌款等事不加體察委之地方紳董紳士之賢者或潔身引避不願與聞或亦熱心公益出力辦事而憑藉官勢不諒輿情甚或借端抑勒挾私自肥百姓以為厲己則怨讟叢生馴至布散謠言釀成事變究其原始僅由一二人之辦理不善而地方官實職其咎試問任用此地方官者督撫安所逃責耶嗣後各省督撫務當督同藩司慎選牧令為地擇人各道府於所轄州縣聲息相通見聞必確凡州縣官辦事不合即當據實稟報儻含糊徇隱則轄境有事一併參處如是則督撫慎選於先責成該管道府寄以耳目又或密加察訪諮諸輿論則於州縣官之賢否亦十得其八九矣豈待參劾於事後以為卸責之地耶今各督撫勞於行政亟於籌款而恆疏於察吏不知吏治不修則勞民傷財

亂端且從此起新政何由而行其各加意於茲斯為
綏靖地方之至計也將此通諭知之又奉
諭旨浙江布政使著吳引孫補授

是日
起居注官世榮楊捷三

二十六日戊戌
上詣 長春宮
隆裕皇太后前請安
內閣奉
諭旨朝廷設官分職所重惟廉考諸往古類皆訂有坐
贓專律貪人敗類久為法所不容誠以蠹國病民莫
此為甚也我朝仁厚開基一切務從寬大
欽頒大清律獨受贓一門制刑特重伏讀
列朝
聖訓復於懲戒貪墨迭次加嚴不少寬假仰見
執中定法具有深意存乎其間降及今日人心愈幻作弊
愈工寵賂官邪比比皆是或假新政為名肆行侵蝕
或以官缺為市巧試奸欺或夤緣薦引藉博高官或營
謀開復代陳冤抑似此廉隅之不飭非上虧國帑即

下刻民財儻非峻法相繩後患何堪設想亟宜申明
典章頒示中外嗣後著責成各部院堂官各直省督
撫加意嚴查遇有貪官污吏及辦理新政或承辦要
工人員查有吞款入己等弊務即羅列款目據實奏
參一面追贓一面按律從重治罪至奉旨查辦事件
內外大臣於交查案件有關贓款者必須秉公澈究
以期水落石出儻有聽徇寬縱情事一經發覺立予
嚴懲並著言路諸臣隨時嚴密訪查詳確糾參請旨
辦理總之形端而後表正大法乃能小廉凡自貴戚
以下及內外各大臣尤須敦品勵行整躬率屬以袪
痼習而正人心自此次申儆之後無論內外大小臣
工有犯必懲決不姑寬其各懔遵毋違用副朝廷激
濁揚清實事求是之至意將此通諭知之又奉
諭旨孫寶琦奏考核文武屬員據實舉劾一摺山東兗

沂曹濟道吳永前代理登萊青膠道余則達請調濟
南府知府黃曾源署武定府知府方桂芬請補臨清
直隸州知州金猷大歷城縣知縣張汝鈞署武城縣
本任鉅野縣知縣王延綸署陽信縣知縣倉永培卸
署高苑縣本任惠民縣知縣涂紹光署惠民縣知縣
廖以仁署蘭山縣本任臨邑縣知縣金檠桂既據該
撫臚陳政績著即傳旨嘉獎候補道蔣文懋統領巡
防各營軍心解體任性妄為不知檢束著革職永不
敘用登州府知府文淇勇於任事氣質稍偏著開缺
另補登州府同知鮑忠瀚舉止輕浮輿論不洽館陶
縣知縣陳毓崧辦事粗疏虧空公款章邱縣知縣董
燕性情疲軟不堪繁劇博興縣知縣王熾昌才識庸
闇難膺民社霑化縣知縣沈桐性情迂拘疏於聽斷
署郯城縣知縣韋宗渭任用子弟操守難信署棲霞

縣知縣瞿襄品行鄙陋物議沸騰候補知縣姚世傑
逢迎取巧遇事招搖候補知縣羅培鑾性情卑瑣不
知自愛管帶巡防營候補副將邱鎮榮浮而不實嘖
有煩言均著一併革職濮州營守備王光麟署桃源
營守備候補守備張金元均屬品行卑污嗜好未除
前管帶先鋒中營儘先千總康福奎性情貪詐劣跡
多端均著革職永不敘用又片奏萊陽縣知縣朱槐
之平日紳民互仇不能秉公處置以致結怨日深本年
聚衆二次惟知敷衍說和且於曲思文結黨陰謀毫
無覺察形同聾瞶海陽縣知縣方奎才本平庸不孚
民望於徵收錢糧搭配制錢銅元不知剴切曉諭致
激民變均著先行革職並將釀亂情形再行確查據
實具奏該部知道又奉
諭旨河南河北鎮總兵員缺著謝寶勝補授

軍機大臣欽奉
諭旨嗣後進呈講義諸臣輪應進講日期如遇患病均
准其具摺請假

是日
起居注官錫鈞李士鉁

二十七日己亥

上詣　長春宮
隆裕皇太后前請安

內閣奉
諭旨山東登州府知府員缺著光裕補授

是日禮部具奏七月初九等日各
忌辰遣官一摺奉
旨七月初九日
孝靜成皇后忌辰祭
慕東陵派溥霱行禮初十日
孝懿仁皇后忌辰祭
景陵派全榮行禮十七日
文宗顯皇帝忌辰祭
定陵派溥佶行禮二十五日
仁宗睿皇帝忌辰祭
昌陵派奎瑛行禮

又奏七月十五日中元祭各
陵遣官一摺奉
旨
永陵派廣珍行禮
福陵派隆譽行禮
昭陵派恩常行禮
昭西陵派全榮行禮
孝陵派意普行禮
孝東陵派壽全行禮
景陵派增培行禮
泰陵派溥霱行禮
泰東陵派奎瑛行禮

裕陵派溥元行禮
昌陵派溥閣行禮
昌西陵派廣壽行禮
慕陵派溥偉行禮
慕東陵派毓祥行禮
定陵派毓橚行禮
普祥峪
定東陵派毓橚行禮
菩陀峪
定東陵派毓橚行禮
惠陵派溥倬行禮
端慧皇太子園寢派溥多行禮
莊順皇貴妃園寢派溥偉行禮
又奏七月十五日中元祭

醇賢親王園寢遣官一摺奉
旨派懋林行禮
是日
起居注官景潤吳士鑑

二十八日庚子

上詣 長春宮

隆裕皇太后前請安 辰刻

詣 乾清宮

德宗景皇帝聖容前行禮畢

駕還養心殿

内閣奉

諭旨李經義等奏提督因病懇請開缺據情代奏一摺

貴州提督徐印川著准其開缺貴州提督著李寶書

補授又奉

諭旨聯魁奏府廳州縣興學考成分别舉劾一摺所有

實心興學之新疆焉耆府知府張銑署甯遠縣知縣

趙孟盤均著傳旨嘉奬其興學不力之烏什廳同知

方鋆候補直隸州知州開缺奇臺縣知縣楊方熾前

代理皮山縣知縣候補同知劉國福均著即行革職

鎮西廳同知袁運鴻著開缺另補餘著照所議辦理

該部知道

是日

起居注官恩祥周爰諏

二十九日辛丑

上詣　長春宮

隆裕皇太后前請安

内閣奉

諭旨貴州安義鎮總兵員缺著沈大鼇補授

是日

起居注官景祾熊方燧

宣統二年歲次庚戌七月初一日壬寅
上詣 長春宮
隆裕皇太后前請安
內閣奉
諭旨安徽提學使著吳同甲補授又奉
諭旨安徽布政使著玉山補授又奉
諭旨張人駿等奏署布政使提學使沈曾植因病懇請
開缺據情代奏一摺安徽署布政使提學使沈曾植
著准其開缺
是日
起居注官覺羅文華鄭沅

初二日癸卯
上詣 長春宮
隆裕皇太后前請安
內閣奉
諭旨浙江杭州府知府員缺緊要著該撫於通省知府
內揀員調補所遺員缺著楊兆麟補授又奉
諭旨杭州將軍瑞興著開缺又奉
諭旨安徽按察使著吳品珩補授又奉
諭旨湖北荊宜道員缺著卓孝復補授
軍機大臣欽奉
諭旨恭親王溥偉等奏請將成都將軍玉崑前奏參鑲
紅旗佐領長松等四員均照章改為革職永不敘用
一片著照所請該部知道餘依議

是日

起居注官崇山汪鳳藻

初三日甲辰

上詣長春宮

隆裕皇太后前請安

是日

起居注官延清惲毓鼎

初四日乙巳
上詣長春宮
隆裕皇太后前請安
內閣奉
諭旨錫良奏舉劾屬員一摺奉天候補道榮厚新民府知府管鳳龢調署奉天府黑龍江呼蘭府知府孟憲彝洮南府知府孫葆瑨本任興京府知府都林布署理興京府知府候補直隸州知州張鳳臺法庫廳同知吳瞻莪遼陽州知州史紀常安東縣知縣陳藝錦縣知縣郭進修鐵嶺縣知縣徐麟瑞署理西豐縣知縣賈耕既據該督臚陳政蹟均著傳旨嘉獎卸署昌圖府知府候補知府李延祜漢視要案罔恤民艱著以同知降補海龍府知府孫壽昌年力就衰學務廢弛著以原品休致前署興京廳同知候補知府廖柄樞相驗草率改選知縣魏敦詩經徵稅捐舞弊擾商均著即行革職揀選知縣楊錫寵卑鄙無恥仕途敗類著革職驅逐回籍交地方官嚴加管束鎮安縣知縣張霽才具平庸難期振作通化縣知縣慕昌治性情疲緩辦事竭蹶均著開缺回籍本溪縣知縣張錫鴻遇事畏葸迹近規避著開缺另補卸署東平縣知縣本任浙江孝豐縣知縣尹淮書役詐贓毫無覺察著開去本缺留奉另補卸署同江廳同知汪培源冊報朦混濫用私人著以府經歷降補餘著照所議辦理該部知道又奉
諭旨甯夏副都統著恒齡補授
是日
起居注官世榮許澤新

初五日丙午

上詣　長春宮

隆裕皇太后前請安

內閣奉

諭旨奉天奉天府知府員缺緊要著該督於通省知府內揀員調補所遺員缺著王順存補授又奉

諭旨杭州將軍著志銳補授

是日

起居注官錫鈞周克寬

初六日丁未

上詣　長春宮

隆裕皇太后前請安

是日

起居注官景潤楊捷三

初七日戊申

上詣　長春宮

隆裕皇太后前請安

内閣奉

諭旨直隸保定府知府員缺緊要著該督於通省知府

内揀員調補所遺員缺著閔荷生補授

是日

起居注官恩祥李士鉁

初八日己酉

上詣　長春宮

隆裕皇太后前請安

内閣奉

諭旨吳祿貞現在出差鑲紅旗蒙古副都統著達賚兼署

軍機大臣欽奉

諭旨禮部奏已故工部左侍郎順天學政何廷謙應否

准其入祀鄉賢祠一摺何廷謙著准其入祀鄉賢祠

是日

起居注官景禐吳士鑑

初九日庚戌

上詣　翊坤宮

隆裕皇太后前請安　辰刻

詣　毓慶宮

孝靜成皇后御容前行禮畢

駕還養心殿

內閣奉

諭旨農林要政前奉

先朝諭旨著各省督撫飭屬詳察所管地方官民荒田並氣候土宜限一年內繪圖造册報部並疊次飭令各省興辦工藝實業上年五月因時閱兩年奏報無幾復經飭部嚴催現又一年之久各省是否報齊辦理情形如何著農工商部察明覆奏

是日

起居注官覺羅文華周爰諏

初十日辛亥
上詣 翊坤宮
隆裕皇太后前請安
是日
起居注官崇山熊方燧

十一日壬子
上詣 翊坤宮
隆裕皇太后前請安
內閣奉
諭旨瑞澂奏查明貪劣不職各員分別糾參一摺湖北候補知府前署夏口廳同知馮筼衆怨沸騰難膺民社補用知府趙承康不知自愛有玷官箴均州知州劉名馨怨聲載道民視如仇准補隨州知州劉家怡貌似有才性貪而狡試用知縣金榮壽卑劣誕妄心術不端應山縣知縣王鴻卿才具庸下神志頹唐前署房縣知縣候補知縣廷啟殘酷濫刑辦事荒謬黃安縣知縣張晃沾染煙癖刻尚未除准補遠安縣知縣車雲好利忘義志趣猥鄙前署東陽縣知縣候補知縣楊鼎福玩視禁煙諱盜不報丁憂試用知縣傅士

修貪狎妄為不知檢束宜城縣知縣王金城舉止粗鄙行同市井漢川縣知縣何蔚紳貪鄙性成被控有案天門縣知縣張嘉晥鄙俗好利頗有貪名均著革職永不敘用前署興國州知州試用知縣汪文鈞偏執任意粗鄙無才崇陽縣知縣王公輔心地糊塗辦事竭蹶署竹山縣知縣本任鄖西縣知縣聶廣澤性情操切不知大體蘄水縣知縣徐培光闒茸無能公事曠廢前署黄岡縣知縣試用直隸州知州廖佩珣材識平庸不親民事通城縣知縣功釗人太闇懦事權旁落黄陂縣知縣董治勛貌似有才跡近庸滑應城縣知縣皮坤年力衰庸性鄙且狡均著即行革職江夏縣知縣楊壽昌操守尚佳性情惰緩准補光化縣知縣黎培質柔緩無能尚應歷練准補襄陽縣知縣薛炳善人近迂執首劇不宜鄖縣知縣邱炳萱性情

迂緩人尚安詳房縣知縣劉鴻熙材具太短難勝邊要准補穀城縣知縣陳漳性近闇懦人地不宜准補東湖縣知縣陸乃棠敷衍因循材難勝任均著開缺又奏叅教佐幕職及武職各片德安府經歷胡維祺性喜多事聲名甚劣江陵縣郝穴主簿謝鼎善於鑽營卑鄙無恥江夏縣金口巡檢楊濬人甚糊塗不能約束子弟鄖縣黄龍鎮巡檢鄭彬敢於為惡劣迹多端松滋縣磨盤巡檢李湘錡抗違功令禁煙廢弛署崇陽縣桂口巡檢陳銘新畏葸無能彈壓不力署興國州富池口巡檢鍾蕃信任門丁弄權舞弊竹山縣典史江國屏年老昏瞶難期振作鄖縣教諭阮泰蔭精力衰邁縱容子弟捐升通判江蘇候補州吏目丁炳南前在湖北臬幕招搖把持劣蹟種種湖南候補遊擊署永州鎮中營遊擊袁春亭不守營規行同市儈

均著即行革職餘著照所議辦理該部知道

是日

起居注官延清鄭沅

十二日癸丑

上詣 翊坤宮

隆裕皇太后前請安 辰刻

詣 建福宮

孝貞顯皇后御容前行禮畢

駕還養心殿

內閣奉

諭旨鑲黃旗蒙古都統總管內務府大臣增崇現在百日孝滿著改為署任照常當差又奉

諭旨龐鴻書奏特參庸劣不職各員一摺貴州署黎平府准補興義府知府劉大琮年衰性滑馭下不嚴截取同知吳錫珍性情粗率操守難信石阡府經歷馮德霖串差殃民娶索餽禮署錦屏鄉縣丞試用長官司吏目彭錫勳貪鄙無恥罔恤人言署綏陽縣訓導

試用訓導馮之俊行止卑汚被控有案均著即行革
職該部知道

是日

起居注官世榮汪鳳藻

十三日甲寅

上詣　翊坤宮

隆裕皇太后前請安

內閣奉

諭旨八月初七日祭

社稷壇遣載功恭代行禮又奉

諭旨意普等奏恭修

菩陀峪

定東陵

佛樓請派大臣勘估錢糧並開單繪圖呈覽一摺著派紹英

前往敬謹查勘又奉

諭旨盛宣懷著赴郵傳部右侍郎任並幫辦度支部幣

制事宜又奉

諭旨各省選舉優生著於七月二十三日在保和殿考

試又奉
硃諭郵傳部尚書著唐紹怡署理未到任以前著沈雲
沛暫行署理又奉
硃諭吳郁生著以侍郎候補毋庸在軍機大臣上學習
行走又奉
硃諭協辦大學士徐世昌著補授軍機大臣於明日預
備召見又奉
硃諭貝勒毓朗著補授軍機大臣又奉
硃諭大學士世續著開去軍機大臣專辦內閣事務
又奉
諭旨此次考取八旗及各直省拔貢生紹志世興穆印
春林高汝清王守銘戰殿臣郭廷桂劉潤民張訪陳
堂戴旭張作霖王元白方安墉李廣德王炳文朱振
譜蔣鐵珍張子瑞黃傳範管聯第魏儁成壽彤李芳

穎士晉孫鼎王漢端盧文炳王澤永賈治邦朱肇昇
朱煥奎東梟孫徐儴蔡壎江友升吳文璟陳鵬騫丁
受春朱柟方灼金星汪宏椿汪兆鸞張占鼇褚明柄
戴秉清張星照李平章易之門黃鴻圖吳愛棠王之
培彭蠡陸祖穀金賢賚王恩賜閻何杰金大年許甄
陸秉鈞許正衡王承吉王炳成來裕昌章滑朱襄黃
占梅李雲峰陳崇魯陳敬湯周祖頤黃懋謙阮樹棻
周運恭朱鑑徽劉壽祺謝懷霞吳鳳遷范伯才鄭玉
麟馮煥奎雷渝李崇範熊丙寅唐鏡海夏壽鈞胡家
猷崔廷彥陳延齡曹明詳王煥文杜愉湯原鏡王賡
彤楊士彥李鳳翔劉克昌王光楣李宗仁王澤同辛
長緯王洙昌嚴綬之閆開魯劉應昭楊謨顯陳觀韶
楊煦陳金綬郭象升馬庸中劉毓望劉炎白雲鵷容儒
王家珍王瓚張曦王運乾曾順熙彭洪陳兆鸞王彥

藻卯鴻翔楊益智李先敬曾淮曹經沅梁之柱郭燊
吳祖鑑陸榮鈞鄧金相洪翰石孟涵呂炳星秦昌濟李
受經甘德輝錢良驥劉盛垣謝毓枏俞之琨盧德璿
顧作賓張華棠胡祖同等一百四十九名著以七品
小京官分部學習立佩白其焯崇志董樾張時宗張
允升劉鳳翔張培原詹中張鶴浦郭壽祺蘇世楨馬
緒熙邊錫三梁體仁趙文富楊同霖楊培元姚得駿
俞明謙朱華年馬憲章張恪廉周寶善仇琛周志韓
朱晉麻殷源溥錢衡璋馮熙宇劉鴻恩詹其桂郭鍾
琦戴維松葉新滋盧文煥劉子敬熊元襄朱章斐鮑
實趙惟仁王壬庚徐邦俊歐陽蕃辛贊猷熊賡和程
日煊彭祖壽羅爍奎楊士髫戴廷祐張寅燮朱鴻基
項乃登童聚沂劉毓盤鄭紹鈞王家鼐黄開甲葉熙
方贊修史翰章李雲霄林耿光林朝英謝仰祖陳祖
蔭陳旃林迴瀾温贊堯李鈞楊存珣陳子元龍瑞萱
金煥模郭炳炎賀泰壽嚴恩露胡嗣墉王文錦鄧錫
奎葛均黄煥珪尹維楨譚錫爍張景濤張聲樹段績瑩
鄭業盛晏孝傳陳見禮劉文祥閻召棠李貽紳馬其
偉呂書田張紹軒王曾述賀景循袁成方何錫桐王
貴笙周襄李琪文李澄懷陳鼎王承訓劉葆珂張春
芳朱德存周雲霖楊兆庚丁建池李毓藻陳清芝武
國賓郭象伋宫重熙范杰王紹璟楊廷秀司秉篪彭
占元王相賢徐文永曹之鼎陳豫黄士俊景獻瑞張
文炳鄧晃劉乾唐樹勳鄔叙倫彭光坒虞書饒時中
范光烈毛書賢李明忠吳德溶李樹芳梁壽岷鄧穀
人鄒紹陽張炳瑚黎慶恩楊家鼐黎豫樟姜福年劉
祿坤周鈞濂關祝齡龍泰任王端鴻尹寶衡胡純熙
李炳元梁士模趙治天李金榮趙元問劉炳蔚陳祖

基王協中丁建中段世忠楊佩玉黃克修鄒佩瓏楊
國芬黃行修易貴謙許嘉珍周煥鎰胡吉卿等一百
七十六名著以知縣分省補用王鍾漢果敏桂清張
慶典謨爾根寶袁宗濂王翼廷周存培王炳堉程鏡
堂張琳馮肅寬劉桂芬李海清張執中王允成李應
時董敷江孫煥綸周鼎張振釗劉英孫晉詒梅鶴章
王俊清姜文傳韋聯棣莊啟傳汪廷沐唐元斌張榮
祖孫肇圻姚允中張琴姜德森徐晉呂寶鼎王楷祖
華維嶽曹尚峻黃衎棠鄧偉蔡吉士易振芬廖彬劉
文明朱欽賴行恕曾樹柯吳鴻鈞李政鈞程蔭穀萬
光復俞鑑澄任乃大陳寶鑾金猷琳丁華甘蔭棠張
宗獬張榮綬胡雲棠陳祖馨陳楫用童晃南黃毓清
歐經鳳吳孝恢陳章叡吳雨商張寶善林鎬周繼濂
魏廷楨周之冕周黻藻朱希雲方朝桓陳畬廖邦驊

鄭觀民文冠山易贊周陳曾注陳錕黃宗堅劉希曾
宮樹棠商建中林祖式胡緒祥袁康公劉永年黃奎
五楊賡良楊聯奎趙會雲李承訓賈毓鶚方作霖王
鳳藻王興能吳卓立任祖蔭陳榮義趙昌燮李兆豐
郭文愷劉殿傑杜若汀胡維藩趙玉璽趙步武胡文
炳溫懷璋程九鵬王慶雲董國璜牟士俊黃金鼎閻
士相李仲蓮張國鈞安應嵩郭自修王正銘蕭福臣
鄧明綱徐廷翊萬體乾謝櫺徐明熙李光熙王蜀瓚
唐玠文映江許肇櫺巫朝輔賀繼琛葉琮陳埁李世
霖謝澤袁朝佐任超治黎家驊沈傅林宋以梅梁秉
鈞胡樹芬司徒枚任元熙劉錫忠韋大用黃現兆劉
錦才何源慶龍鶴齡陸觀光周炳翰嚴泰信解永年
候應中徐曾祜朱嘉言陳嘉驥王煒才顏英賢楊粹
仁郭之翰胡祥樾繆爾綽何天衢方人鳳趙家鼎王

寶珩趙金聲蕭元傑等一百七十八名交與吏部詢問
願就京職者以八品錄事書記等官分部補用願就
外職者以直隸州州判按察司經歷鹽運司經歷三
項分省補用

是日
起居注官錫鈞惲毓鼎

十四日乙卯
上詣
翊坤宮
隆裕皇太后前請安
內閣奉
諭旨軍機大臣貝勒毓朗差務較繁著開去步軍統領
差使步軍統領著烏珍兼署又奉
諭旨軍機大臣貝勒毓朗差務較繁著開去專司訓練
禁衛軍大臣差使又奉
諭旨汪大燮現在出差郵傳部左侍郎著沈雲沛署理
仍著暫行兼署郵傳部尚書李焜瀛毋庸署理郵傳
部左侍郎

是日
起居注官景潤許澤新

十五日丙辰

上詣 翊坤宮

隆裕皇太后前請安

內閣奉

諭旨張人駿朱家寶電奏皖南五月下旬連日大雨南陵等縣圩堤潰決淹田二十餘萬畝六月下旬又猛雨三晝夜宿州靈壁等屬田屋糧食均遭漂没饑莩載道災情甚重請賞發帑項以濟災黎等語覽奏殊深憫惻著賞給帑銀四萬兩由度支部發給著該督撫派委妥員查明災區妥實散放毋任失所又奉

諭旨吉林東南路道員缺著郭宗熙補授東北路道員缺著王瑚補授又奉

諭旨湖南勸業道員缺著王曾綬補授

是日

起居注官恩祥周克寬

宣統二年歲次庚戌七月十六日丁巳

上詣　翊坤宫

隆裕皇太后前請安

內閣奉

諭旨法部會奏編輯秋審條款告成繕單呈覽一摺秋審條款一書本與行律相輔而行現行刑律業經詳加修訂飭令刊印成書頒行京外所有秋審條款自應按照現行刑律妥速釐正免致紛歧兹據法部會同修訂法律大臣奏稱編輯告竣共訂定爲一百六十五條加具按語進呈朕詳細披覽尚屬周妥著即與現行刑律一律頒行新刑律未經實行以前凡有應歸入秋審核辦案件均即遵照此次所定條款悉心擬勘毋得少有出入以昭畫一而利推行又奉

諭旨聯芳奏因病懇請開缺一摺荆州將軍聯芳著賞假一箇月毋庸開缺

是日

起居注官景褑楊捷三

十七日戊午

上詣　翊坤宮

隆裕皇太后前請安　辰刻

詣　乾清宮

文宗顯皇帝聖容前行禮畢

駕還養心殿

是日

起居注官覺羅文華李士鉁

十八日己未

上詣　翊坤宮

隆裕皇太后前請安

內閣奉

諭旨署甘肅提學使陳曾佑著開去提學使署缺以道

員發往陝西差遣委用欽此又奉

諭旨甘肅提學使著俞明震署理欽此又奉

諭旨雲南提學使著葉爾愷補授

是日禮部奏八月初六日祭

先師孔子廟遣官一摺奉

旨派善耆行禮

四配派李殿林唐景崇廷杰溥頲

十二哲及兩廡派于式枚林紹年陳邦瑞郭曾炘寶

熙王垿各分獻同日祭

崇聖祠派世續行禮配位及兩廡派麒德瑞豐毓隆陳
寶琛各分獻
又奏八月初四日祭
文昌帝君廟等處遣官一摺奉
旨八月初四日祭
文昌帝君廟派訥勒赫行禮後殿派景厚行禮初五日祭
昭忠祠派德茂同日祭
雙忠祠派恩輝同日祭
獎忠祠派錫明同日祭
褒忠祠派希璋十五日祭
關聖帝君廟派魁斌行禮後殿派郭曾炘行禮
又奏八月初九等日各
忌辰遣官一摺奉
旨八月初九日
太宗文皇帝忌辰祭
昭陵派隆譽行禮十一日
太祖高皇帝忌辰祭
福陵派恩棠行禮二十三日
世宗憲皇帝忌辰祭
泰陵派溥霱行禮
又奏八月十九日
端敬皇后忌辰遣官奏聞一摺奉
旨知道了
是日
起居注官崇山吳士鑑

十九日庚申

上詣 翊坤宮

隆裕皇太后前請安

内閣奉

諭旨張鳴岐奏考察屬員據實舉劾一摺廣西署思恩府事補用知府余炳忠署南甯府事試用知府廖廷銓署龍州同知請補歸順直隸州知州周易署富川縣事揀發知縣修承浩署永安州事揀發知縣操持署蒼梧縣事正任龍州同知金開祥署融縣事正任貴縣知縣張禮幹署東蘭州事補用知縣陳廷傑署賓州事正任河池州知州馬振濱代理桂平縣事試用縣丞劉錫綸署貴縣事正任隆安縣知縣林枚署隆安縣事補用知縣周光宇署甯明州事補用知州夏觀天署鎮邊縣事補用知縣許克襄既據該撫臚陳政蹟均著傳旨嘉獎奏留補用道莊藴寬前充兵備處兼參謀教練處總辦經手款項多未報銷現在請假回籍延不來省著暫行革職勒令回省清理經手事件前署融縣事揀發知縣曾憲勳疏脫罪犯報多不實前署榜墟司巡檢試用府經歷姚傳驥擅受濫刑婪贓有據前署武宣縣典史試用府經歷楊景臺串通劣紳演戲開賭沙子縣丞唐烈結交濫棍包賭擅受前署秦川司巡檢試用縣丞黃之華違例受詞傳押被告致令畏罪自盡前署潞城司巡檢試用縣丞高夔光縱子縱役索擾鄉民請補長安鎮巡檢王步洲志卑量褊昌言年利前署容縣典史試用從九品汪敬收受贓銀均著即行革職曾憲勳姚傳驥黃之華汪敬並著歸案察辦署陸川縣事補用知縣郭炳元失察户書浮收税契著交部議處又片奏署崇

善縣事試用知縣謝崇光徵收税契加索小費並在
縣署創設待質所規避四種册報於命債等案人證
任意拘押民怨繁興等語謝崇光著即行革職餘著
照所議辦理該部知道又奉
諭旨軍機大臣呈遞開缺江西提學使浙路總理湯壽
潛來電據稱盛宣懷為蘇浙路罪魁禍首不應令其
回任請收回成命或調離路事以謝天下等語措詞
諸多荒謬狂悖已極朝廷用人自有權衡豈容率意
妄陳無非為藉此脱卸路事自博美名故作危詞以
聳聽其用心詭譎尤不可問湯壽潛著即行革職不准干
預路事以為沽名釣譽巧於趨避者戒
是日
起居注官延清周爰諏

二十日辛酉
上詣 翊坤宮
隆裕皇太后前請安
內閣奉
諭旨山東萊陽海陽兩縣匪徒滋鬧一案前經諭令陳
夔龍派員詳查具奏茲據查明覆稱萊陽則由紳民
相仇積怨生變曲士文刦殺官兵圍困城池實屬罪
不容誅海陽則因徵收錢糧搭配銅元制錢前後兩
歧致釀重案均係地方官辦理不善所致孫寶琦派兵
彈壓實出於萬不得已等語所有此次辦理不善之
萊陽縣知縣朱槐之海陽縣知縣方奎業經孫寶琦
奏參革職並將登州府知府文淇開缺另補萊陽一
案半由紳董斂怨而起自應擇尤懲辦曲士文與其
弟曲桂舟均非善類曲士文尤為此案罪魁著孫寶

琦責成營縣嚴拏務獲按律懲辦一面飭由地方官
親赴各鄉明白曉諭務釋羣疑海陽此次首犯一併
擇要拏辦其餘兩邑被脅愚民概不得少有株連免
致無辜受累餘著孫寶琦按照所奏體察情形分別
妥籌辦理以靖地方又奉
諭旨科布多辦事大臣著忠瑞補授

是日

起居注官世榮熊方燧

二十一日壬戌

上詣　翊坤宮
隆裕皇太后前請安

內閣奉
諭旨法部奏請改補現任按察使為提法使一摺前奉
先朝明諭預備憲政本年為改簡各省提法使之期除東
三省湖北業經改設外所有直隸提法使著齊耀琳
補授江蘇提法使著左孝同補授安徽提法使著吳
品珩補授山東提法使著胡建樞補授山西提法使
著王慶平補授河南提法使著惠森補授陝西提法
使著錫桐補授甘肅提法使著陳燦補授福建提法
使著鹿學良補授浙江提法使著李傳元補授江西
提法使著陶大均補授湖南提法使著周儒臣補授
四川提法使著江毓昌補授廣東提法使著俞鍾穎

補授廣西提法使著王芝祥補授雲南提法使著秦樹聲補授貴州提法使著文徵補授其各省道員有兼按察使銜者均著改為兼提法使銜欽此

諭旨甘肅新疆巡撫著何彥昇補授欽此

諭旨甘肅新疆巡撫聯魁著開缺來京另候簡用

是日

起居注官錫鈞鄭沅

二十二日癸亥

上詣翊坤宮

隆裕皇太后前請安

內閣奉

諭旨甘肅布政使著陳爍補授欽此

諭旨甘肅提法使著劉穀孫補授

是日

起居注官景潤汪鳳藻

二十三日甲子
上詣　翊坤宮
隆裕皇太后前請安
內閣奉
諭旨黑龍江提學使張建勳著留任又奉
諭旨江西提法使著文炳補授又奉
諭旨大學士鹿傳霖忠清亮直剛正不阿由翰林改官
知縣受
先朝特達之知迭膺疆寄洊陟兼圻實心任事不辭勞怨
規畫要政慮遠思深所至吏畏民懷成效卓著前以
率師入衛扈蹕
兩宮定計決疑厥功甚偉擢任正卿進參機務協贊綸扉
朕御極後眷顧老成優加倚任授為大學士遞加太
子太保銜歷中外五十餘年一事不苟一語不欺
公而忘私始終如一入直樞廷為時最久竭誠盡瘁
贊助尤多前因患病請開要差疊次賞假並屢次賞
給人葠方冀早日就痊長資輔弼遽聞溘逝悼惜殊
深際茲時事多艱耆舊彫零倍增悽惻著賞給陀羅
經被派貝勒載潤帶領侍衛十員即日前往奠醊並
賜祭一壇加恩予諡晉贈太保照大學士例賜卹入
祀賢良祠賞銀三千兩治喪由廣儲司給發任內一
切處分悉予開復應得卹典該衙門察例具奏靈柩
回籍時沿途地方官妥為照料伊子軍機處存記江
蘇補用道鹿瀞理著以四品京堂候補伊孫一品廕
生鹿學槃著賞給郎中分部補用用示朕篤念藎臣
至意又奉
諭旨著派奎俊承修
崇陵第四段工程

起居注官恩祥惲毓鼎

是日

二十四日乙丑

上詣　翊坤宮

隆裕皇太后前請安

内閣奉

諭旨直隸交涉使著王克敏試署江蘇交涉使著汪嘉棠試署湖北交涉使著熊希齡試署廣東交涉使著李清芬補授福建交涉使著吴錡試署又奉

諭旨湖廣總督瑞澂加恩著在紫禁城内騎馬又奉

諭旨湖南岳常澧道員缺著吴筠孫補授又奉

諭旨江西廣饒九南道員缺著保恆補授又奉

諭旨出使奥國大臣著沈瑞麟補授又奉

諭旨劉玉麟現在出差外務部右丞著施肇基署理又奉

諭旨著派大學士陸潤庠充禁煙大臣

是日

起居注官景禐許澤新

二十五日丙寅

上詣　翊坤宮

隆裕皇太后前請安

內閣奉

諭旨著派徐世昌充

實錄館正總裁又奉

諭旨世續著充國史館總裁又奉

諭旨安徽皖南道員缺著趙上達補授

是日

起居注官覺羅文華周克寬

二十六日丁卯

上詣　翊坤宮

隆裕皇太后前請安

是日

起居注官崇山楊捷三

二十七日戊辰

上詣　翊坤宮

隆裕皇太后前請安

內閣奉

諭旨成都副都統鍾靈因病奏請開缺一摺鍾靈著准

其開缺又奉

諭旨奎煥著調補成都副都統所遺鑲藍旗漢軍副都

統著占鳳補授

是日

起居注官延清李士鉁

二十八日己巳

上詣　翊坤宫

隆裕皇太后前請安

是日

起居注官世榮吴士鑑

二十九日庚午

上詣　翊坤宫

隆裕皇太后前請安

內閣奉

諭旨四川巡警道員缺着周肇祥補授又奉

諭旨塔爾巴哈台領隊大臣着額勒渾暫行兼署

是日

起居注官錫鈞周爰諏

三十月辛未

上詣　翊坤宮

隆裕皇太后前請安

是日

起居注官景潤熊方燧

宣統二年歲次庚戌八月初一日壬申

上詣　翊坤宮

隆裕皇太后前請安

是日

起居注官恩祥鄭沅

初二日癸酉

上詣　翊坤宮

隆裕皇太后前請安

内閣奉

諭旨清鋭奏因病懇請開缺回旗調理一摺江甯將軍

清鋭著准其開缺回旗調理

是日

起居注官景褑惲毓鼎

初三日甲戌

上詣　翊坤宮

隆裕皇太后前請安

內閣奉

諭旨廣東南韶連鎮總兵員缺著楊忠義補授

是日

起居注官覺羅文華許澤新

初四日乙亥

上詣　翊坤宮

隆裕皇太后前請安

內閣奉

諭旨前任察哈爾副都統魁福由披甲從征江南湖北山東直隸山西陝西甘肅新疆等省曾著勞績賞給訥恩登額巴圖魯名號洊升副都統前因患病准其開缺茲聞溘逝軫惜殊深加恩著照副都統例賜卹任內一切處分悉予開復應得卹典該衙門查例具

奏又奉

諭旨江甯將軍著鐵良補授

是日

起居注官崇山周克寬

初五日丙子

上詣　翊坤宮

隆裕皇太后前請安

內閣奉

諭旨吏部奏道員迴避姻親請旨簡調一摺吳筠孫著

調補湖北荊宜道湖南岳常澧道著卓孝復調補

又奉

諭旨本日引見之法部候補主事貴胄學堂畢業生劉

祖蘭著以陸軍正軍校用

是日

起居注官延清楊捷三

初六日丁丑

上詣　翊坤宮

隆裕皇太后前請安

軍機大臣欽奉

諭旨都察院代奏雲南京官吳炯等以已故湖北提督

夏毓秀戰功卓著懇恩予謚呈一件夏毓秀著加恩

准其予謚該衙門知道

是日

起居注官世榮李士鉁

初七日戊寅

上詣　翊坤宮

隆裕皇太后前請安

內閣奉

諭旨度支部奏請　簡奉天清理財政正監理官一摺奉天候補道榮厚著賞加四品卿銜充奉天清理財政正監理官

是日

起居注官錫鈞吴士鑑

初八日己卯

上詣　翊坤宮

隆裕皇太后前請安

是日禮部奏奉

旨八月二十一日祭

夕月壇派載功行禮從壇派瑞良分獻同日祭

黑龍潭派曾廣鑾行禮同日祭

玉泉山派富康行禮同日祭

白龍潭派世榕行禮同日祭

昆明湖派繼祿行禮

又奏八月二十二日祭

賢良祠派榮塾同日祭

旌勇祠派札克丹

又奏八月二十四日祭

顯忠祠派延秀
又奏八月二十六日祭
表忠祠派承蔭
是日
起居注官景潤周爰諏

初九日庚辰
上詣　翊坤宮
隆裕皇太后前請安
內閣奉
諭旨此次朝考錄取優生考列一等之劉道鏗江椿余
肇湘范惲桂來壯濤王貴昌歐陽蘇張著謙張言昌
汪鳴璋陳心源何沅梁家駿嚴寅旭褚廣瀛謝世崇
劉世衡阮其沅張錦書楊德培張德潤周鴻襄劉述
堯張在田葛昌楣黃寶麟王學庸巢功常趙因培朱
馳範邢殿元張福臻任曜楯宋梓董贊垣均著以七
品小京官分部學習胡溶張炳邦黎溥湯肇曾楊祥
鳳洪澧鄧毓怡龐士俊郭壽翼徐秉衡崔蘊瑛游昌
甲郭萬英朱樹勳何恩湛易象離孔慶諴王仁溥林
适周積墉李聯烋朱名焯林紱廷臧鼎祥馬良翰許

樾李桂一馮名燦費廷璜汪炳猷唐藩劉家彪周登善王春奎宋敬臣劉榮椿張澍棠王耀奎甘權冉光咸涂同軌姚百琴鄧廷芭鄧士元丁惟音許翼紀澤蒲唐毅曾魯達張問節張效翰樂鳴盛樊顯緒闞毓岷孫大鵬賈其元李光焱江震鼇吳文瀾楊仲芹謝海鰲陳寅亮劉寶廉高壽恆黃鳳翩何寶琦趙士鵬陸祺劉樹人林心恪蕭雲亭吳晉福鄭鍾琪彭承芑郭青焦汝霖吳丹朱毓駿秦一臣韓品三阮性傳涂慶澍方松年陳鍾瑜張樹德劉維藩劉延祺田澤勳孫乃祥王炳頤盛同枝謝驤墀戈寶森馮曦李芳蔡郕孫翰儒褚士億李永庚張勝懿高登甲江志鴻誠勤吳學海王景沂盧維嶽李國華車之鑑江祖芭榮璸均著以知縣分省補用取列二等之劉僧晉譚善述王曦葵何鳳閣曹振勳李鵾林陶文觀陳鼎亨王業昌黎錦文孫培升王藻彭振聲劉翼經張賜康辛為梁羅綱程明棟旭朝李端蓀李自辰陳執戣王中李拔超張蔭棠童魁楓鍾煥光余憎劉淦丁元鼎劉茂寅全祺周恩緒楊瑞芊劉炳辰金兆鵬陳煥文朱鄂基得培孟鳴皋郭曾量周仲庠魯鼎祺鄭人瑞余炳臣吳含章裕燕王式訓潘金城謝潤鴻葉玉森楊懋卿趙鎮蕭瑞輯葉士仁李清來王殿璋陳濬祖林崧磐舒耀南邱以謙雷演雲牟圻金品黃蔣登第張之漢孫方鑄金璧劉覲光陳獻斌劉景向李鴻奇程功偉徐文瀾周承烈張敬業徐讓鄭業琨穆錫侯袁仲峘歐陽健姚文壇黃書球龔士煜袁文修周家騆吳宗慈李景漢趙汝楠趙鴻書康世華包文心甘德方嵩勳章友文李玉華鄭蕤淦琦楊鑑塘周德鎏田榮先王汝鄉和渭清趙雲椿施國樑況正陽馬服麒

陳昌壬海鵬運楊得春劉桓湘王麟閣劉成章游明
徵杜和聲雷德基鄭崇賡李鵠聲魏謙光扎拉豐額
劉培極張樹梅溫敦書姜起磻王紹周劉澤林李鍾
元鍾聲鏊朱邦彥羅讓廉張超宗徐臣翼劉鈺劉元
丞沈誦清任丕振鄒言揚戴裕忱王自禹王永清李
賡濂黃錫祺李如璋初兆聲楊祖蔭連承基馮芙昌
張晉周家穀粟和聲傅良弼姚東均湛復旦鄧家瑆
趙之藩呂欽臣李鴻毅盧濬思馮齡延丁布知黃祖
勳楊文燦席毓棠黃展雲趙紹芹葉春城邵作榮漆
會梓楊光錫均著以鹽運司經歷散州州判府經歷
縣丞分省補用

是日

起居注官恩祥熊方燧

初十日辛巳

上詣 翊坤宮

隆裕皇太后前請安

是日

起居注官景禝鄭沅

十一日壬午

上詣　翊坤宫

隆裕皇太后前請安

内閣奉

諭旨雲南迤西道員缺著耿葆煃試署

是日

起居注官覺羅文華惲毓鼎

十二日癸未

上詣　翊坤宫

隆裕皇太后前請安

内閣奉

諭旨沈家本著充資政院副總裁又奉

諭旨雲南楚雄府知府員缺著宋聯奎補授

是日

起居注官崇山許澤新

十三日甲申

上詣　翊坤宫
隆裕皇太后前請安

内閣奉
諭旨廣西右江道員缺著歐陽中鵠補授

是日
起居注官延清周克寬

十四日乙酉

上詣　翊坤宫
隆裕皇太后前請安

内閣奉
諭旨外務部右丞著施肇基補授又奉
諭旨出使英國大臣著劉玉麟補授又奉
諭旨山東提學使著陳榮昌補授又奉
諭旨廣西桂林府知府員缺緊要著該撫於通省知府内揀員調補所遺員缺著舒志補授

是日
起居注官世榮楊捷三

十五日丙戌

上詣　翊坤宮

隆裕皇太后前請安

是日

起居注官錫鈞李士鉁

宣統二年歲次庚戌八月十六日丁亥

上詣翊坤宮

隆裕皇太后前請安

是日

起居注官景潤吳士鑑

十七日戊子

上詣翊坤宮

隆裕皇太后前請安

内閣奉

諭旨荆州將軍聯芳因病奏請開缺一摺聯芳著准其

開缺

是日

起居注官恩祥周爰諏

十八日己丑
上詣 翊坤宮
隆裕皇太后前請安
内閣奉
諭旨大學堂總監督著柯劭忞暫行署理又奉
諭旨奉天交涉使著韓國鈞補授奉天勸業道著趙鴻
猷補授又奉
諭旨荆州將軍著鳳山補授又奉
諭旨黑龍江民政使著趙淵補授又奉
諭旨禮部奏雲南壽婦潘程氏年一百二十一歲五世
同堂應如何優加賞賚聲明請旨一摺潘程氏兩周
花甲五世同堂洵屬熙朝人瑞著照例旌表賞給銀
十兩緞一疋並於例賞建坊銀兩外加恩多賞兩倍
再行加賞御書匾額一方用示優異又奉
諭旨前據御史趙炳麟奏吏部挖改檔冊聽人賄買難
蔭冒名承襲等語當經諭令廷杰林紹年確查茲據
查明奏稱訊據黃啟捷供稱勾通金店轉託書吏關
説吏部司員賄買難蔭知縣屬實並訊明吏部司員
等各供認舞弊得贓不諱朝廷懲戒貪墨定例綦嚴
豈容有不肖之徒以官為市似此肆行賄串實屬毫
無顧忌未便姑容自應按律問擬所有此案賄買過
贓受財枉法之已革湖南試用巡檢黃啟捷即黃祖
詒已革候選布政司經歷黃德琨已革吏部筆帖式
瑞至奎徵已革吏部員外郎王憲章均依所擬著絞
監候秋後處決吏部筆帖式文海隆惠著革去筆帖
式一併絞監候秋後處決已革書吏李廷楷即李春
泉三益興夥友王祿昌情節稍輕均依所擬分別流
徒吏部筆帖式寶慶希圖爲布代寫蔭冊除照章處

罰外仍交都察院照例議處吏部郎中劉華主事隋
勤禮雖不知情惟並不調查册卷隨同畫押非尋常
疏忽可比均著交都察院嚴加議處吏部員外郎毓
麟主事梁德懋筆帖式郭永泰國頊麟祐均有考核
稽查之責於其中情弊漫不加察著一併交都察院
照例議處吏部郎中榮厚李坦員外郎黄允中主事
王潤城施堯章均失於覺察著交都察院照例察議
吏部堂官於所屬各員貪贜枉法事前既疏於防範
臨事又毫無覺察吏部丞參各官不能實力稽察亦
有應得之咎均著交都察院分别議處以示懲儆餘
著照所議辦理該衙門知道
是日
起居注官景灃熊方燧

十九日庚寅
上詣　翊坤宮
隆裕皇太后前請安
内閣奉
諭旨鑲黄旗漢軍都統著載瀛補授仍兼署鑲紅旗漢
軍都統
是日
起居注官覺羅文華鄭沅

二十日辛卯

上詣　翊坤宮

隆裕皇太后前請安

內閣奉

諭旨江南鹽巡道員缺著徐乃昌補授

是日

起居注官崇山惲毓鼎

二十一日壬辰

上詣　翊坤宮

隆裕皇太后前請安

是日

起居注官延清許澤新

二十二日癸巳

上詣　翊坤宮

隆裕皇太后前請安

是日

起居注官世榮周克寬

二十三日甲午

上詣　翊坤宮

隆裕皇太后前請安

内閣奉

諭旨軍諮處奏整頓畿輔陸軍各鎮一摺據稱整飭軍政當以劃一教育嚴肅紀律為本等語所奏不為無見所有近畿陸軍第一第二第三第四第五第六各鎮均著歸陸軍部直接管轄其近畿督練公所著即裁撤第三第五兩鎮仍在東三省山東照舊駐紮第二第四兩鎮毋庸歸直隸訓練仍在直隸駐紮遇有調遣准由該督撫等電商軍諮處陸軍部請旨辦理現在朝廷講求武備力圖整頓署陸軍部尚書廕昌於軍事歷練有年應即破除積習認真辦理毋負委任餘照所請該衙門知道又奉

諭旨督辦鹽政大臣會奏請將四川鹽茶道改為鹽運
使等語四川鹽茶道著改為鹽運使所有川省茶務
著劃歸勸業道管理該衙門知道又奉
諭旨奉天鹽運使員缺著熊希齡調補又奉
諭旨四川鹽運使員缺著尹良試署

是日
起居注官錫鈞楊捷三

二十四日乙未
上詣 翊坤宮
隆裕皇太后前請安
內閣奉
諭旨河南布政使朱壽鏞著開缺王乃徵著調補河南
布政使又奉
諭旨湖北布政使著高凌霨補授又奉
諭旨湖北交涉使著施炳燮試署又奉
諭旨禁煙一事禁吸尤要於禁種各省督撫希圖邀功
急於禁種禁運而疏於禁吸已屬非是前飭度支部
派員密查茲據查明覆奏各省於禁種亦不免粉飾
即如吉林黑龍江河南山西福建廣西雲南新疆等
省均經奏報一律清除其實並未淨盡各該督撫失
察及奏報錯誤殊難辭咎均著交部議處其山西吉

林雲南等省從前保案均著撤銷以示儆戒嗣後各
省務當仰體朕意分別緩急嚴加查禁總期吸煙日
少痼疾湔除庶為正本清源之計其限期內一切善
後事宜著度支部會同民政部土藥統稅大臣通盤
籌畫妥定辦法奏明請旨辦理

是日

起居注官景潤李士鈐

二十五日丙申

上詣翊坤宮

隆裕皇太后前請安

內閣奉

諭旨徐世昌著授為大學士李殿林著以吏部尚書協
辦大學士又奉

諭旨湖北提學使著王壽彭補授

是日

起居注官恩祥吳士鑑

二十六日丁酉

上詣　翊坤宮

隆裕皇太后前請安

内閣奉

諭旨楊文鼎奏特參庸劣不職各員一摺湖南署桃花坪通判大挑知縣王文臣屢被控告聲名甚劣署會同縣知縣大挑知縣蔣亮熙操切任性物議沸騰前署龍山縣知縣試用知縣盛弼事多廢弛禁煙不力署道州知州正任湘潭縣知縣杜鼎元顢頇粗率不洽輿情靖州直隸州州判郝國忠收受賭規聲名頗劣巴陵縣主簿張四維辦事疏忽署巴陵縣典史按司獄陸永昌管獄不慎平江縣典史劉輝廷性嗜賭博長谿縣黃溪司巡檢王之賓收受規費不知檢束均著即行革職調署興寗縣本任湘陰縣知縣李光卓年力就衰人尚謹飭調署嘉禾縣正任清泉縣知縣魯藩事理欠明措施亦未妥協益陽縣知縣恭正性情迂拘難勝繁劇署益陽縣知縣正任長谿縣知縣王紹鈞辦事疲輭不知振奮均著開缺又片奏在任候補道寶慶府知府潘清精力衰邁難期振作等語潘清著開缺以原品休致餘著照所議辦理該部知道又奉

諭旨湖南長沙府知府員缺緊要著該撫於通省知府内揀員調補所遺員缺著劉華補授

是日

起居注官景褑周爰諏

二十七日戊戌

上詣　翊坤宮

隆裕皇太后前請安

內閣奉

諭旨陸潤庠著充東閣大學士徐世昌著充體仁閣大學士又奉

諭旨安徽布政使著連甲補授又奉

諭旨度支部奏關道玩誤要款據實糾參一摺蔡乃煌於辦理款項罔利營私居心狡詐不顧大局著先行革職並著張人駿程德全飭令該革道將經手款項勒限兩箇月悉數繳清儻逾限不繳再行從嚴參辦

又奉

諭旨江蘇蘇松太道員缺著劉燕翼調補林景賢著補授江蘇常鎮通海道又奉

諭旨順天府奏援案請賞米石各摺片現在節近寒令近畿一帶貧民生計維艱所有朝陽安定西直等門外三處粥廠共恩賞粟米一千二百石藍靛廠粥廠恩賞粟米三百石資善堂煖廠恩賞粟米三百石同仁粥廠恩賞粟米三百石廣仁堂恩賞粟米三百石敬節會善堂恩賞粟米一百五十石均著加恩賞給由順天府具領發交各該處員紳妥為散放仍著俟各處教養局開辦後另行變通辦理王恕園等處粥廠業已改設教養局習藝所所有米石仍著照案賞給以惠窮黎

是日

起居注官覺羅文華熊方燧

二十八日己亥

上詣　翊坤宮

隆裕皇太后前請安

軍機大臣欽奉

諭旨壽勳鳳山奏近畿陸軍第一鎮校閲著有成效出力各員照章擬奬繕單呈覽一摺著該衙門議奏又奏署統制官提督銜甘肅河州鎮總兵何宗蓮等請從優鼓勵一片何宗蓮容賢均著交部議敘又奏現署第三鎮統制官前第一鎮協統領官儘先補用副將曹錕請免補副將以總兵記名一片曹錕著免補副將以總兵記名簡放又奏二品銜陸軍正參領盧靜遠請賞換副都統銜一片盧靜遠著賞換副都統銜單併發

是日禮部奏九月十一日祭

都城隍廟派德茂行禮同日奏十五日祭

歷代帝王廟派訥勒赫行禮兩廡派瑞良達壽麒德那晋各分獻

是日

起居注官崇山鄭沅

二十九日庚子

上詣翊坤宮

隆裕皇太后前請安

是日

起居注官延清惲毓鼎

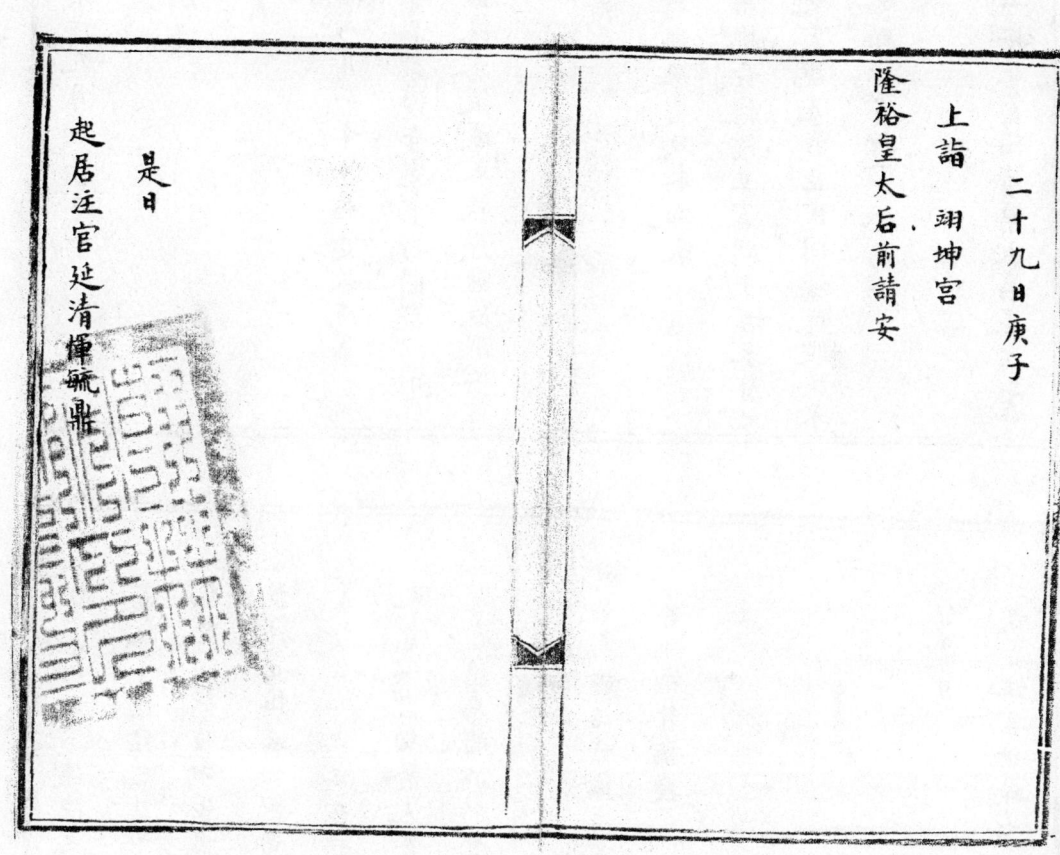

宣統二年歲次庚戌九月初一日辛丑

上詣　翊坤宮

隆裕皇太后前請安

內閣奉

諭旨前經降旨以本年八月二十日為資政院第一次召集之期爾議員等各能遵守定章將開院以前應有事宜妥行準備茲據奏報成立秩序謹嚴朕心實深嘉悅欽惟我兼祧

皇考德宗景皇帝慨念時艱深思政本仰承

慈訓俯順人情毅然宣布德音豫備立憲開千古未有之創局定百世不易之宏規凡我臣民同深悅服朕承

先朝付託之重御極伊始即以實行憲政為繼

志述

事之大端迭諭內外臣工按照籌備清單次第舉辦而資政院為上下議院之基礎尤為立憲政體之精神經畫數年規模已具中外觀聽咸在於茲今當開院會集之初朕特命軍機大臣暨參預政務大臣將各項案件妥慎籌擬照章交議爾議員等其各泯除成見奮發公心上為朝廷竭協贊之忠下為民庶盡代議之責彌宏功於未竟垂令範於將來朕與億兆臣民實嘉賴焉將此特諭知之又奉

諭旨黑龍江呼倫道員缺著宋小濂補授瑷琿道員缺著姚福升補授

是日

起居注官世榮許澤新

初二日壬寅

上詣 翊坤宮

隆裕皇太后前請安

内閣奉

諭旨調署伊犂副都統兼塔爾巴哈台參贊大臣科布多辦事大臣錫恒由内務府司員外任道員受先朝特達之知擢授科布多辦事大臣到任數年於一切創辦事宜慘淡經營規模畢具保障邊疆正資得力乃以積勞成疾遽爾溘逝軫惜殊深加恩著照都統例賜卹任内一切處分悉予開復應得卹典該衙門察例具奏賞銀一千兩由廣儲司給發准其入城治喪靈柩回旗時沿途地方官妥為照料該大臣有無子嗣著該旗查明具奏候旨施恩以彰勞勩又奉

諭旨此次驗看之學部考驗游學畢業生吳乃琛刁作謙羅忠詒朱公釗劉冕執廗聘臣沈覲扆張嘉森江古懷周啟濂均著賞給法政科進士林葆恒著賞給文科進士劉慶綬方擎張修敏薛宜琪沈王楨均著賞給醫科進士俞同奎何育杰盧公輔均著賞給格致科進士葉可樑汪果陳訓昶凌春鴻崔潮劉先鶩梁賚奎均著賞給農科進士張景光嚴恩棫朱葆勤孫多鈺諸翔趙世瑄鍾偉林天民董如奉黃曾銘謝培筠朱天奎高勝儒廖炎黃瀛元季新益屠密胡驪王蔚文方時簡韓楷孫昌潤韓振華楊壽桐薛楷劉國珍羅聽餘唐在賢趙建熙彭炳均著賞給工科進士楊德森吳鼎昌劉崇佩均著賞給商科進士劉吉祺翁敬棠楊景斌余紹宋徐維震邵長光廖世功楊彥清金泰徐造鳳朱斯芾林祖繩何陶嚴式超張[月曹]梅詒穀周翰張友棟余名銓張競勇郭秀如魏斯炅馮

斯欒周澤春伍學澧郁華馬有略吳灼昭郁應龢蕭
增秀沈鴻仇預薛天眷祝撰望雷震但燾汪汝梅徐
觀巫德源董森榮陛余和治龍靈于瀚清薛良陳文
中陳希曾段世垣馬光薉尹耕莘劉啟晴周東鈞柴
宗濚馬有恆鄭蘄金元潤黃翼柱雲程王毓芳姚震
陸家鼒金其堡高巨瑗葉培新孫世偉熊彥李堯楷
吳鐸郭章鋆程家穎楊同衡石福錢周大鈞李燿忠
張炳星薛光鍔童顯漢酆更劉孝純陳鴻慈吳懿陳
彥彬王潤彭繼昌郭襄臣方庚源盧柱生陳國鏞經
家齡歐陽啟勳黃中塏蕭鴻烈趙恆默劉大魁袁鳳
曦晏才傑馮霈屈巘胡光晉胡薰夌肇倫胡傳思雷
賓森駱繼漢嚴端何蔚邱開駿啟彬鍾銑郭恩澤夏
嵩廖恩煦徐元誥胡懌黃寶森熊嶧鄺維楨高國埃
馬柱孔紹堯洪達江忠章李廷斌張鴻鼎余若瑔徐
金熊蔣瀅英徐麟祥李柯羅仁博潘光祖沈復成祚
李維翰黃謇梁同愷馬英俊劉蕃黃耀鳳任東璋蔡
元康葉瑞棻周達壽胡國臣光昇陳受中鄒延棻邱
冠棻劉熠張振鏞鄒樹聲王懋昭潘大道劉健張天
宋劉傑夫何超張德憲謝正權楊耀卿張福照陳履
潔周鴻熙莊浩鄭汝璋范潤書田煜璠張淑臯王曉
東光晟陳藻周衡李培業袁本貴何宗翰汪炳南陳
襄廷宋仲佳鄭憲武俞仁愈申鍾嶽謝家鴻孫鐘韓
殿琦唐士杰龍圖楊拱姚潤仁錢崇固滕驥徐藻楹
陳英孫德震瞿翔李昀夏國賓王光鼎孫景賢池文
藻鍾寶華高贊鼎業大榮王邦屏黃德馨張蓋臣沈
秉誠劉鏡清黃紹儁王鍾駪張德潢蔣義明吳秉成
盧尚同馬光裕邵葳黃宗麟蕭露華張焜陳翱陳佑
清王英灘趙從懿錢鴻鈞羅家衡李國珍嚴慎修周

英雷光曙程鵬年黃永孚徐炳成趙家璧陳煦党積
齡葉諄然李盛鐕楊勉之李鶴經黃鳳翔楊悌陳福
民歐陽景東黃甲丁鑑修熊兆周俞道瞻陽光球曾
彥岳秀華李惠人李鍾濂韋榮熙洪榮圻倪啟瑞袁
家普程愚王邕關和鈞林瑩李世恩胡善恩吳玉成
田汝翼曹廣涵漆運鈞殷汝熊蔣邦彥鄭隆驤均著
賞給法政科舉人阮鑑光曹位康張廷霖郭登翰許
壽裳張萬田王海鑄蘇壽松李培鎏陳榮鏡王鑄均
著賞給文科舉人王麟書汪行恕蔣履曾戴棣齡鮑
鑅均著賞給醫科舉人彭清鵬顧寶瑚金曾澄周步
瑛朱叔麟黃以仁黃際遇朱文熊胡樹楷張邦華鄧
瑞槃均著賞給格致科舉人張明綸劉安欽鄭桓張
鄭坊郭寶慈岑兆麟朱顯邦楊熙光杜慎媿王澄清
萬晶忠楊兆鵬瞿祖熊嚴少陵吳錫忠胡光普吳燮
許文光黃公邁倪紹雯均著賞給農科舉人祝長慶
楊剛秦銘博何壽彭武濬源李宣諫孫慶澤何長祺
孫嘉祿諸人龍韓榮昌萬嘉壁方興楚施霖錢均張
大椿王道昌鄔肇元姚履亨陳佐漢劉導王靖先李
邦燦張繼業邵文鎔梁元輔均著賞給工科舉人吳
在章范季美唐在章周錫經薛宜璿曾牗李瀓汪廷
襄程承邁錢懋勛劉桐葉昌燾祝毓瑛楊汝驤陳日
平董元春章家駿張競立李涵真袁梅何埠時劉石
蓀周藎臣張金燦趙之騟張清槐謝霖吳會英顧時
濟朱其振黃傳綸黃如棟張家亨李作賓李士坰后
大經孫壽恩劉光笏楊蔭喬曹楨冀鼎鋙張國棟郝
文燦周寶鑾張冕光胡源鴻黃行藻蔣道南李協中
均著賞給商科舉人

是日
起居注官錫鈞周克寬

初三日癸卯
上詣　翊坤宮
隆裕皇太后前請安
内閣奉
諭旨開缺湖南岳常澧道熙楨著仍以道員記名簡放

是日
起居注官景潤楊捷三

初四日甲辰

上詣翊坤宫

隆裕皇太后前請安

内閣奉

諭旨青州副都統英瑞奏因病懇請開缺一摺英瑞著准其開缺又奉

諭旨青州副都統著秀昌補授

是日

起居注官恩祥李士鉁

初五日乙巳

上詣翊坤宫

隆裕皇太后前請安

内閣奉

諭旨督辦墾務署綏遠城將軍信勤奏因病懇請開去差缺回旗調理一摺信勤著准其開去差缺

是日

起居注官景禮吳士鑑

初六日丙午

上詣　翊坤宮

隆裕皇太后前請安

内閣奉

諭旨資政院奏廣西禁煙展限諮議局全體辭職照章覈辦一摺著該撫仍照上年公布辦法妥速辦理並飭令諮議局迅赴召集照章議事又奉

諭旨河南提法使著和爾賡額補授又奉

諭旨此次引見游學畢業考列優等之庶吉士錢崇威著授職編修並加侍講銜出洋供差期滿之庶吉士章祖申著授職編修進士館游學畢業考列優等之度支部主事章圭瑑著仍以主事留度支部儘先補用又奉

諭旨烏里雅蘇臺將軍著奎芳補授又奉

諭旨綏遠城將軍著堃岫調補並著督辦墾務事宜

是日

起居注官覺羅文華周爰諏

初七日丁未
上詣　翊坤宮
隆裕皇太后前請安
內閣奉
諭旨陸潤庠著充稽察欽奉上諭事件處又奉
諭旨京口副都統著慶祿補授
是日
起居注官崇山熊方燧

初八日戊申
上詣　翊坤宮
隆裕皇太后前請安
內閣奉
諭旨前因皖北災情甚重當經電飭張人駿朱家寶查
明現在情形妥擬辦法詳細電奏茲據電陳皖北匪
平後善後方法及現辦賑撫並籌款情形等語皖省
地方漸就安靖惟連年災歉仍須嚴密設防所擬分
布各營辦法尚屬妥協即著該督等嚴飭各營認真
防範毋稍疏懈至所稱各屬災區過廣為日方長民
生困苦已極殊堪憫惻著再賞給帑銀二萬兩由度
支部撥給交該督撫分飭印委各員妥實散放以資
拯救所請截留京餉十萬兩之處著度支部議奏餘
照所請

是日

起居注官延清鄭沅

初九日己酉

上詣 翊坤宮

隆裕皇太后前請安

内閣奉

諭旨孟冬時享

太廟遣善耆恭代行禮

後殿派訥勒赫行禮兩廡派錫明扎克丹各分獻又奉

諭旨湖北武昌鹽法道員缺著黃祖徽補授

是日禮部奏九月二十七等日各

忌辰遣官一摺奉

旨九月二十七日

孝慈高皇后忌辰祭

福陵派隆譽行禮二十九日

孝敬憲皇后忌辰祭

奉陵派奎瑛行禮又奏十月初一日孟冬祭
太廟請
旨一摺奉
旨派善耆恭代行禮
後殿派訥勒赫行禮東廡派錫明西廡派扎克丹各分獻
又奏十月初一日孟冬祭各
陵遣官奏聞一摺奉
旨知道了
是日
起居注官世榮惲毓鼎

初十日庚戌
上詣翊坤宮
隆裕皇太后前請安
内閣奉
諭旨專司訓練禁衛軍大臣貝勒載濤等奏請頒給爵
章一摺管理陸軍貴胄學堂事務貝勒載潤著賞給
貝勒爵章又奉
諭旨翰林院侍讀王榮商片奏請申明例禁賭博等語
著該衙門知道又奉
諭旨翰林院侍讀王榮商片奏京官薪水漫無限制請
議定京俸章程力求撙節等語著該衙門知道
是日
起居注官錫鈞許澤新

十一日辛亥

上詣．翊坤宫

隆裕皇太后前請安

内閣奉

諭旨信勤現開署缺堃岫未到任以前綏遠城將軍著

瑞良暫行署理並兼辦墾務事宜

是日

起居注官景潤周克寬

十二日壬子

上詣　翊坤宫

隆裕皇太后前請安

内閣奉

諭旨瑞良現署綏遠城將軍吏部右侍郎著吳郁生署理

是日

起居注官恩祥楊捷三

十三日癸丑

上詣　翊坤宮

隆裕皇太后前請安

內閣奉

諭旨前陝西巡撫曹鴻勛由翰林入直上書房疊掌文衡外任道府洊陟疆圻嗣因開缺奉

旨來京派充資政院協理宣力有年克勤厥職茲聞溘逝軫惜殊深加恩著照巡撫例賜卹任內一切處分悉予開復應得卹典該衙門察例具奏

是日

起居注官景褑李士鉁

十四日甲寅

上詣　翊坤宮

隆裕皇太后前請安

內閣奉

諭旨盛京副都統兼守護大臣多文由防禦洊升翼長協領遞升盛京副都統兼守護大臣老成穩練克勤厥職茲聞溘逝軫惜殊深加恩著照副都統例賜卹任內一切處分悉予開復應得卹典該衙門察例具奏又奉

諭旨盛京副都統著德裕補授並充

福陵

昭陵守護大臣又奉

諭旨盛京副都統德裕著兼署金州副都統

是日

起居注官覺羅文華 吳士鑑

十五日乙卯

上詣 翊坤宮

隆裕皇太后前請安

內閣奉

諭旨本日引見孝廉方正考取一等之舉貢朱炳靈陳塝陶峻盧慶家黃澤深周鳳璋邱日華徐淮生徐讓孟振先教授葛潮縣丞張道瀛藍晉琦八品錄事王進賢教諭夏文彬均著以知縣用廩增附監生魏炳文晏祖樹孫嘉錫王泰階項鼎馨羅萬藻沈樹楠譚瀛朱鳳霄曹徵藩張樹鼎鄭德佳蘇鍾正薛懋官聶辛鍊陳光棨周紘順劉汝巖舒家駿黃鴻澄韓志璟曹寯禮朱家訓王永晉湯松年劉振鏞單金銘曹汝驤李敬珍燕詒黃經閣古肇文李士選杜履賢溫鳳翔均著以直隸州州判州判鹽運司經歷用考取二

等之舉人劉慶鴻劉鑑古均著以直隸州州同布政
司經歷理問用五貢安于恆高培英張業燿賈善政
林挺芝閻士相高祖蓉鄒開俊王海山景藝林均著
以直隸州州判州判鹽運司經歷用廩增附監生王
調元王世清王興仁吳琨梅寶璦曾韻松孟焭陳公
宜邱崑玉羅錫華王錫圭蕭錫蕃朱炳華羅紹文屈
開坊劉震喻明德殷銘湛李錦心鄧振鼇饒應銘劉
祖育洪紹慶翟相臣石鳳翥司椿華游炳錕王培基
焦懷炳劉封杜毓清王亮臣許珪封張青選麥鴻鼎
劉樹聲祝宗禮張錫犨楊廷俊張牧韓魏夢雲鄭敬
濤房步瀛臺世楨趙麟臺裘章淦劉子鎮方道南王
緒昌李學宗蘇鵬賡梁文禮尚桂文陳鸞諤張永源
王任陳涵章陳仰宸余師端黃漢章趙澤春高世傑
均著以府經歷縣丞州吏目縣主簿道庫大使用其

餘未經錄取各員均著賞給六品頂戴該部知道

是日

起居注官崇[illegible]周爰諏

宣統二年歲次庚戌九月十六日丙辰

上詣 翊坤宮

隆裕皇太后前請安

内閣奉

諭旨詔舉孝廉方正本係曠恩特典亟應嚴行甄覈切實選舉查此次各省所保多至百數十人少亦數十人雖因考試縮短年限亦豈可過於冒濫嗣後各省保舉此項員生著各督撫通飭所屬按照定例悉心選擇從嚴甄取必其人品行卓著鄉望素孚確有事實者方准列保以重名器而厲風俗

是日

起居注官延清熊方燧

十七日丁巳

上詣 翊坤宮

隆裕皇太后前請安

是日

起居注官世榮鄭沅

十八日戊午

上詣　翊坤宮

隆裕皇太后前請安

是日

起居注官錫鈞惲毓鼎

十九日己未

上詣　翊坤宮

隆裕皇太后前請安

是日

起居注官景潤許澤新

二十日庚申

上詣　翊坤宫

隆裕皇太后前請安

是日

起居注官恩祥周克寬

二十一日辛酉

上詣　翊坤宫

隆裕皇太后前請安

是日

起居注官景祾楊捷三

二十二日壬戌
上詣 翊坤宮
隆裕皇太后前請安
內閣奉
諭旨此次補行驗放陸軍游學畢業生考列優等之黃
承恩著賞給陸軍工兵科舉人並授副軍校世銘著
賞給陸軍步兵科舉人並授副軍校考列上等之彭
琦著賞給陸軍礮兵科舉人並授協軍校該部知道
是日
起居注官覺羅文華李士鉁

二十三日癸亥
上詣 翊坤宮
隆裕皇太后前請安
是日
起居注官崇山吳士鑑

二十四日甲子

上詣　翊坤宫

隆裕皇太后前請安

内閣奉

諭旨鑲紅旗漢軍都統恩存現在百日孝滿着改爲署任照常當差

是日

起居注官延清周爰諏

二十五日乙丑

上詣　翊坤宫

隆裕皇太后前請安

是日

起居注官世榮熊方燧

二十六日丙寅
上詣　翊坤宮
隆裕皇太后前請安
内閣奉
諭旨李國杰著充出使比國大臣並賞給二等第一寶
星又奉
諭旨署兩廣總督袁樹勛因病奏請開缺一摺袁樹勛
著准其開缺
是日
起居注官錫鈞鄭沅

二十七日丁卯
上詣　翊坤宮
隆裕皇太后前請安
内閣奉
諭旨廣西巡撫著沈秉堃補授迅赴新任毋庸來京陛
見又奉
諭旨兩廣總督著張鳴岐署理未到任以前著增祺暫
行兼署又奉
諭旨農工商部左丞著祝瀛元補授袁克定著補授右
丞左參議著誠璋補授邵福瀛著補授右參議又奉
諭旨沈雲沛著開去農工商部右丞以侍郎候補仍署
理郵傳部左侍郎又奉
諭旨熙彥現在服闋著補授農工商部左侍郎

是日
起居注官景潤惲毓鼎

二十八日戊辰
上詣 翊坤宮
隆裕皇太后前請安
內閣奉
諭旨雲南布政使著世增補授又奉
諭旨貴州鎮總兵員缺著蘇元瑞補授
是日
起居注官恩祥許澤新

二十九日己巳

上詣　翊坤宮

隆裕皇太后前請安

内閣奉

諭旨雲南交涉使著夏偕復試署

是日

起居注官景禐周克寬

三十日庚午

上詣　翊坤宮

隆裕皇太后前請安

是日

起居注官覺羅文華楊捷三

宣統二年歲次庚戌十月初一日辛未

上詣 翊坤宮

隆裕皇太后前請安 辰刻

詣

坤甯宮

皇太后率

皇上至

西案前隨同行禮畢

駕還養心殿

是日

起居注官崇山李士鉁

初二日壬申

上詣 翊坤宮

隆裕皇太后前請安 辰刻

詣

坤甯宮

神杆前行禮畢

駕還養心殿

是日

起居注官延清吳士鑑

初三日癸酉
上詣 翊坤宮
隆裕皇太后前請安
內閣奉
諭旨前據各省督撫等先後電奏以欽頒憲法組織內閣開設議院為請又據資政院奏稱據順直各省諮議局及各省人民代表等陳請速開國會等語當將原摺電交內閣會議政務處王大臣公同閱看旋據該王大臣等各抒所見具說呈進又於本月初二日召見該王大臣等詳細垂詢切實討論意見大致相同溯自分年籌備立憲期限定自
先朝朕仰承
付託之重夙夜兢惕無時不以繼
志述事為心既不敢少事遲迴亦不敢過形急切前經都察院兩次代奏呈請速開國會均即明白剴切宣諭彼時為鄭重要政起見誠有不得不一再審慎者乃揆度時勢瞬息不同危迫情形日甚一日朝廷宵旰焦思亟圖挽救惟有促行憲政俾日起而有功不待臣庶請求亦已計及於此第恐民智尚未盡開通財力又不敷分布操之過蹙或有欲速不達之虞故不能不驗向背於輿情決是非於廷議今者人民代表籲懇既出於至誠內外臣工强半皆主張急進民氣奮發衆論僉同自必於人民應擔之義務確有把握應即俯順臣民之請用協好惡之公惟是召集議院以前應行籌備各大端事體重要頭緒紛繁計非一二年所能蕆事著縮改於宣統五年實行開設議院先將官制釐訂提前頒布試辦預即組織內閣迅速遵照

欽定憲法大綱編訂憲法條款並將議院法上下議院議員選舉法及有關於憲法範圍以内必須提前趕辦事項均著同時並舉於召集議院之前一律完備奏請欽定頒行不得少有延誤總之決疑定計惟斷乃成此次縮定期限係採取各省督撫等奏章又由王大臣等悉心謀議請旨定奪洵屬斟酌妥協折衷至當緩之固無可緩急亦無可再急應即作為確定年限一經宣布萬不能再議更張爾内外各大臣務當協力進行時艱共濟各省督撫領治疆圻責任尤重凡地方應行籌備各事宜更當淬厲精神督飭所屬妥速籌辦勿再有名無實空言搪塞必使一事有一事之成績一時有一時之進步無論如何為難總當力副委任如或因循誤事粉飾邀功定即嚴懲不少寬假顧官吏有應顧之考成國民亦有應循之秩序此後儻有無知愚氓藉詞煽惑或希圖破壞或踰越範圍均足擾害治安必即按法懲辦斷不使於憲政前途稍有窒礙以期計時收效剋日觀成上慰

先帝在天之靈下慰海内喁喁之望將此通諭知之又奉

諭旨現經降旨以宣統五年為開設議院之期所有各省代表人等著民政部及各省督撫剴切曉諭令其即日散歸各安職業靜候朝廷詳定一切次第施行

是日

起居注官世榮周爰諏

初四日甲戌

上詣　翊坤宮

隆裕皇太后前請安

内閣奉

諭旨欽定憲法為萬世不易之典則現在提前籌辦憲政亟應首先纂擬憲法以備頒布遵行著派溥倫載澤充纂擬憲法大臣悉心討論詳慎擬議隨時逐條

呈候欽定如應添派協同纂擬之員並著隨時奏聞候朕簡派以期迅速辦理剋期告成

是日

起居注官錫鈞熊方燧

初五日乙亥

上詣　翊坤宮

隆裕皇太后前請安

是日

起居注官景潤鄭沅

初六日丙子

上詣　翊坤宮

隆裕皇太后前請安

内閣奉

諭旨前據都察院代奏學部丞參上行走柯劭忞等舉人張春海等各呈稱官紳激變濫殺無辜等語當經

諭令孫寶琦確查茲據查明覆奏山東萊陽海陽肇亂之初實由官紳辦理不善繼則派出文武各員措置亦未盡合宜自應分别懲處已革山東萊陽縣知縣朱槐之已革海陽縣知縣方奎昏庸貪劣激成變端均著永不敘用候補道楊耀林署萊陽縣知縣奎保張皇操切厥罪惟均楊耀林奎保均著即行革職都司銜留直補用守備陳忠訓馭兵不嚴誤斃平民著革職永不敘用紳士王圻王墀放利而行不恤人言王景嶽假公濟私貪鄙無恥葛桂星干贊揚張相謨宋維坤等聲名甚劣候選縣丞王圻著即行革職增生王景嶽歲貢生葛桂星均著褫革餘著查取職名一併咨革均不准干預地方公事並交地方官嚴加管束開缺登州府知府文淇巡視兩縣接受呈詞未能秉公審理亦為激變之由著即行革職登州鎮總兵李安堂統領軍隊約束不嚴著即開缺山東巡撫孫寶琦仍著免其置議餘著照所議辦理該部知道又奉

諭旨山東登州鎮總兵員缺著葉長盛補授

是日

起居注官恩祥惲毓鼎

初七日丁丑

上詣　翊坤宮

隆裕皇太后前請安

內閣奉

諭旨本日召見之開缺吉林度支使陳玉麟著交軍機

處存記又奉

諭旨本日召見京察一等之內務府郎中彬格著交軍

機處記名以關差道府用

是日

起居注官景禩許澤新

初八日戊寅

上詣　翊坤宮

隆裕皇太后前請安

是日

起居注官覺羅文華周克寬

初九日己卯

上詣　翊坤宮

隆裕皇太后前請安

内閣奉

諭旨長江水師提督著程允和補授又奉

諭旨程允和現已簡放長江水師提督所有駐紮江南浦口各營著派甘肅提督張勳接統

是日

起居注官崇山楊捷三

初十日庚辰

上詣　翊坤宮

隆裕皇太后前請安　辰刻

詣

孝欽顯皇后御容前行禮畢

駕還養心殿

内閣奉

諭旨前經明降諭旨縮改於宣統五年開設議院並諭令迅速纂擬憲法及議院法上下議院議員選舉法暨關於憲法範圍以内必須提前趕辦事項均於召集議員之前一律完備奏請欽定頒行所有關於憲法之各項法令及一切機關應責成該主管衙門切實籌辦其民政部調查戶口籌設巡警等項度支部清理財政釐訂稅法等項以及法部應籌設各級審

判廳等項學部應籌設教育普及等項均屬關繫重要不容置為緩圖各該管衙門俱有應擔之責任著即迅將提前辦法通盤籌畫凡召集議員以前必須完備各事宜分別最要次要詳細奏明請旨辦理總期通力合作壹意進行俾克早日觀成免致臨時貽誤又奉

諭旨前據各省督撫先後電奏請開國會業經降旨俯如所請縮改於宣統五年開設議院其地方應行籌備事宜並飭令各督撫淬厲精神督飭所屬妥速籌辦年來財力竭蹶辦事艱難朝廷素所深悉既經該督撫等聯銜奏請必於地方情形確有體驗當不至徒託空言第恐論事有奮勉勇往之誠而任事有審顧遲迴之慮且奉行官吏或因事體繁重費鉅期迫又存一畏難之心藉詞延宕用特再申誥誡舉凡開設議院以前地方應行提前趕辦事項著即懍遵前

旨切實進行毋再因循推諉致誤限期其有邊遠省分未經設治及甫經設治人民稀少地方與腹地情形顯有不同應辦各事有不得不分別先後緩急者准由該督撫等據實奏明請旨裁奪總不使於憲政前途少有窒礙該督撫等受恩深重務當殫竭血誠勉為其難毋負委任儻或乞請於前而敷衍塞責於後以致名不副實貽誤事機定惟該督撫等是問

又奉

諭旨甘肅新疆巴里坤鎮總兵馬福祥現在丁憂著改為署任

是日

起居注官延清李士鉁

十一日辛巳

上詣　翊坤宮

隆裕皇太后前請安

是日

起居注官世榮吳士鑑

十二日壬午

上詣　翊坤宮

隆裕皇太后前請安

内閣奉

諭旨甘肅新疆巡撫著袁大化補授

軍機大臣欽奉

諭旨現在文職六班值班大臣出差人數較多著派延

昌瑞沅暫行補進

軍機大臣欽奉

諭旨度支部奏查明前署山西交城縣知縣已革候補

直隸州知州徐星朗被参實無冤抑毋庸置議一摺

著依議

是日

起居注官錫鈞周爰諏

十三日癸未

上詣　翊坤宮

隆裕皇太后前請安

是日

起居注官景潤熊方燧

十四日甲申

上詣　翊坤宮

隆裕皇太后前請安

是日

起居注官恩祥鄭沅

十五日乙酉

上詣　翊坤宮

隆裕皇太后前請安

内閣奉

諭旨四川順慶府知府員缺著喬保衡補授又奉

諭旨四川松潘鎮總兵員缺著田徵葵署理

是日

起居注官景禩惲毓鼎

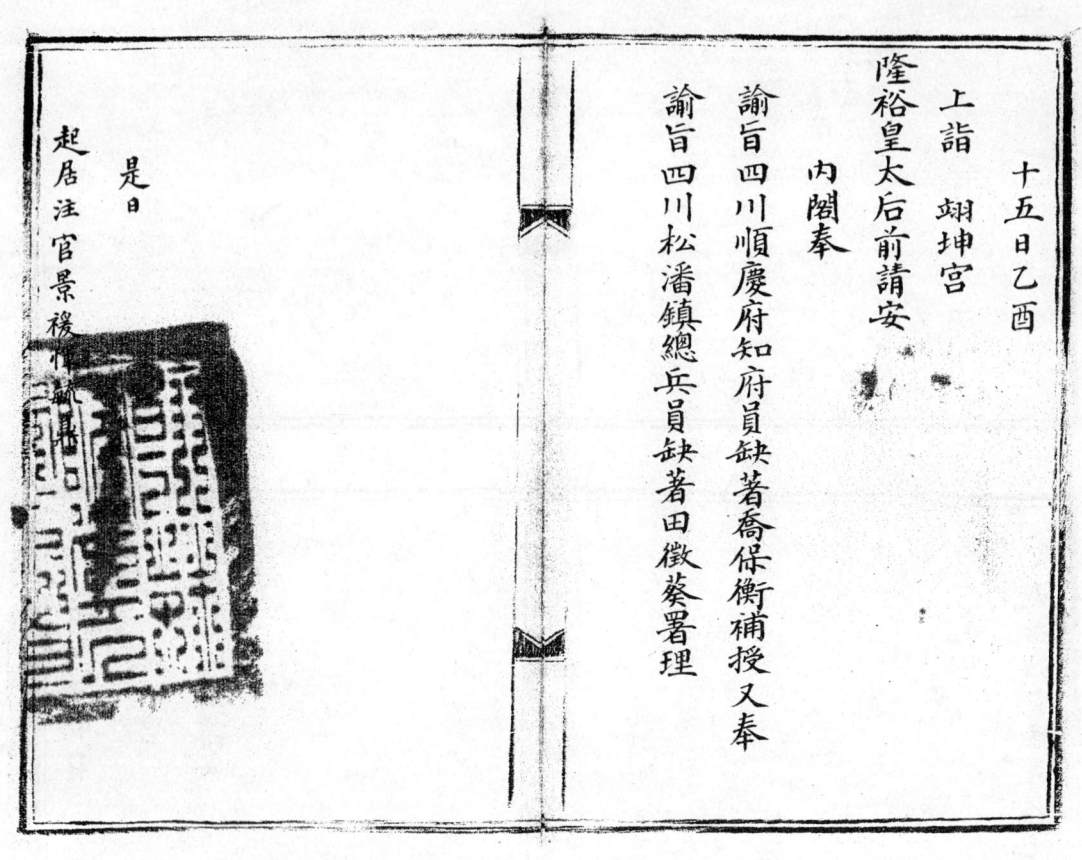

宣統二年歲次庚戌十月十六日丙戌

上詣　翊坤宮

隆裕皇太后前請安

是日

起居注官覺羅文華許澤新

十七日丁亥

上詣　翊坤宮

隆裕皇太后前請安

內閣奉

諭旨禁煙大臣溥偉等奏知府煙癮未除調驗屬實據實糾參一摺吉林五常府知府葛繩武著革職永不敘用該督撫並未遵章切實調驗亦有應得之咎錫良陳昭常著交部照例議處餘著照所議辦理

是日

起居注官崇山周克寬

十八日戊子

上詣 翊坤宮

隆裕皇太后前請安

內閣奉

諭旨現在天氣漸寒京師兵丁當差勤苦殊深軫念所有八旗及綠步各營官兵均著加恩賞給半月錢糧以示體恤又奉

諭旨現在天氣漸寒所有食餉之閒散宗室覺羅人等生計維艱殊堪軫念著加恩賞給一月錢糧其宗室覺羅孤寡除有恩賞錢糧外著再加賞半月錢糧以示體恤又奉

諭旨資政院奏請補秘書廳秘書長一摺資政院秘書廳秘書長著金邦平補授餘依議又奉

諭旨督辦鹽政大臣載澤奏鹽道欺罔藐玩有負職任據實糾參一摺福建鹽法道陳瀏著即行革職

是日

起居注官延清楊捷三

十九日己丑
上詣 翊坤宮
隆裕皇太后前請安
內閣奉
諭旨福建鹽法道員缺著楊正頤補授
是日禮部具奏十一月初六等日各
忌辰遣官一摺奉
旨十一月初六日祭
莊順皇貴妃園寢派載振行禮十三日
聖祖仁皇帝忌辰祭
景陵派意普行禮
是日
起居注官世榮李士鉁

二十日庚寅
上詣 翊坤宮
隆裕皇太后前請安
內閣奉
諭旨陳夔龍奏查明災歉州縣請蠲緩糧租一摺本年
順直入夏以來雨澤愆期至六七月間陰雨連綿河
水漲發以致濱臨各河窪地禾稼均多被水天時不
齊各屬有被雹被蟲被旱之處若將應徵錢糧照常
徵收民力實有未逮加恩著照所請所有武清等三
十一州縣廳成災五六分村莊應徵本年錢糧著蠲
免十分之一成災七分村莊應徵本年錢糧著蠲免
十分之二各項旗租著蠲免十分之一成災八分村
莊應徵本年錢糧著蠲免十分之四各項旗租著蠲
免十分之二成災九分村莊應徵本年錢糧著蠲免

十分之六各項旗租著蠲免十分之四成災十分村
莊應徵本年錢糧著蠲免十分之七各項旗租著蠲
免十分之五應徵屯米穀豆草束竈課學租旗產錢
糧河淤海防經費儲備軍餉廣恩庫租通津二幫屯
租一併分別蠲緩其陸軍部馬館租鑾輿衛租永濟
庫租代徵租及出借倉穀籽種口糧牛具等項著一
體緩徵並分別減免差徭又香河等十八州縣應徵
本節年糧租並歉收三分村莊應徵節年糧租屯米
穀豆草束竈課學租旗產錢糧河淤海防經費儲備
軍餉廣恩庫租陸軍部馬館租鑾輿衛地租通津二
幫屯租永濟庫租代徵租並出借倉穀籽種口糧牛
具等項均著緩至宣統三年麥後啟徵並減免差徭
以紓民力餘著照所議辦理該督即刊刻謄黃徧行曉
諭務使實惠均霑毋任吏胥舞弊用副朝廷軫念民

艱至意該部知道又奉
諭旨陳夔龍奏查明開州等三州縣災歉情形分別蠲
緩糧賦一摺直隸開州東明長垣三州縣濱臨黃河
村莊本年被水秋禾歉收若將應徵糧賦照常徵收
民力實有未逮加恩著照所請所有開州等三州縣
成災五六分村莊應徵本年錢糧著蠲免十分之一
成災七分村莊應徵本年錢糧著蠲免十分之二成
災八分村莊應徵本年錢糧著蠲免十分之四其成
災五六分村莊蠲賸錢糧著緩至宣統三年秋後起
分作二年帶徵成災八分村莊蠲賸錢糧著緩至宣
統三年秋後起分作三年帶徵至被災各村莊未完
節年錢糧及歉收四分村莊未完本年節年錢糧同
歉收三分村莊未完節年錢糧暨出借倉穀等項均
著緩至宣統三年秋後啟徵仍減免差徭以紓民力

餘著照所議辦理該督即刊刻謄黃徧行曉諭務使
實惠均霑毋任吏胥舞弊用副朝廷軫念民艱至意
該部知道

是日
起居注官錫鈞吳士鑑

二十一日辛卯
上詣　翊坤宮
隆裕皇太后前請安　辰刻
詣　乾清宮
德宗景皇帝聖容前行禮畢
駕還養心殿

是日
起居注官景潤周爰諏

二十二日壬辰
上詣　翊坤宮
隆裕皇太后前請安，辰刻
詣
孝欽顯皇后御容前行禮畢
駕還養心殿
是日
起居注官恩祥熊方燧

二十三日癸巳
上詣　翊坤宮
隆裕皇太后前請安
內閣奉
諭旨內閣學士那晋著賞給二等第一寶星
是日
起居注官景樸鄭沅

二十四日甲午

上詣　翊坤宮

隆裕皇太后前請安

內閣奉

諭旨前任正白旗蒙古副都統王英楷由新建陸軍右翼領官洊升統制官疊經剿辦土匪出力卓著賢能署陸軍部侍郎簡授副都統克勤厥職前因患病准其開缺茲聞溘逝軫惜殊深加恩著照副都統例賜卹任內一切處分悉予開復應得卹典該衙門察例具奏

是日

起居注官覺羅文華惲毓鼎

二十五日乙未

上詣　翊坤宮

隆裕皇太后前請安

內閣奉

諭旨陳夔龍奏北運河旅遂鎮漫口大工合龍一摺北運河上游漫口沖刷三百餘丈工程極鉅經該督督飭各員相機進占併日程功現在大工告蕆在事出力人員不無微勞足錄署通永道竇延馨著仍以道員交軍機處存記山東候補道潘煜補用道鄭斆慈候補知府陸榮棨均著交軍機處存記鄭斆慈並著賞加二品銜候補知府沈寶賢著仍以知府補用俟歸道班後加二品銜候補知府吳繼盛著俟補缺後以道員用並賞加二品銜候補知縣裴景宋著俟補缺後以知府在任候補北河候補知縣錢金聲著以

同知仍留北河補用北河試用縣丞程光楹著以知
縣補用並加同知銜又片奏已革候補知縣劉本清
請開復原官等語劉本清著准其開復原官該部知道

是日

起居注官崇山許澤新

二十六日丙申

上詣　翊坤宮

隆裕皇太后前請安

内閣奉

諭旨貴州勸業道員缺著王玉麟補授

是日

起居注官延清周克寬

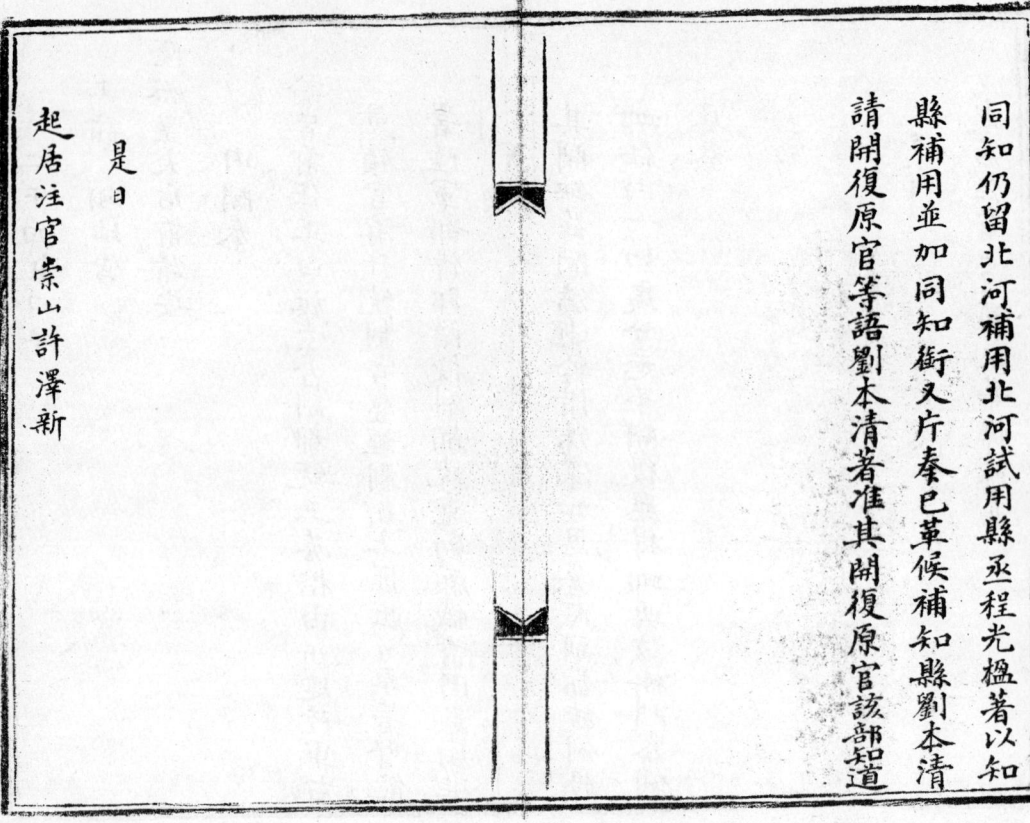

二十七日丁酉

上詣　翊坤宮

隆裕皇太后前請安

是日

起居注官世榮楊捷三

二十八日戊戌

上詣　翊坤宮

隆裕皇太后前請安

內閣奉

諭旨阿穆爾靈圭等奏查辦前鋒護軍等營情形並請派員管理一摺著派阿穆爾靈圭載潤管理兩翼前鋒八旗護軍暨內務府三旗護軍驍騎等營專司整頓各該營用人行政一切事務其內廷守衛事宜仍由前鋒護軍營值班統領暨內務府大臣分別管理應如何整頓營務釐訂章程著阿穆爾靈圭等體察各營情形妥籌擬定奏明辦理

是日

起居注官錫鈞李士鈺

二十九日己亥
上詣　翊坤宮
隆裕皇太后前請安
內閣奉
諭旨張人駿奏長江水師提督因病出缺懇恩優䘏並
代遞遺疏一摺已故長江水師提督程文炳忠勇性
成治軍廉正於咸豐年間隨袁甲三轉戰安直東豫
等省疊平賊壘卓著戰功賞穿黃馬褂洊升總兵擢
授提督調任長江水師提督整頓營務勞瘁不辭茲
聞溘逝軫惜殊深程文炳著照提督例賜䘏加恩予
謚任內一切處分悉予開復應得䘏典該衙門察例
具奏靈柩回籍時沿途地方官妥為照料生平戰功
事蹟宣付國史館立傳原籍及立功省分准其建立
專祠伊孫一品廕生程傳鑣著以郎中用伊子浙江
候補道程恩培著仍以道員即補用示篤念藎臣至
意又奉
諭旨已故長江水師提督程文炳遺摺內條奏海陸軍
應行籌辦事宜老成謀國瀕危猶不忘軍事所言亦
條理詳明著該衙門隨時酌核辦理又奉
諭旨十一月二十九日冬至大祀
天於
圜丘遣豫親王懋林恭代行禮
四從壇派錫露札克丹錫明秀綸各分獻
是日禮部具奏十一月十四日祭
先醫廟遣官一摺奉
旨派景厚行禮兩廡派張仲元佟文斌各分獻
是日
起居注官景潤吳士鑑

三十日庚子

上詣　翊坤宮

隆裕皇太后前請安

是日

起居注官恩祥周爰諏

宣統二年歲次庚戌十一月初一日辛五

上詣　翊坤宮

隆裕皇太后前請安

內閣奉

諭旨外務部尚書鄒嘉來署陸軍部尚書廕昌署郵傳部尚書唐紹怡正紅旗漢軍都統色楞額度支部右侍郎陳邦瑞正黃旗滿洲副都統祥普均著加恩在

紫禁城內騎馬

是日

起居注官景禄　熊方燧

初二日壬寅

上詣　翊坤宮

隆裕皇太后前請安

內閣奉

諭旨此次驗放陸軍游學畢業生考列優等之李宣倜著賞給陸軍步兵科舉人並授副軍校考列上等之沈覲恩著賞給陸軍步兵科舉人並授協軍校該部知道

是日

起居注官覺羅文華　鄭沅

初三日癸卯
上詣 翊坤宮
隆裕皇太后前請安
内閣奉
諭旨立國之要海陸兩軍並重前因釐定官制欽奉
先朝諭旨海軍部未設以前暫歸陸軍部辦理嗣有旨派
載洵薩鎮冰充籌辦海軍事務大臣復派載洵等前
赴各國考察一切籌辦漸有端緒茲據載洵等會同
憲政編查館王大臣奏擬訂海軍部暫行官制大綱列
表呈覽一摺詳加披閱尚屬周妥自應設立專部以
重責成所有籌辦海軍處著改為海軍部設立海軍
大臣一員副大臣一員該大臣等務當悉心規畫實
力經營以副朝廷整軍經武之至意至應設之海軍司
令部事宜著暫歸海軍部兼辦餘著照所議辦理

又奉
諭旨憲政編查館軍諮處陸軍部會奏釐訂陸軍部暫
行官制大綱列表呈進一摺陸軍部總持軍政責任宜
專所擬各節尚屬周妥所有尚書侍郎左右丞參各
缺著即裁撤改設陸軍大臣一員副大臣一員當此
整軍經武之際該大臣等務當認真整頓切實進行
毋負委任餘著照所議辦理又奉
諭旨陸軍大臣著廕昌補授副大臣著壽勳補授又奉
諭旨海軍大臣著載洵補授副大臣著譚學衡補授
又奉
諭旨裁缺陸軍部右侍郎姚錫光著以侍郎候補左丞
朱彭壽右丞許秉琦著以三品京堂及交涉使提學
使提法使候補左參議慶蕃右參議錫嘏著以四品
京堂及道員候補丞參上行走左景祜著仍當委散

秩大臣差使候補參議達春著以道員用又奉
諭旨所有此次裁缺之陸軍部侍郎丞參各員均著賞食
原俸

是日
起居注官崇山惲毓鼎

初四日甲辰
上詣　翊坤宮
隆裕皇太后前請安

是日
起居注官延清許澤新

初五日乙巳

上詣 翊坤宮

隆裕皇太后前請安

內閣奉

諭旨前因縮改於宣統五年開設議院業經降旨將應行提前趕辦事項責成該主管衙門迅將提前辦法通盤籌畫分別奏明辦理查豫備立憲逐年籌備清單所開事宜憲政編查館有專辦同辦及遵章考核之責現在開設議院既已提前所有籌備清單各項事宜自應將原定年限分別縮短切實進行著憲政編查館妥速修正奏明請旨辦理

又奉

諭旨海軍部奏請簡大員統制艦隊一摺著派海軍提督薩鎮冰統制巡洋長江艦隊

是日

起居注官世榮周克寬

初六日丙午

上詣　翊坤宮

隆裕皇太后前請安

內閣奉

諭旨唐紹怡奏因病懇請開缺一摺唐紹怡著賞假一

箇月毋庸開缺

是日

起居注官錫鈞楊捷三

初七日丁未

上詣　翊坤宮

隆裕皇太后前請安

內閣奉

諭旨本日召見之明保指分直隸補用道許貞幹著以

道員發往直隸補用並交軍機處存記又奉

諭旨本日召見之明保貴州補用道前思州府知府潘

盛年著以道員發往山東補用並交軍機處存記

是日

起居注官景潤李士鉁

初八日戊申

上詣　翊坤宮

隆裕皇太后前請安

是日

起居注官恩祥吳士鑑

初九日己酉

上詣　翊坤宮

隆裕皇太后前請安

內閣奉

諭旨郡王銜貝勒載洵載濤差務較繁著在內廷行走

毋庸兼當御前行走差使又奉

諭旨本日御史海觀陳奏事件一摺連書兩奏並未另

紙繕寫附片不合體裁著傳旨申飭又奉

諭旨本日引見北洋大學堂畢業學生考列最優等之

馮熙敏王正黼均著賞給進士出身授為翰林院編修

王鈞豪著賞給進士出身授為翰林院檢討考列優

等之朱行中王瓚徐岳生盧芳年蕭家麟黃保傳均

著賞給進士出身改為翰林院庶吉士考列中等之

程良模馮譽臻葉德言均著賞給進士出身以主事

分部儘先補用又奉
諭旨本日引見進士館游學五年畢業之庶吉士宋育
德著授職編修記名遇缺題奏並賞加侍講銜陸光
熙著授職檢討記名遇缺題奏並賞加侍講銜法政
學堂補習期滿考列優等之庶吉士賀維翰著授職
編修並賞加侍講銜進士館外班畢業學員考列優
等之主事施堯章著仍以主事歸吏部儘先補用

是日禮部奏十一月二十二日冬至祭各
陵遣官一摺奉
旨十一月二十二日祭
永陵派隆譽行禮
福陵派恩常行禮
昭陵派裕厚行禮
昭西陵派意普行禮
孝陵派增培行禮
孝東陵派毓森行禮
景陵派溥元行禮
泰陵派奎瑛行禮
泰東陵派溥閎行禮
裕陵派溥多行禮
昌陵派廣壽行禮
昌西陵派毓祥行禮
慕陵派溥葵行禮
慕東陵派載岐行禮
定陵派溥侗行禮
普祥峪
定東陵派溥侗行禮
普陀峪

定東陵派溥侗行禮
惠陵派溥伒行禮
端慧皇太子園寢派聯寬行禮
莊順皇貴妃園寢派溥葵行禮
又奏十一月二十二日冬至祭
醇賢親王園寢遣官一摺奉
旨派溥堃行禮
又奏十一月二十二日冬至祭
天壇奏派看牲大臣一摺奉
旨派郭曾邮看牲
是日
起居注官景禝周爰諏

初十日庚戌
上詣　翊坤宮
隆裕皇太后前請安
內閣奉
諭旨貝勒載濤等奏大員違例餽遺據實糾參一摺署
江北提督直隸通永鎮總兵雷震春違例餽遺殊屬
非是著交部議處又奉
諭旨現值天氣嚴寒
實錄館人員朝夕恭纂書籍著加恩於十一月十二月正
月每月賞給柴炭銀五十兩在廣儲司支領又奉
諭旨此次引見陸軍部游學畢業考列優等之礮兵科
畢業生全恕彭廷衡張漢堂鄧翊華方日中石陶鈞
宋子揚張益謙顏景宗鵬輿均著賞給陸軍礮兵科
舉人並授礮隊副軍校考列優等之馬兵科畢業生

范熙績宋邦翰陳復初余範傳袁華選楊盡誠曾承業尹同愈張文林熊一㢡均著賞給陸軍馬兵科舉人並授馬隊副軍校考列優等之步兵科畢業生孫棨孔庚周桑儒鴻賓陳經唐義彬姚受唐壽明雷壽榮魏國鈞王深孫象震葉佩薰吳思豫張鼎勳周應時闞松秀何浩然均著賞給陸軍步兵科舉人並授步隊副軍校考列優等之工兵科畢業生張宣楊源濬文祺江煌均著賞給陸軍工兵科舉人並授工程隊副軍校考列優等之輜重兵科畢業生高兆奎著賞給陸軍輜重兵科舉人並授輜重隊副軍校考列上等之礮兵科畢業生吳景震程晉煌孫方瑜陳宗達恩康均著賞給陸軍礮兵科舉人並授礮隊協軍校考列上等之步兵科畢業生李湲孫葆璐巨純如培模張壽熙陸紹武包述侊春榮吳觀樂蔣隆權李德昭陳康時均著賞給陸軍步兵科舉人並授步隊協軍校考列上等之工兵科畢業生接宗雷炳焜歐陽沂周凝修均著賞給陸軍工兵科舉人並授工程隊協軍校考列上等之輜重兵科畢業生齊琳著賞給陸軍輜重兵科舉人並授輜重隊協軍校考列上等之馬兵科畢業生金壽李長潤李乾璜楊翼均著賞給陸軍馬兵科舉人並授馬隊協軍校其同日引見考列優等之警察畢業生殷學潢陳興亞王子甄均著賞給陸軍警察兵科舉人並授警察隊副軍校考列上等之警察畢業生余晉銖楊發源奎福王天培王天吉文潤恆成桂城均著賞給陸軍警察兵科舉人並授警察隊協軍校考列優等之軍需科畢業生葉興清王世義馮福長士傑均著賞給陸軍軍需科舉人並授軍需副軍校該部知道

是日

起居注官覺羅文華熊方燧

十一日辛亥

上詣　翊坤宮

隆裕皇太后前請安

是日

起居注官崇山鄭沅

十二日壬子

上詣 翊坤宮

隆裕皇太后前請安

内閣奉

諭旨陳際唐著調補甘肅新疆鎮迪道並加提法使銜

山西河東道員缺著榮霈調補

是日

起居注官延清王榮商

十三日癸丑

上詣 翊坤宮

隆裕皇太后前請安

内閣奉

諭旨憲政編查館奏派員考察各省籌備憲政情形據實臚陳一摺前因憲政關係重要曾由憲政編查館王大臣選派館員分赴各省考察一切茲據奏稱派赴東三省直隸山東山西河南湖北江西安徽江蘇浙江福建廣東各員先後察竣回京將考察實在情形逐一呈報各省遵章籌辦憲政均已畧具規模惟程度未能齊一瑕瑜難免互見其主管各員實心任事者固不乏人而奉行具文者亦在所不免自應分別優劣加以勸懲奉天民政使張元奇提法使吳鈁遼陽州知州史紀常鐵嶺縣知縣徐麟瑞直隸提學使傅增湘河南提學使孔祥霖

廣東布政使陳夔麟山東巡警道潘延祖山西太原府知府周渤吉林試署西南路道前署吉林府知府李澍恩農安縣知縣壽鵬飛黑龍江署龍江府知府黃維翰江蘇候補道夏敬觀江西候補知府黃立權浙江候補知縣梁建章谷鍾秀俱能實事求是尚有成績可觀均著傳旨嘉獎福建興泉永道郭道直辦事竭蹶精神不及於巡警禁煙各要政率多有名無實著即行開缺河南巡警道蔣楙熙辦理警務未能擴張整頓著開缺另補直隸天津縣知縣胡商彝諸事廢弛斂錢肥己每年所收陋規為數頗鉅調查戶口復欲向民間苛斂以致民怨沸騰著即行革職現值提前籌備憲政內外臣工愈當淬勵精神力圖前進著各省督撫嚴飭所屬妥速籌辦毋再任令敷衍因循致誤期限並著憲政編查館王大臣隨時加意考核分別殿最臚列奏

陳總期通力合作剋日觀成用副朝廷孜孜求治之至意餘著照所議辦理該部知道又奉

諭旨寶棻奏考覈文武各員分別舉劾以昭激勸一摺河南開封府知府袁鎮南衛輝府知府華煇汝甯府知府李兆珍鄭州直隸州知州葉濟前署洛陽縣知縣甯陵縣知縣鄭鴻瑞孟津縣知縣孫金章夏邑縣知縣黎德芬署理永城縣知縣候補知州楊葆昂祥符縣典史丁燕詒尉氏縣典史朱道培既據該撫臚陳政績均著傳旨嘉獎鄢陵縣知縣榮禧性耽安逸闒冗無能新鄭縣知縣袁啟芬衰庸懦弱物議沸騰太康縣知縣龔文明丁役用事玩視民命內鄉縣知縣邱縉積案濫押馭下不嚴汜水縣知縣賴豐杰性情才庸優柔寡斷偃師縣知縣李龍書疏庸惰玩信任家丁封邱縣知縣謝葆榮庸鄙近利尤習惰逸前署泌

陽縣知縣試用同知王壽勳治匪寬縱營私忘公前署
息縣知縣候補知縣劉豫立緝捕不力聲守難信前
署汝州直隸州知州候補直隸州知州唐彝藩擅釋押
犯罔顧民瘼署修武縣知縣大挑知縣姚啟瑞卑鄙
貪猾聲明狼藉前署柘城縣知縣試用知縣高錫麒性
情卑鄙行為浮妄前署原武縣知縣試用知縣周維清
不通文墨辦事昏庸前署唐縣知縣候補直隸州知
州周書麟人品卑污聲名甚劣代理淮沈項縣丞試用
典史劉覲宸柔懦貪劣光州吏目余嘉蘭性情乖戾
前代理盧氏縣典史試用未入流華霖行同無賴已撤
五十七標二營管帶候選鹽大史周葆楨性情貪鄙前
在洛陽防次嘖有煩言候選縣丞湯本新前充協部
副軍需官採辦不實已撤中路巡防隊統領補用游擊
徐厚光藉案擾累用人不當汝州營守備馬青雲借

官勒派被控有案南召汛把總高鳳翼聲名惡劣西
華汛把總胡沛霖不安本分已撤陸軍工程營管帶補
用千總李保常不齒軍界均著即行革職分缺先知
縣吳廷模劣迹多端衣冠敗類著革職永不敘用中
路巡防隊二營管帶補用守備周明成聞有受賄養匪
情弊前路巡防隊三營管帶儘先都司仝錫福所屬弁
兵不盡可靠均著即行革職如有重大情節著另行
查明參辦陳州府知府陶福同年力稍衰不勝煩劇浙
川直隸廳同知王錫田才欠明幹難勝邊要汲縣知縣李
崧祐精神不振輿情未盡允洽均著開缺留省另補桐
柏縣知縣王慶垣書迂未化難膺民社惟文理尚優著
以教職降選餘著照所議辦理該部知道又奉
諭旨河南巡警道員缺著王守恂補授又奉
諭旨試署河南勸業道王維翰著開缺另補所遺員缺

著胡鼎彝試署又奉

諭旨福建興泉永道員缺著慶蕃補授

是日

起居注官世榮惲毓鼎

十四日甲寅

上詣　翊坤宮

隆裕皇太后前請安

是日

起居注官錫鈞許澤新

十五日乙卯

上詣　翊坤宮

隆裕皇太后前請安

內閣奉

諭旨軍機大臣貝勒毓朗著加恩賞穿帶膝貂褂又奉

諭旨湖北布政使著余誠格調補錢能訓著補授陝西

布政使

是日

起居注官　景潤　周克寬

宣統二年歲次庚戌十一月十六日丙辰

上詣　翊坤宮

隆裕皇太后前請安

内閣奉

諭旨吏部右參議著裕隆補授

是日

起居注官蔭桓楊捷三

十七日丁巳

上詣　翊坤宮

隆裕皇太后前請安

内閣奉

硃諭資政院奏大臣責任不明難資輔弼一摺朕已覽悉朕維設官制祿及黜陟百司之權為朝廷大權載在

先朝欽定憲法大綱是軍機大臣負責任與不負責任暨設立責任内閣事宜朝廷自有權衡非該院總裁等所得擅預所請著毋庸議又奉

硃諭軍機大臣慶親王奕劻等奏才力竭蹶無補時艱懇恩開去軍機大臣要差摺披覽均悉該大臣等盡心輔弼朝廷自能洞鑒既屬受恩深重不應瀆請所請開去軍機大臣之處著不准行又奉

諭旨陸軍部奏遵旨議處一摺署江北提督直隸通永鎮總兵雷震春著照部議革職又奉
諭旨江北提督著段祺瑞署理並加侍郎銜又奉
諭旨直隸津海關道員缺著錢明訓補授又奉
諭旨長庚奏大員在籍病故代遞遺摺一摺已故甘肅新疆巡撫何彥昇由監司洊陟疆圻克勤厥職玆聞溘逝軫惜殊深加恩著照巡撫例賜卹任内一切處分悉予開復應得卹典該衙門察例具奏

是日

起居注官恩祥　李士鈐

十八日戊午

上詣　翊坤宮

隆裕皇太后前請安

内閣奉

諭旨長庚奏舉劾屬吏一摺甘肅在任候補道甯夏府知府趙惟熙署蘭州府平涼府知府張炳華既據該督臚陳政績均著傳旨嘉獎卸署甯州知州平涼縣知縣阮士惠性情偏執諱匿命案卸署永昌縣渭源縣知縣楊鼎新折征被控任性濫刑伏羌縣知縣紀毓蘭才識平庸禁煙不力署甯夏府經歷候補縣丞袁蘭先行為不端有玷官箴署玉門縣訓導馬凌雲藉事詐索屢被控告卸署陝西宜君營守備兼護參將留陝甘即補都司任正得散餉缺額罔利營私均著即行革職西安城守協標雲騎尉世職烏騰漢沾

染嗜好巧飾規避著革職永不叙用餘著照所議辦

理該部知道又奉

諭旨直隸通永鎮總兵員缺著田文烈補授

是日

起居注官景禄吴士鑑

十九日已未

上詣　翊坤宫

隆裕皇太后前請安

是日

起居注官覺羅文華周爰諏

二十日庚申

上詣　翊坤宮

隆裕皇太后前請安

内閣奉

諭旨農工商部奏京師商務總會稟稱京師各行商會暨各省商衆以喧傳翦髪易服力陳商業危迫懇予維護等語國家制服等秩分明習用已久從未輕易更張除軍服警服因時制宜係前經各該衙門奏定遵行外所有政界學界以及各色人等均應恪遵定制不得輕聽浮言致滋誤會特此明白宣示俾京外周知以靖人心而安生業又奉

諭旨順天府奏普濟堂教養局人數倍增請加撥米石一摺加恩著照所請每月加撥倉米六十石由順天府具領發交該局妥為經理以資接濟而廣恩施該衙門知道

是日

起居注官崇山熊方燧

二十一日辛酉

上詣翊坤宮

隆裕皇太后前請安

內閣奉

諭旨法部奏請簡各直省高等審判廳廳丞高等檢察廳檢察長員缺各摺片除奉天高等審判廳廳丞檢察廳檢察長吉林高等檢察廳檢察長業經簡補湖南暫緩開庭外吉林高等審判廳廳丞著錢宗昌試署黑龍江高等審判廳廳丞著趙儼葳試署高等檢察廳檢察長著周貞亮試署直隸高等審判廳廳丞著俞紀琦試署高等檢察廳檢察長著劉思鑑試署江蘇高等審判廳廳丞著鄭言試署高等檢察廳檢察長著陸懋勳試署安徽高等審判廳廳丞著沈金鑑試署高等檢察廳檢察長著郭振鏞試署山東高等審判廳廳丞著龔積炳試署高等檢察廳檢察長著陳業試署山西高等審判廳廳丞著謝桓武試署高等檢察廳檢察長著王祖仁試署河南高等審判廳廳丞著怡齡試署高等檢察廳檢察長著李瀚昌試署陝西高等審判廳廳丞著徐德修試署高等檢察廳檢察長著趙乃普試署甘肅高等審判廳廳丞著何奏蓂試署高等檢察廳檢察長著王國鏞試署新疆高等審判廳廳丞著郭鵬試署高等檢察廳檢察長著張培愷試署福建高等審判廳廳丞著梁冠澄試署高等檢察廳檢察長著辛漢試署江西高等審判廳廳丞著江峯青試署高等檢察廳檢察長著袁勵忠試署湖北高等審判廳廳丞著梅光羲試署高等檢察廳檢察長著黃慶瀾試署四川高等審判廳廳丞著武瀛試署高等檢察廳檢察長著陶思曾試署

廣東高等審判廳廳丞著史緒任試署高等檢察廳檢察長著文霈試署廣西高等審判廳廳丞著俞樹棠試署高等檢察廳檢察長著朱文劭試署雲南高等審判廳廳丞著王來試署高等檢察廳檢察長著張一鵬試署貴州高等審判廳廳丞著朱興汾試署高等檢察廳檢察長著賀廷桂試署餘依議又奉

諭旨本日召見之四品卿銜翰林院編修繆荃孫著以學部參議候補

是日

起居注官延清鄭沅

二十二日壬戌

上詣　朔坤宮

隆裕皇太后前請安

內閣奉

諭旨副都統吳祿貞著充陸軍第六鎮統制官又奉

諭旨四川雅州府知府員缺著特蘇慎補授

是日

起居注官世榮王榮商

二十三日癸亥

上詣　朔坤宮

隆裕皇太后前請安

内閣奉

諭旨前據錫良代奏奉天紳民呈請明年即開國會當經批示縮改開設議院年限前經廷議詳酌已降旨明白宣示不應再奏嗣據陳夔龍電奏順直諮議局議長等又以速開國會為請復經電飭剴切宣示不准再行聯名要求瀆奏並嚴飭開導彈壓如不服勸諭糾衆違抗即行查拏嚴辦茲又據軍機大臣據情面奏亦屬不合開設議院縮改於宣統五年乃係廷臣協議請旨定奪並申明一經宣示萬不能再議更張誠以事繁期迫一切均須提前籌備已不免種種為難各省督撫陳奏亦多見及於此乃無識之徒不察此意仍肆要求往往聚集多人挾制官長今又有以東三省代表名詞來京遞呈一再瀆擾實屬不成事體著民政部步軍統領衙門立即派員將此項人等迅速送回原籍各安生業不准在京逗遛朝廷於無知愚民因迫於時艱妄行陳説已屢從寛宥然豈有國民而不循理法者深恐奸人暗中鼓動藉詞煽惑希圖擾害治安若不及早防維認真彈壓懲辦久必至於釀亂此後倘有續行來京藉端滋擾者定惟民政部步軍統領衙門是問各省如再有聚衆滋鬧情事即非安分良民該督撫等均有地方之責著即懔遵十月初三日諭旨查拏嚴辦毋稍縱容以安民生而防隱患

是日

起居注官錫鈞惲毓鼎

二十四日甲子

上詣　翊坤宮

隆裕皇太后前請安

內閣奉

諭旨前經降旨飭令憲政編查館修正籌備清單著即

迅速擬訂並將內閣官制一律詳慎纂擬具奏候朕披

覽詳酌又奉

諭旨副都統吳祿貞等奏已故大學士官鄂最久功德在

民懇恩准建專祠一摺已故大學士張之洞前任湖廣

總督先後二十餘年政績最著遺愛尤深著准其於

湖北省城捐建專祠由地方官春秋致祭以順輿情

是日禮部奏十二月初五等日各

忌辰遣官一摺奉

諭旨十二月初五日

穆宗毅皇帝忌辰祭

惠陵派毓檙行禮初六日

孝惠章皇后忌辰祭

孝東陵派意普行禮十一日

孝和睿皇后忌辰祭

昌西陵派奎瑛行禮十二日

孝德顯皇后忌辰祭

定陵派溥佶行禮二十五日

孝莊文皇后忌辰祭

昭西陵派意普行禮

是日

起居注官景潤許澤新

二十五日乙丑

上詣　坤宮
隆裕皇太后前請安
　內閣奉
諭旨慶親王奕劻奏懇恩開去軍機大臣及總理外務
部大臣要差一摺現在時會艱危全賴親賢輔弼慶
親王奕劻老成謀國為
先朝倚任歷數十年勳勤懋著中外皆知庚子之役維持大
局轉危為安厥功尤偉戊申十月連遭
德宗景皇帝
孝欽顯皇后大事四海震動決疑定計卒致寰宇乂安是該
親王兩朝開濟備歷艱辛籌畫宏謀洵屬有功
宗
社現雖年逾七旬仍復精神矍鑠擘畫要政夙夜兢兢職任
一無曠誤當此提前辦理憲政籌設內閣庶務繁賾力
求進行之時該親王分屬懿親允宜任勞任怨始終
將事豈忍遽行引退稍卸仔肩所請開去要差之處
著毋庸議該親王務當仰體
顧命勉濟時艱毋再固辭用慰朕殷殷眷念之至意

是日
起居注官蔭桓周克寬

二十六日丙寅

上詣　翊坤宮

隆裕皇太后前請安

內閣奉

諭旨前據沈家本奏進候補五品京堂劉錦藻恭纂書籍經南書房閱看將譌舛之處逐卷加簽當即諭令劉錦藻更正妥協再行呈進嗣經更正恭進復交南書房重加校閱茲據奏稱劉錦藻所纂皇朝續文獻通考一書搜採甚富持論明通現均改正無譌等語劉錦藻著加恩賞給內閣侍讀學士銜以示嘉獎

是日

起居注官恩祥楊捷三

二十七日丁卯

上詣　翊坤宮

隆裕皇太后前請安

是日

起居注官景粒李士鉁

二十八日戊辰

上詣　翊坤宮

隆裕皇太后前請安

是日

起居注官覺羅文華吳士鑑

二十九日己巳

上詣　翊坤宮

隆裕皇太后前請安

内閣奉

諭旨馬隊第一標統帶官王廷楨著派充禁衛軍步隊第二協統領官並賞給陸軍協都統銜又奉

諭旨希廉著回京當差春霱鎮總兵兼總管内務府大臣著岳㮾補授又奉

諭旨本年十二月二十八日歲暮祫祭

太廟遣樆林恭代行禮東西廡派鐵麟榮壑各分獻二十七日告祭

太廟後殿派魁斌行禮

中殿派溥偉行禮二十八日祭

太歲壇派載功行禮兩廡派麒德瑞豐各分獻

是日

起居注官崇山周爰諏

三十日庚午

上詣翊坤宮

隆裕皇太后前請安

是日

起居注官延清熊方燧

宣統二年歲次庚戌十二月初一日辛未

上詣　翊坤宫

隆裕皇太后前請安

內閣奉

諭旨禮部奏明年元旦禮節請旨遵行一摺著停

止升殿受賀又奉

諭旨

監國攝政王面奉

隆裕皇太后懿旨明年元旦皇帝毋庸行禮停止筵

宴在外公主福晉命婦亦毋庸進內行禮

是日

起居注官世榮鄭沅

初二日壬申

上詣　翊坤宫

隆裕皇太后前請安

是日

起居注官錫鈞王榮商

初三日癸酉

上詣翊坤宮

隆裕皇太后前請安

內閣奉

諭旨禮部奏

孝欽顯皇后服闋行釋服禮日期各摺片宣統三年

正月十六日由

監國攝政王代詣

奉先殿行釋服禮餘依議又奉

諭旨禮部奏

德宗景皇帝服闋行釋服禮日期各摺片宣統三年

正月十六日由

監國攝政王代詣

奉先殿行釋服禮餘依議

是日

起居注官景潤惲毓鼎

初四日甲戌

上詣　翊坤宮

隆裕皇太后前請安

內閣奉

諭旨奉天度支使著齊福田補授又奉

諭旨安徽巡警道員缺著王履康補授又奉

諭旨前據錫恆電奏哈薩克台吉瑪木爾伯克控告塔爾巴哈台參贊大臣札拉豐阿派令章京奇蘭等管理蒙哈加添無數差使並多方婪索一案當經諭令錫恆按照所訴各節確查嗣因錫恆病故復諭令忠瑞赴塔城接查茲據查明電奏所訴各節均屬實情自應量予懲處前塔爾巴哈台參贊大臣安成札拉豐阿先後蒙奏冒徵札拉豐阿復索取哈台吉銀兩馬匹魚肉邊氓實屬辜恩溺職雖經病故安成著撤銷郵典札拉豐阿著革職遞年經收各章京記名副都統協領奇蘭伊犁錫伯營領隊大臣花沙布後先派充邊防營務處既不能規止於前又復附和於後奇蘭總辦皮毛公司又不免阿人所好不知遠嫌

泰東陵員外郎准保知府巴達蘭布補用協領佐領托克浠巴圖雖係奉諭征收究屬不合均著交部分別議處縣丞單遇亨身充商夥出入衙署物議沸騰著即行革職餘著照所議辦理該部知道蒙哈情形困苦嗣後務當加意撫綏約束章京等毋任苛擾以安眾心用示朝廷體恤邊氓之至意

是日

起居注官蔭桓許澤新

初五日乙亥

上詣　翊坤宮

隆裕皇太后前請安辰刻

皇太后率

皇上

詣　乾清宮

穆宗毅皇帝聖容前行禮畢

駕還養心殿

是日禮部奏十二月初五等日各

忌辰遣官一摺奉

諭旨十二月初五日

穆宗毅皇帝忌辰祭

惠陵派毓橚行禮初六日

孝惠章皇后忌辰祭

孝東陵派意普行禮十一日
孝和睿皇后忌辰祭
昌西陵派奎瑛行禮十二日
孝德顯皇后忌辰祭
定陵派溥佶行禮二十五日
孝莊文皇后忌辰祭
昭西陵派意普行禮

是日
起居注官恩祥周克寬

初六日丙子
上詣 翊坤宮
隆裕皇太后前請安
內閣奉
諭旨郵傳部尚書著盛宣懷補授吳郁生著補授
郵傳部右侍郎又奉
諭旨唐紹怡奏病勢日深假期又滿懇開去署缺
一摺署郵傳部尚書唐紹怡著准其開去署缺
又奉
諭旨吏部右侍郎著沈雲沛署理李經方著署理
郵傳部左侍郎未到任以前著吳郁生兼署

是日
起居注官景𥙷楊捷三

初七日丁丑
上詣　翊坤宮
隆裕皇太后前請安
內閣奉
諭旨溥良盛桂奏察哈爾右翼四旗被災情形懇
恩撫恤一摺右翼四旗上年秋間已屬苦旱今
歲春夏雨澤又復稀少亢旱成災牲畜多致餓
斃困苦情形殊堪憫念加恩著賞給帑銀一萬
兩由度支部給發交溥良等派委妥員前往災
區查明戶口被災輕重分別妥為散放毋任失
所用副朝廷撫恤蒙艱之至意又奉
諭旨山東鹽運使員缺著方碩輔補授
是日
起居注官覺羅文華李士鉁

初八日戊寅
上詣　翊坤宮
隆裕皇太后前請安
內閣奉
諭旨本日召見之明保翰林院編修施愚著以應
升之缺開列在前又奉
諭旨本日召見之審案平反存記道直隸保定府
知府錫齡阿著在任以道員遇缺儘先補用並
仍交軍機處存記又奉
諭旨孫寶琦奏查明本年山東各屬秋禾被災情
形懇恩蠲緩錢漕一摺本年山東青城等九十
一州縣及歸併衛所並各鹽場夏初雨暘失時
夏秋之際又復陰雨連綿山泉暴注沿河沿運
一帶大汛泛濫積水不消若將被淹村莊應徵

錢漕照常徵收民力實有未逮加恩著照所請
所有成災最重之青城縣屬各村莊應徵本年
錢糧漕米漕倉等項全行蠲免其餘成災輕重
不等之利津等州縣應徵錢糧等項按照單開
各村莊地畝分別蠲緩該撫即刊刻謄黄徧行
曉諭務使實惠均霑毋任吏胥舞弊用副朝廷
軫念民艱之至意餘著照所議辦理該部知道

單併發又奉
諭旨前據李經羲電奏大姚縣匪徒聚衆謀亂縣
城被陷收復當經諭令嚴拏首要亟查起事原
由茲據查明覆奏匪首陳可培與會匪鄧良臣
聚衆放飄潛謀起事入城刼殺當經派令防勇
鄉團等援擊陣斃生擒悍匪甚夥縣城當即收
復旋復拏獲陳可培鄧良臣訊明正法署大姚
縣知縣鄭兆年典史鄧龍光巡長謝蘭潤倉皇
遁匿臨事畏葸均著即行革職鄭兆年尚有發
餉另案著仍留滇聽候查究所有在事出力人
員准其擇尤酌保數員毋許冒濫該部知道

是日
起居注官崇山吳士鑑

初九日己卯

上詣翊坤宮

隆裕皇太后前請安

內閣奉

諭旨本日軍諮處陸軍部帶領引見留學日本陸軍測繪畢業學生考列優等之李兆綸黃鄂德楞圖李向榮唐凱俞應麓陳陛章均著賞給舉人授為測繪副軍校考列上等之郭廷康王炳潛史獻臣興宗文蔚齋張裕文郭延井介福李偉旃章煥琪均著賞給舉人授為測繪協軍校考列中等之馮家驄著賞給舉人以測繪協軍校記名補用又奉

諭旨陳夔龍電奏查拏著名無賴出身微賤之溫世霖即溫子英原名溫昱曾充長隨多年聲名惡劣久為衣冠不齒此次在津竟敢假請願國會為名結衆斂錢已屬有害地方又復擅捏通國學界同志會名義妄稱會長遍電各省廣肆要結同時罷課意圖煽惑居心實不可問請嚴行懲儆等語溫世霖著即發往新疆交地方官嚴加管束以遏亂萌而弭隱患該部知道

是日

起居注官延清周爰諏

初十日庚辰

上詣　翊坤宮

隆裕皇太后前請安

內閣奉

諭旨

監國攝政王面奉

隆裕皇太后懿旨明年正月初十日萬壽皇帝在宮

內行禮王公百官毋庸行禮停止筵宴在外之

公主福晉命婦毋庸進內行禮萬壽正日王公

百官均著補褂挂朝珠初六初八初九十二十

三十五等日均常服挂朝珠又奉

諭旨禮部奏萬壽聖節應否照案行禮一摺明年

正月十三日萬壽朕在宮內恭詣

隆裕皇太后前行禮王公百官均毋庸行禮十三日

王公百官均著常服挂朝珠十六日十七日均蟒

袍補褂

是日

起居注官世榮熊方燧

十一日辛巳

上詣　翊坤宮

隆裕皇太后前請安

內閣奉

諭旨前因資政院會期三月屆滿議事未竣諭令
延長十日現在又經屆滿著即於本日閉會此
次資政院開院本係初次試辦粗具規模徐圖
進步爾議員等自當激勵忠誠擴充聞見洞觀
時局默驗輿情必學與識早裕於平時斯事與
理可期其一貫爾議員等其加勉焉又奉

諭旨瑞澂奏湖北各屬被淹受旱輕重情形請分
別蠲緩新舊錢糧漕南銀米等項一摺湖北本
年春夏之交陰雨連綿蛟水陡發江漢湖河疊
次泛漲入秋後襄南二水同時復漲濱水各廳
州縣隄垸潰決田禾概被淹沒高阜之區雨澤
又復愆期收成均行歉薄若將應徵錢糧漕米
等項照常徵收民力實有未逮加恩著照所請
將被災之枝江等各廳州縣村莊應徵新賦錢
糧漕米等項並原緩節年銀米酌量輕重情形
分別蠲緩以紓民力該督即按照單開詳細數
目刊刻謄黃徧行曉諭務使實惠均霑毋任吏
胥舞弊用副朝廷軫念民艱至意餘著照所議
辦理該部知道單二件併發又奉

諭旨此次驗看之學部考驗游學畢業生陳祖良
著賞給工科進士鄭際平著賞給法政科舉人

是日

起居注官錫鈞鄭沅

十二日壬午

上詣 翊坤宮

隆裕皇太后前請安 辰刻

詣 建福宮

孝德顯皇后御容前行禮畢

駕還養心殿

內閣奉

諭旨此次引見陸軍游學畢業考列優等之軍需科畢業生林鳳游著賞給陸軍軍需兵科舉人並授軍需副軍校又奉

諭旨陸軍部奏保堪勝高級軍佐人員一摺郎中蘇錫第著授為軍需正參領候選道丁士源著授為軍法正參領

是日

起居注官景潤王榮商

十三日癸未
上詣 翊坤宮
隆裕皇太后前請安
內閣奉
諭旨現在釐訂外省官制必須詳慎著派錫良
陳夔龍張人駿瑞澂會同憲政編查館王大臣
悉心參酌遇有緊要節目隨時電商又奉
諭旨朱恩紱著以三品京堂候補又奉
諭旨禁煙功令森嚴前經各衙門奏定禁煙章程
編訂條例並由各省督撫奏請變通年限復恐
日久玩生又經飭令度支部派員赴各省考查
凡有奏報不實者均已量加懲戒並將保案一
律撤銷朝廷於此事不啻三令五申冀以早絕
根株永除痼患乃實力奉行者固不乏人虛應
故事者仍恐在所不免長此因循欺飾焉有廓
清之一日茲特再申誥誡其已經禁種之處斷
不准毒卉復萌其已經戒斷之人斷不准舊汙
復染凡未經禁絕者著各督撫懍遵迭次諭旨
嚴飭所屬迅速查禁毋得任意宕延儻各地方
官仍前粉飾即著從嚴參處並著民政部度支
部認真考核總期實事求是急起直追用副朝
廷為民除害之至意
是日
起居注官蔭桓惲毓鼎

十四日甲申

上詣翊坤宮

隆裕皇太后前請安

是日

起居注官恩祥許澤新

十五日乙酉

上詣翊坤宮

隆裕皇太后前請安

是日

起居注官景禐周克寬

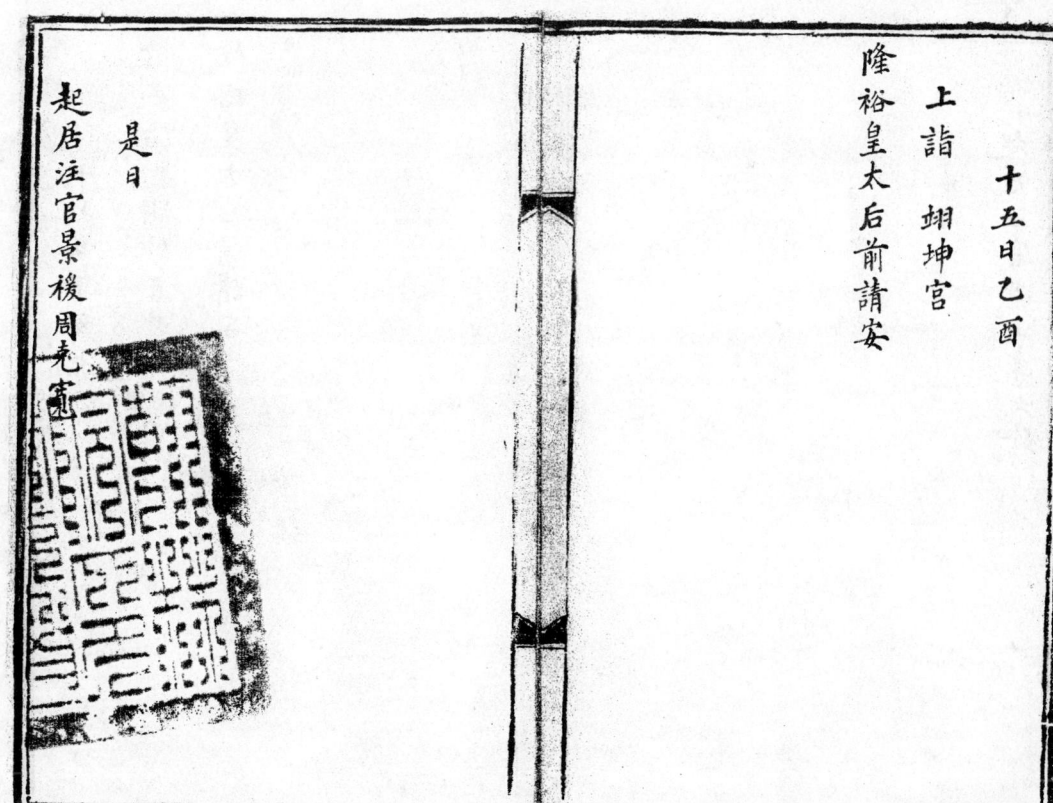

宣統二年歲次庚戌十二月十六日丙戌

上詣　翊坤宮

隆裕皇太后前請安

內閣奉

諭旨明年正月初八日孟春時享

太廟遣懋林恭代行禮

後殿派魁斌行禮兩廡派錫露希璋各分獻又奉

諭旨明年正月十二日祭

祈穀壇遣載瀛恭代行禮

是日

起居注官覺羅文華楊捷三

十七日丁亥

上詣　翊坤宮

隆裕皇太后前請安

是日

起居注官崇山李士鉁

十八日戊子

上詣　翊坤宮

隆裕皇太后前請安

内閣奉

諭旨度支部奏請簡四川清理財政正監理官一摺江蘇候補道文龢著賞加四品卿銜充四川清理財政正監理官又奉

諭旨寶棻奏勘明河南被災各州縣請分別蠲緩新舊錢漕一摺豫省本年春間雨雪過多入夏後大雨兼旬山水暴發河流漫溢以致祥符等州縣秋禾收成均形歉薄若將新舊錢漕同時並徵民力實有未逮加恩著照所請所有祥符等四十二州縣應徵新舊錢漕分別蠲緩以紓民力該撫即按照單開各州縣村莊頃畝銀糧米石各數刊刻謄黃徧行曉諭務使實惠均霑毋任吏胥舞弊用副朝廷軫念民艱至意該部知道單併發

是日

起居注官延清吴士鑑

十九日己丑

上詣翊坤宮

隆裕皇太后前請安

內閣奉

諭旨廷杰奏因病續假並請派員署缺一摺廷杰著再賞假一箇月法部尚書毋庸派署又奉

諭旨陜西提學使著余堃補授甘肅新疆提學使著杜彤補授

是日

起居注官世榮周爰諏

二十日庚寅

上詣翊坤宮

隆裕皇太后前請安

是日

起居注官錫鈞熊方燧

二十一日辛卯

上詣　翊坤宮

隆裕皇太后前請安

是日

起居注官景潤鄭沅

二十二日壬辰

上詣　翊坤宮

隆裕皇太后前請安

內閣奉

諭旨前禮部左侍郎張亨嘉由翰林入直南書房迭掌文衡洊升卿貳學問優裕克勤厥職茲聞溘逝軫惜殊深加恩著照侍郎例賜䘏任內一切處分悉予開復應得䘏典該衙門察例具奏伊子張如亶著以主事用

是日

起居注官蔭桓王榮商

二十三日癸巳

上詣　翊坤宮

隆裕皇太后前請安　酉刻

詣

坤寧宮

西案

北案

竈君前拈香畢

駕還養心殿

內閣奉

諭旨恩壽奏考覈屬員分別舉劾一摺陝西西安府知府瑞清興安府知府胡薇元本任延安府知府調署漢中府知府愛星阿商州知州胡啟虞調補臨潼縣知縣劉賡年署華州知州本任咸寧縣知縣王世鍈興平縣知縣張瑞璣升補華州知州楊調元署延長縣知縣試用知縣洪寅署蒲城縣知縣本任長武縣知縣曾士剛既據該撫臚陳政績均著傳旨嘉獎岐山縣知縣吳命心居心巧滑語多飾詞署乾州知州大荔縣知縣陳潤爍馭下不嚴差役用事均著開缺留省查看署山陽縣知縣試用知縣傅麗文操守難信怨讟繁滋開缺查看前洵陽縣知縣盧東鈞知識庸闇難與更新大荔縣丞李松壽擅受民詞試用府經歷舒承勳行為殘忍賈策三縱丁需索署江口主簿施錫壽縱役釀命試用直隸州判吳永錫違例苛罰分缺先用典史毛鄮墳收釐舞混候補縣丞郭釗任意苛罰均著即行革職武功縣訓導郭暉煙癮未除著革

職永不叙用餘著照所議辦理該部知道

是日

起居注官恩祥惲毓鼎

二十四日甲午

上詣　翊坤宫

隆裕皇太后前請安

内閣奉

諭旨丁寶銓奏遵章裁撤冀寧道改設勸業道並請簡補一摺山西勸業道員缺著翁斌孫補授

又奉

諭旨程德全奏考察屬員分别舉劾一摺江蘇松江府知府戚揚太倉州直隸州知州姚炳熊華亭縣調署長州縣知縣張鵬翔既據該撫臚陳政蹟均著傳旨嘉奬補用道陳光淞縱容丁役内行有虧補用知府胡玉瀛貌似有才舞弊最工陽湖縣知縣伊立勳玩視民命私用門丁浙江試用知縣劉秉業緝獲瀝賣徇情枉縱署馬

蹟司巡檢葉日蔭擅受刑責釀成人命新陽縣
典吏殷敏看管案犯收受銀錢已撤巡艦代統
江南水師學堂畢業生封燮臣玩忽戎機匿贓
不報福山鎮左營中哨四隊外委歐忠彪查米
出洋任聽賄放均著即行革職封燮臣歐忠彪
著分別歸案從嚴訊辦並將封燮臣文憑勒追
註銷餘著照所議辦理該部知道又奉
諭旨丁寶銓奏查明陽曲等廳州縣被災地畝請
分別豁免蠲緩遞緩停徵展停錢糧一摺本年
山西省自春徂夏雨澤愆期入秋得雨過晚播
種已遲收成歉薄其北路暨口外各屬並有不
及播種之處兼以氷雹為患成災歉收暨水冲
沙鹻未能墾復地畝若將應徵新舊糧賦照常
徵收民力實有未逮加恩著照所請所有陽曲
等三十八廳州縣應徵新舊錢糧著按照成災分
數豁免蠲緩遞緩停徵展停以恤民艱該撫即
將單開詳細數目刊刻謄黃徧行曉諭務使實
惠均霑毋任吏胥舞弊用副朝廷軫念災區之
至意餘著照所議辦理該部知道單併發

是日

起居注官景稷許澤新

二十五日乙未
上詣翊坤宮
隆裕皇太后前請安
內閣奉
諭旨崇文門正監督著那彥圖去副監督著壽勳
去又奉
諭旨左翼監督著達賚去右翼監督著瑞啟去又奉
諭旨明年五月為英君加冕之期著派貝子銜鎮
國將軍載振充頭等專使大臣前往致賀以重
邦交又奉
諭旨總管內務府大臣奏遵旨查明大臣子嗣一
摺已故科布多辦事大臣錫恒之承繼孫繼良
加恩著賞給員外郎又奉
諭旨資政院議決新刑律總則會同軍機大臣具
奏繕單呈覽請旨裁奪一摺新刑律總則第十
一條之十五歲著改為十二歲第五十條或滿
八十歲人之上著加入或未滿十六歲人字樣
餘依議又據憲政編查館奏新刑律分則並暫
行章程資政院未及議決應否遵限頒布繕單
呈覽請旨辦理一摺新刑律頒布年限定自
先朝籌備憲政清單現在開設議院之期已經縮短
新刑律尤為憲政重要之端是以續行修正清
單亦定為本年頒布事關籌備年限實屬不可
緩行著將新刑律總則分則暨暫行章程先為
頒布以備實行俟明年資政院開會仍可提議
修正具奏請旨用符協贊之義並著修訂法律
大臣按照新刑律迅即編輯判決例及施行細
則以為將來實行之預備餘照所議辦理又奉

諭旨錫良奏查明奉省新民義州等屬旗民各項
地畝被災分數懇恩蠲緩糧租一摺奉天新民
等處本年夏秋霪雨連綿各屬地方多受水患
間有被雹成災收成歉薄實堪軫念加恩著照
所請所有新民等八府州縣並各旗界地畝著
按照單開各村屯被災分數分別蠲緩如有已
徵在官者准其流抵次年正賦其曾經被災緩
徵者著遞緩一年帶徵以紓民力該督即刊刻
謄黃徧行曉諭務使實惠均霑毋令吏胥舞弊
用副朝廷軫念民艱至意餘著照所議辦理該
部知道單併發又奉
諭旨馮汝騤奏查明江西被災各屬分別緩徵遞
緩新舊錢漕等項開單呈覽一摺江西南昌等
府各屬本年入夏以來雨水過多山溪暴發河
湖並漲沿河禾苗多被淹浸又因晴霽日久天
氣亢陽高阜秋稼漸形黄萎收成均甚歉薄若
將應徵新舊錢漕等項照常徵收民力實有未
逮加恩著照所請所有勘實被災之新建等廳
縣並九江府同知所轄之南九二衛均著將應
徵新舊錢漕蘆課屯餘分別緩徵遞緩以紓民
力該撫即按照單開各廳縣村莊頃畝分數暨
應緩錢糧米石各數刊刻謄黃徧行曉諭務使
實惠均霑毋任吏胥舞弊用副朝廷軫念民艱
至意該部知道單併發

是日

起居注官覺羅文華周克寬

二十六日丙申

上詣　翊坤宮

隆裕皇太后前請安

内閣奉

諭旨馮汝騤奏考察屬員賢否據實舉劾一摺江西吉南贛甯道俞明頤南昌府知府武玉潤署南安府知府陳光裕試用知府金士彥署定南廳同知吳春鏻署廬陵縣知縣臨川縣知縣易順豫署瀘溪縣知縣歐陽保福署德興縣知縣余永濬補用知縣黄綬萍鄉縣蘆溪司巡檢劉蔭福既據該撫臚陳政績均著傳旨嘉奬試用知府程建辦理官銀分號假公濟私不知自愛前署德化縣補用知州華桐辦事操切致釀命案前署瑞金縣補用知縣詹光斗藉案需索不知大體候補直隸州州判梁鏡寰視學南贛婪索規費安福縣教諭趙汝明品行不端署上高縣丞朱繼昌辦理禁煙不知覈實興國縣典史陳肇麟嗜利無恥臨川縣典史楊金選捕務廢弛崇仁縣鳳岡司巡檢袁惟炳不知檢束貴溪縣上清司巡檢王頌彬庸懦無能署南城縣新豐司巡檢蔡純操守不謹補用巡檢向楷玩視警務湖口礮台台官候選縣丞陳剛不守營規均著即行革職補用縣丞梅寶琦禁煙調驗搜獲夾帶試用從九蔣聿修調驗規避均著革職永不敘用永甯縣知縣胡嘉銓精神不振前署會昌縣知縣吉水縣知縣張肇基辦事迂緩均著開缺另補餘著照所議辦理該部知道

是日

起居注官崇山楊捷三

二十七日丁酉

上詣　翊坤宮

隆裕皇太后前請安

是日

起居注官延清李士鈐

二十八日戊戌

上詣　翊坤宮

隆裕皇太后前請安

内閣奉

諭旨沈家本現在有差法部左侍郎著曾鑑署理又奉

諭旨法部尚書著紹昌補授沈家本著轉補法部左侍郎

法部右侍郎著王垿補授又奉

諭旨試辦宣統三年歲入歲出總預算案前由度支部擬定奏交會議政務處會同集議旋經該處王大臣奏交資政院照章辦理茲據該院奏稱此項總預算案業經斟酌損益公同議決遵章會同會議政務處具奏並繕具清單請旨裁奪等語現在國用浩繁財力支絀該院核定宣統三年預算總案朕詳加披覽尚屬核實如確係浮濫之款即應極力删減若實有窒礙難行之處准由京外各衙門將實在不敷各款繕呈詳細表冊叙明確當理由徑行具奏候旨辦理至裁汰綠防各營於各省現在地方情形有無妨礙著陸軍部會同各省督撫悉心體察熟權利害從長計議詳晰具奏又會奏議決京外各官公費標準一片著俟編訂官俸章程時候旨施行又奉

諭旨直隸提督姜桂題電奏武衛左軍應否裁撤請旨裁奪等語武衛左軍本係毅軍改名歷經戰陣嗣經派駐近畿用資拱衛關繫尤為重要武衛左軍營隊餉項著毋庸裁減仍責成姜桂題認真訓練照常駐紮該部知道又奉

諭旨法部尚書廷杰老成練達端謹廉明由部曹

簡放外任洊陟監司升任熱河都統擢授尚書
宣力有年克稱厥職前因患病疊次賞假方期
調理就痊長資倚畀茲聞溘逝軫惜殊深加恩
賞給陀羅經被派貝子溥倫帶領侍衛十員即
日前往奠醊照尚書例賜卹任內一切處分悉
予開復應得卹典該衙門察例具奏伊孫一品
蔭生延齡著俟及歲時以郎中用用示篤念藎
臣至意

是日

起居注官世榮吳士鑑

二十九日己亥

上詣　翊坤宮
隆裕皇太后前請安　巳刻
詣
坤寧宮
皇太后率
皇上至
西案
北案
竈君前拈香畢
駕還養心殿
內閣奉
諭旨前據御史石長信奏參趙爾豐徇私溺職殘
刻貪污各節當經諭令長庚確查茲據查明覆

奏或事出有因或傳聞失實惟趙爾豐前在永
寧道任內辦理敘永土匪任用官紳罰及無辜
究屬失於覺察趙　豊著交部察議候選知府
傅嵩炑都司鄭子均隨辦匪案擅作威福恃勢
勒罰均著革職永不敘用鄭子均貪黷無恥情
節尤重著發往軍台効力贖罪知縣用候補府
經歷范國溥聲名素劣分省補用知縣吳俣不
戒於火燒燬營中糧米均著交部分別議處打
箭爐同知王典章既多物議著開缺另補寶豐
隆銀行股東喬世傑結交官長把持招搖著查
明如有官職即行斥革並發交原籍地方官嚴
加管束以示懲儆　著照所議該部知道又奉
諭旨甘肅巡警道員缺著趙惟熙試署又奉
諭旨廣西勸業道員缺著胡銘槃補授又奉

諭旨甘肅蘭州道一缺即行裁撤改設勸業道著
彭英甲補授又奉
諭旨楊文鼎奏耆紳　舉重逢籲懇恩施一摺在
籍翰林院檢討王闓運早列賢書儒林矜式現
屆該員鄉舉之年花甲適周洵屬科名盛事加
恩著賞加翰林院侍講銜以惠耆年又奉
諭旨法部左丞著王世琪署理許受衡著署理總檢
察廳廳丞

是日

起居注官錫鈞周爰諏

宣統三年正月初一日起至十二月三十日止

内起居注

正月初一日

上詣翊坤宮

皇太后前請安　辰刻

詣

壽皇殿行禮畢

詣

坤寧宮

皇太后率

皇上至

西案

北案

竈君前拈香畢

駕還養心殿

初二日

上詣翊坤宮

皇太后前請安　辰刻

詣

坤寧宮

皇太后率

皇上至

西案前行禮畢

駕還養心殿

初三日

上詣翊坤宮

皇太后前請安

初四日

上詣翊坤宮

皇太后前請安　辰刻

詣

坤寍宮

神杆前行禮畢

駕還養心殿

初五日

上詣翊坤宮

皇太后前請安

初六日

上詣翊坤宮

皇太后前請安

初七日

上詣翊坤宮

皇太后前請安

初八日

上詣翊坤宮

皇太后前請安

初九日

上詣翊坤宮

皇太后前請安

初十日

隆裕皇太后

萬壽聖節　辰刻

上詣翊坤宮

皇太后前行禮遞如意畢

駕還養心殿

十一日
上詣翊坤宮
皇太后前請安　辰刻
詣　承乾宮
孝全成皇后御容前行禮畢
駕還養心殿
十二日
上詣翊坤宮
皇太后前請安
十三日
萬壽聖節
上詣翊坤宮
皇太后前行禮遞如意畢　辰刻
詣
壽皇殿行禮畢
駕還養心殿
十四日
上詣翊坤宮
皇太后前請安
十五日
上詣翊坤宮
皇太后前請安
十六日
上詣翊坤宮
皇太后前請安　辰刻
詣　翊坤宮
孝欽顯皇后御容前行釋服禮畢
詣　乾清宮

德宗景皇帝聖容前行釋服禮畢

駕還養心殿

十七日

上詣翊坤宮

皇太后前請安

十八日

上詣翊坤宮

皇太后前請安

十九日

上詣翊坤宮

皇太后前請安

二十日

上詣翊坤宮

皇太后前請安

二十一日

上詣翊坤宮

皇太后前請安

二十二日

上詣翊坤宮

皇太后前請安

二十三日

上詣翊坤宮

皇太后前請安

二十四日

上詣翊坤宮

皇太后前請安

二十五日

上詣翊坤宮

皇太后前請安

二十六日

上詣翊坤宮

皇太后前請安

二十七日

上詣翊坤宮

皇太后前請安 辰刻

詣 養心殿

東佛堂行禮跪送

神牌

駕還養心殿

二十八日卯刻

上詣養心殿

東佛堂行禮跪接

神牌

詣 翊坤宮

皇太后前請安

駕還養心殿

二十九日

上詣翊坤宮

皇太后前請安

三十日

上詣翊坤宮

皇太后前請安

二月初一日辰刻

上詣

坤寍宮

西案前行禮畢

詣　翊坤宮
皇太后前請安
奉
皇太后幸漱芳齋侍早晚膳看戲　戲畢
駕還養心殿
初二日辰刻
上詣
坤寍宮
神杆前行禮
詣　翊坤宮
皇太后前請安
駕還養心殿
初三日
上詣翊坤宮
皇太后前請安
初四日
上詣翊坤宮
皇太后前請安
初五日
上詣翊坤宮
皇太后前請安
初六日
上詣翊坤宮
皇太后前請安
初七日
上詣翊坤宮
皇太后前請安
初八日

上詣翊坤宫
皇太后前請安
初九日
上詣翊坤宫
皇太后前請安
初十日
上詣翊坤宫
皇太后前請安
十一日
上詣翊坤宫
皇太后前請安
十二日
上詣翊坤宫
皇太后前請安

十三日
上詣翊坤宫
皇太后前請安
十四日
上詣翊坤宫
皇太后前請安
十五日
上詣翊坤宫
皇太后前請安
十六日
上詣翊坤宫
皇太后前請安
十七日
上詣翊坤宫

皇太后前請安
奉
皇太后幸漱芳齋侍早晚膳看戲戲畢
駕還養心殿
十八日
上詣翊坤宮
皇太后前請安
十九日
上詣翊坤宮
皇太后前請安
二十日
上詣翊坤宮
皇太后前請安
二十一日
上詣翊坤宮
皇太后前請安
二十二日
上詣翊坤宮
皇太后前請安
二十三日
上詣翊坤宮
皇太后前請安
二十四日
上詣翊坤宮
皇太后前請安
二十五日
上詣翊坤宮
皇太后前請安

二十六日

上詣翊坤宮

皇太后前請安

二十七日

上詣翊坤宮

皇太后前請安

二十八日

上詣翊坤宮

皇太后前請安

二十九日

上詣翊坤宮

皇太后前請安

三月初一日

上詣翊坤宮

皇太后前請安

初二日

上詣翊坤宮

皇太后前請安

初三日

上詣翊坤宮

皇太后前請安

奉

皇太后幸漱芳齋侍早晚膳看戲戲畢

駕還養心殿

初四日

上詣翊坤宮

皇太后前請安

初五日

上詣翊坤宮
皇太后前請安
初六日
上詣翊坤宮
皇太后前請安
初七日
上詣翊坤宮
皇太后前請安
初八日
上詣翊坤宮
皇太后前請安　辰刻
詣
壽皇殿行禮
詣　翊坤宮

孝欽顯皇后御容前行禮
詣　乾清宮
德宗景皇帝聖容前行禮畢
駕還養心殿
初九日
上詣翊坤宮
皇太后前請安
初十日
上詣翊坤宮
皇太后前請安　辰刻
詣　建福宮
孝貞顯皇后御容前行禮畢
駕還養心殿
十一日

上詣翊坤宮
皇太后前請安
十二日
上詣翊坤宮
皇太后前請安
十三日
上詣翊坤宮
皇太后前請安　巳刻
詣　景福門外跪接
皇太后還儀鸞殿
駕還慶雲堂
十四日
上詣儀鸞殿
皇太后前請安
十五日
上詣儀鸞殿
皇太后前請安
奉
皇太后幸純一齋侍早晚膳看戲戲畢
駕還慶雲堂
十六日
上詣儀鸞殿
皇太后前請安
十七日
上詣儀鸞殿
皇太后前請安
十八日
上詣儀鸞殿

皇太后前請安
十九日
上詣儀鸞殿
皇太后前請安
二十日
上詣儀鸞殿
皇太后前請安
二十一日
上詣儀鸞殿
皇太后前請安
二十二日
上詣儀鸞殿
皇太后前請安
二十三日卯刻
上詣
壽皇殿行禮　辰刻
皇太后率
皇上至　乾清宮東暖閣
穆宗毅皇帝聖容前行禮畢
詣　儀鸞殿
皇太后前請安
駕還慶雲堂
二十四日
上詣儀鸞殿
皇太后前請安
二十五日
上詣儀鸞殿
皇太后前請安

二十六日
上詣儀鸞殿
皇太后前請安
二十七日
上詣儀鸞殿
皇太后前請安
二十八日
上詣儀鸞殿
皇太后前請安
二十九日
上詣儀鸞殿
皇太后前請安
三十日
上詣儀鸞殿
皇太后前請安
四月初一日
上詣儀鸞殿
皇太后前請安
奉
皇太后幸純一齋侍早晚膳看戲戲畢
駕還慶雲堂
初二日
上詣儀鸞殿
皇太后前請安
初三日
上詣儀鸞殿
皇太后前請安
初四日

上詣儀鸞殿
皇太后前請安
初五日
上詣儀鸞殿
皇太后前請安
初六日
上詣儀鸞殿
皇太后前請安
初七日
上詣儀鸞殿
皇太后前請安
初八日
上詣儀鸞殿
皇太后前請安

初九日
上詣儀鸞殿
皇太后前請安
初十日
上詣儀鸞殿
皇太后前請安
十一日
上詣儀鸞殿
皇太后前請安
十二日
上詣儀鸞殿
皇太后前請安
十三日
上詣儀鸞殿

皇太后前請安

十四日

上詣儀鸞殿

皇太后前請安

十五日

上詣儀鸞殿

皇太后前請安

奉

皇太后幸純一齋侍早晚膳看戲戲畢

駕還慶雲堂

十六日

上詣儀鸞殿

皇太后前請安

十七日

上詣儀鸞殿

皇太后前請安

十八日

上詣儀鸞殿

皇太后前請安

十九日

上詣儀鸞殿

皇太后前請安

二十日

上詣儀鸞殿

皇太后前請安

二十一日

上詣儀鸞殿

皇太后前請安

二十二日
上詣儀鸞殿
皇太后前請安
二十三日
上詣儀鸞殿
皇太后前請安
二十四日
上詣儀鸞殿
皇太后前請安
二十五日
上詣儀鸞殿
皇太后前請安
二十六日
上詣儀鸞殿
皇太后前請安
二十七日
上詣儀鸞殿
皇太后前請安
二十八日
上詣儀鸞殿
皇太后前請安
二十九日
上詣儀鸞殿
皇太后前請安
五月初一日
上詣儀鸞殿
皇太后前請安
奉

皇太后幸純一齋侍早晚膳看戲戲畢
駕還慶雲堂
初二日
上詣儀鸞殿
皇太后前請安
初三日
上詣儀鸞殿
皇太后前請安
初四日
上詣儀鸞殿
皇太后前請安
奉
皇太后幸純一齋侍早晚膳看戲戲畢
駕還慶雲堂

初五日
上詣儀鸞殿
皇太后前請安
奉
皇太后幸純一齋侍早晚膳看戲戲畢
駕還慶雲堂
初六日
上詣儀鸞殿
皇太后前請安
奉
皇太后幸純一齋侍早晚膳看戲戲畢
駕還慶雲堂
初七日
上詣儀鸞殿

皇太后前請安

初八日

上詣儀鸞殿

皇太后前請安

初九日

上詣儀鸞殿

皇太后前請安

初十日

上詣儀鸞殿

皇太后前請安

十一日

上詣儀鸞殿

皇太后前請安 辰刻

詣 毓慶宫

孝静成皇后御容前行禮畢

駕還慶雲堂

十二日

上詣儀鸞殿

皇太后前請安

十三日

上詣儀鸞殿

皇太后前請安

十四日

上詣儀鸞殿

皇太后前請安

十五日

上詣儀鸞殿

皇太后前請安

奉
皇太后幸純一齋侍早晚膳看戲戲畢
駕還慶雲堂
十六日
上詣儀鸞殿
皇太后前請安
十七日
上詣儀鸞殿
皇太后前請安
十八日
上詣儀鸞殿
皇太后前請安
十九日
上詣儀鸞殿
皇太后前請安
二十日
上詣儀鸞殿
皇太后前請安
二十一日
上詣儀鸞殿
皇太后前請安
二十二日
上詣儀鸞殿
皇太后前請安
二十三日
上詣儀鸞殿
皇太后前請安
二十四日

上詣儀鸞殿
皇太后前請安
二十五日
上詣儀鸞殿
皇太后前請安
二十六日
上詣儀鸞殿
皇太后前請安
二十七日
上詣儀鸞殿
皇太后前請安
二十八日
上詣儀鸞殿
皇太后前請安
二十九日
上詣儀鸞殿
皇太后前請安
六月初一日
上詣儀鸞殿
皇太后前請安
奉
皇太后幸純一齋侍早晚膳看戲戲畢
駕還慶雲堂
初二日
上詣儀鸞殿
皇太后前請安
初三日
上詣儀鸞殿

皇太后前請安
初四日
上詣儀鸞殿
皇太后前請安
初五日
上詣儀鸞殿
皇太后前請安
初六日
上詣儀鸞殿
皇太后前請安
初七日
上詣儀鸞殿
皇太后前請安
初八日
上詣儀鸞殿
皇太后前請安
初九日
上詣儀鸞殿
皇太后前請安　卯刻
詣
壽皇殿行禮
詣　乾清宮
皇太后率
皇上
文宗顯皇帝聖容前行禮畢
駕還慶雲堂
初十日
上詣儀鸞殿

皇太后前請安

十一日

上詣儀鸞殿

皇太后前請安

十二日

上詣儀鸞殿

皇太后前請安

十三日

上詣儀鸞殿

皇太后前請安

十四日

上詣儀鸞殿

皇太后前請安

十五日

上詣儀鸞殿

皇太后前請安

奉

皇太后幸純一齋侍早晚膳看戲戲畢

駕還慶雲堂

十六日

上詣儀鸞殿

皇太后前請安

十七日

上詣儀鸞殿

皇太后前請安

十八日

上詣儀鸞殿

皇太后前請安

十九日
上詣儀鸞殿
皇太后前請安
二十日
上詣儀鸞殿
皇太后前請安
二十一日
上詣儀鸞殿
皇太后前請安
二十二日
上詣儀鸞殿
皇太后前請安
二十三日
上詣儀鸞殿
皇太后前請安
二十四日
上詣儀鸞殿
皇太后前請安
二十五日
上詣儀鸞殿
皇太后前請安
二十六日
上詣儀鸞殿
皇太后前請安
二十七日
上詣儀鸞殿
皇太后前請安
二十八日

上詣儀鸞殿
皇太后前請安　卯刻
請
壽皇殿行禮　辰刻
詣　乾清宮
皇太后幸
皇上
德宗景皇帝聖容前行禮畢
駕還慶雲堂
二十九日
上詣儀鸞殿
皇太后前請安
三十日
上詣儀鸞殿
皇太后前請安
閏六月初一日
上詣儀鸞殿
皇太后前請安
奉
皇太后幸純一齋侍早晚膳看戲戲畢
駕還慶雲堂
初二日
上詣儀鸞殿
皇太后前請安
初三日
上詣儀鸞殿
皇太后前請安
初四日

上諭儀鸞殿
皇太后前請安
初五日
上詣儀鸞殿
皇太后前請安
初六日
上詣儀鸞殿
皇太后前請安
初七日
上詣儀鸞殿
皇太后前請安
初八日
上詣儀鸞殿
皇太后前請安

初九日
上詣儀鸞殿
皇太后前請安
初十日
上詣儀鸞殿
皇太后前請安
十一日
上詣儀鸞殿
皇太后前請安
十二日
上詣儀鸞殿
皇太后前請安
十三日
上詣儀鸞殿

皇太后前請安

十四日

上詣儀鸞殿

皇太后前請安

十五日

上詣儀鸞殿

皇太后前請安

奉

皇太后幸純一齋侍早晚膳看戲戲畢

駕還慶雲堂

十六日

上詣儀鸞殿

皇太后前請安

十七日

上詣儀鸞殿

皇太后前請安

十八日

上詣儀鸞殿

皇太后前請安

十九日

上詣儀鸞殿

皇太后前請安

二十日

上詣儀鸞殿

皇太后前請安

二十一日

上詣儀鸞殿

皇太后前請安

二十二日
上詣儀鸞殿
皇太后前請安
二十三日
上詣儀鸞殿
皇太后前請安
二十四日
上詣儀鸞殿
皇太后前請安
二十五日
上詣儀鸞殿
皇太后前請安
二十六日
上詣儀鸞殿
皇太后前請安
二十七日
上詣儀鸞殿
皇太后前請安
二十八日
上詣儀鸞殿
皇太后前請安
二十九日
上詣儀鸞殿
皇太后前請安
七月初一日
上詣儀鸞殿
皇太后前請安
奉

皇太后幸純一齋侍早晚膳看戲戲畢
駕還慶雲堂
初二日
上詣儀鸞殿
皇太后前請安
初三日
上詣儀鸞殿
皇太后前請安
初四日
上詣儀鸞殿
皇太后前請安
初五日
上詣儀鸞殿
皇太后前請安

初六日
上詣儀鸞殿
皇太后前請安
初七日
上詣儀鸞殿
皇太后前請安
初八日
上詣儀鸞殿
皇太后前請安
初九日
上詣儀鸞殿
皇太后前請安　卯刻
詣　毓慶宮
孝靜成皇后御容前行禮畢

駕還慶雲堂

初十日

上詣儀鸞殿

皇太后前請安

十一日

上詣儀鸞殿

皇太后前請安

十二日

上詣儀鸞殿

皇太后前請安　卯刻

詣　建福宮

孝貞顯皇后御容前行禮畢

駕還慶雲堂

十三日

上詣儀鸞殿

皇太后前請安

十四日

上詣儀鸞殿

皇太后前請安

十五日卯刻

上詣

壽皇殿行禮

詣　儀鸞殿

皇太后前請安

奉

皇太后幸純一齋侍早晚膳看戲戲畢

駕還慶雲堂

十六日

上詣儀鸞殿
皇太后前請安
十七日
上詣儀鸞殿
皇太后前請安　卯刻
詣
壽皇殿行禮
詣　乾清宮
文宗顯皇帝聖容前行禮畢
駕還慶雲堂
十八日辰刻
上詣補桐書屋
聖人前行禮
詣　涵元殿
陞座受師傅諳達御前大臣內務府大臣禮畢
詣補桐書屋
上向師傅揖入座讀清漢書畢
詣　儀鸞殿
皇太后前請安
駕還慶雲堂
十九日
上詣儀鸞殿
皇太后前請安
二十日
上詣儀鸞殿
皇太后前請安
二十一日
上詣儀鸞殿

皇太后前請安

二十二日

上詣儀鸞殿

皇太后前請安

二十三日

上詣儀鸞殿

皇太后前請安

二十四日

上詣儀鸞殿

皇太后前請安

二十五日　卯刻

上詣

壽皇殿行禮畢

詣　儀鸞殿

皇太后前請安

駕還慶雲堂

二十六日

上詣儀鸞殿

皇太后前請安

二十七日

上詣儀鸞殿

皇太后前請安

二十八日

上詣儀鸞殿

皇太后前請安

二十九日

上詣儀鸞殿

皇太后前請安

八月初一日
上詣儀鸞殿
皇太后前請安
初二日
上詣儀鸞殿
皇太后前請安
初三日
上詣儀鸞殿
皇太后前請安
初四日
上詣儀鸞殿
皇太后前請安
奉
皇太后幸純一齋侍早晚膳看戲戲畢
駕還慶雲堂
初五日
上詣儀鸞殿
皇太后前請安
初六日
上詣儀鸞殿
皇太后前請安
初七日
上詣儀鸞殿
皇太后前請安
初八日
上詣儀鸞殿
皇太后前請安
初九日

上詣儀鸞殿
皇太后前請安
初十日
上詣儀鸞殿
皇太后前請安
十一日
上詣儀鸞殿
皇太后前請安
十二日
上詣儀鸞殿
皇太后前請安
十三日
上詣儀鸞殿
皇太后前請安

十四日
上詣儀鸞殿
皇太后前請安
奉
皇太后幸純一齋侍早晚膳看戲戲畢
駕還慶雲堂
十五日
上詣儀鸞殿
皇太后前請安
奉
皇太后幸純一齋侍早晚膳看戲戲畢
駕還慶雲堂
十六日
上詣儀鸞殿

皇太后前請安
奉
皇太后幸純一齋侍早晚膳看戲戲畢
駕還慶雲堂
十七日
上詣儀鸞殿
皇太后前請安
十八日
上詣儀鸞殿
皇太后前請安
十九日
上詣儀鸞殿
皇太后前請安
二十日
上詣儀鸞殿
皇太后前請安
二十一日
上詣儀鸞殿
皇太后前請安
二十二日
上詣儀鸞殿
皇太后前請安
二十三日　辰刻
上詣
壽皇殿行禮畢
詣　儀鸞殿
皇太后前請安
駕還慶雲堂

二十四日

上詣儀鸞殿

皇太后前請安

二十五日

上詣儀鸞殿

皇太后前請安

二十六日

上詣儀鸞殿

皇太后前請安

二十七日

上詣儀鸞殿

皇太后前請安

二十八日

上詣儀鸞殿

皇太后前請安

二十九日

上詣儀鸞殿

皇太后前請安

三十日

上詣儀鸞殿

皇太后前請安

九月初一日

上詣儀鸞殿

皇太后前請安

初二日

上詣儀鸞殿

皇太后前請安

初三日

上詣儀鸞殿
皇太后前請安
初四日
上詣儀鸞殿
皇太后前請安
初五日
上詣儀鸞殿
皇太后前請安
初六日
上詣儀鸞殿
皇太后前請安
初七日
上詣儀鸞殿
皇太后前請安

初八日
上詣儀鸞殿
皇太后前請安
初九日
上詣儀鸞殿
皇太后前請安
初十日
上詣儀鸞殿
皇太后前請安
十一日
上詣儀鸞殿
皇太后前請安
十二日
上詣儀鸞殿

皇太后前請安
十三日
上詣儀鸞殿
皇太后前請安
十四日
上詣儀鸞殿
皇太后前請安
十五日
上詣儀鸞殿
皇太后前請安
十六日
上詣儀鸞殿
皇太后前請安
十七日
上詣儀鸞殿
皇太后前請安
十八日
上詣儀鸞殿
皇太后前請安
十九日
上詣儀鸞殿
皇太后前請安
二十日
上詣儀鸞殿
皇太后前請安
二十一日
上詣儀鸞殿
皇太后前請安

二十二日
上詣儀鸞殿
皇太后前請安
二十三日
上詣儀鸞殿
皇太后前請安
二十四日
上詣儀鸞殿
皇太后前請安
二十五日
上詣儀鸞殿
皇太后前請安
二十六日
上詣儀鸞殿
皇太后前請安
二十七日
上詣儀鸞殿
皇太后前請安
二十八日
上詣儀鸞殿
皇太后前請安
二十九日
上詣儀鸞殿
皇太后前請安
三十日
上詣儀鸞殿
皇太后前請安　巳刻
詣　長春宮院内跪接

皇太后還長春宮
駕還養心殿
十月初一日
上詣長春宮
皇太后前請安　辰刻
詣
坤寍宮
皇太后率
皇上至
西案前隨同行禮畢
駕還養心殿
初二日
上詣長春宮
皇太后前請安　辰刻

詣
坤寍宮
神杆前行禮畢
駕還養心殿
初三日
上詣長春宮
皇太后前請安
初四日
上詣長春宮
皇太后前請安
初五日
上詣長春宮
皇太后前請安
初六日

上詣長春宮
皇太后前請安
初七日
上詣長春宮
皇太后前請安
初八日
上詣長春宮
皇太后前請安
初九日
上詣長春宮
皇太后前請安
初十日
上詣長春宮
皇太后前請安　辰刻

詣　翊坤宮
孝欽顯皇后御容前行禮畢
駕還養心殿
十一日
上詣長春宮
皇太后前請安
十二日
上詣長春宮
皇太后前請安
十三日
上詣長春宮
皇太后前請安
十四日
上詣長春宮

皇太后前請安

十五日

上詣長春宮

皇太后前請安

十六日

上詣長春宮

皇太后前請安

十七日

上詣長春宮

皇太后前請安

十八日

上詣長春宮

皇太后前請安

十九日

上詣長春宮

皇太后前請安

二十日

上詣長春宮

皇太后前請安

二十一日

上詣長春宮

皇太后前請安 辰刻

詣

壽皇殿行禮

詣 乾清宮

德宗景皇帝聖容前行禮畢

駕還養心殿

二十二日

上詣長春宮
皇太后前請安　辰刻
詣　翊坤宮
孝欽顯皇后御容前行禮畢
駕還養心殿
二十三日
上詣長春宮
皇太后前請安
二十四日
上詣長春宮
皇太后前請安
二十五日
上詣長春宮
皇太后前請安
二十六日
上詣長春宮
皇太后前請安
二十七日
上詣長春宮
皇太后前請安
二十八日
上詣長春宮
皇太后前請安
二十九日
上詣長春宮
皇太后前請安
十一月初一日
上詣長春宮

皇太后前請安

初二日

上詣長春宮

皇太后前請安

初三日

上詣長春宮

皇太后前請安

初四日

上詣長春宮

皇太后前請安

初五日

上詣長春宮

皇太后前請安

初六日

上詣長春宮

皇太后前請安

初七日

上詣長春宮

皇太后前請安

初八日

上詣長春宮

皇太后前請安

初九日

上詣長春宮

皇太后前請安

初十日

上詣長春宮

皇太后前請安

十一日

上詣長春宮

皇太后前請安

十二日

上詣長春宮

皇太后前請安

十三日辰刻

上詣

壽皇殿行禮畢

詣長春宮

皇太后前請安

駕還養心殿

十四日

上詣長春宮

皇太后前請安

十五日

上詣長春宮

皇太后前請安

十六日

上詣長春宮

皇太后前請安

十七日

上詣長春宮

皇太后前請安

十八日

上詣長春宮

皇太后前請安

十九日

上詣長春宮
皇太后前請安
二十日
上詣長春宮
皇太后前請安
二十一日
上詣長春宮
皇太后前請安
二十二日
上詣長春宮
皇太后前請安
二十三日
上詣長春宮
皇太后前請安

二十四日
上詣長春宮
皇太后前請安
二十五日
上詣長春宮
皇太后前請安
二十六日
上詣長春宮
皇太后前請安
二十七日
上詣長春宮
皇太后前請安
二十八日
上詣長春宮

皇太后前請安
二十九日
上詣長春宮
皇太后前請安
三十日
上詣長春宮
皇太后前請安
十二月初一日
上詣長春宮
皇太后前請安
初二日
上詣長春宮
皇太后前請安
初三日
上詣長春宮
皇太后前請安
初四日
上詣長春宮
皇太后前請安
初五日
上詣長春宮
皇太后前請安　辰刻
詣乾清宮
穆宗毅皇帝聖容前行禮畢
駕還養心殿
初六日
上詣長春宮
皇太后前請安

初七日

上詣長春宮

皇太后前請安

初八日

上詣長春宮

皇太后前請安

初九日

上詣長春宮

皇太后前請安

初十日

上詣長春宮

皇太后前請安

十一日

上詣長春宮

皇太后前請安

十二日

上詣長春宮

皇太后前請安

十三日

上詣長春宮

皇太后前請安

十四日

上詣長春宮

皇太后前請安

十五日

上詣長春宮

皇太后前請安

十六日

上詣長春宮
皇太后前請安
十七日
上詣長春宮
皇太后前請安
十八日
上詣長春宮
皇太后前請安
十九日
上詣長春宮
皇太后前請安
二十日
上詣長春宮
皇太后前請安

二十一日
上詣長春宮
皇太后前請安
二十二日
上詣長春宮
皇太后前請安
二十三日
上詣長春宮
皇太后前請安　酉刻
詣
坤寍宮
西案
北案
竈君前拈香畢

駕還養心殿
二十四日
上詣長春宮
皇太后前請安
二十五日
上詣長春宮
皇太后前請安
二十六日
上詣長春宮
皇太后前請安
二十七日
上詣長春宮
皇太后前請安
二十八日
上詣長春宮
皇太后前請安
二十九日
上詣長春宮
皇太后前請安
三十日
上詣長春宮
皇太后前請安　午刻
詣　長春宮
皇太后前行辭歲禮畢
駕還養心殿

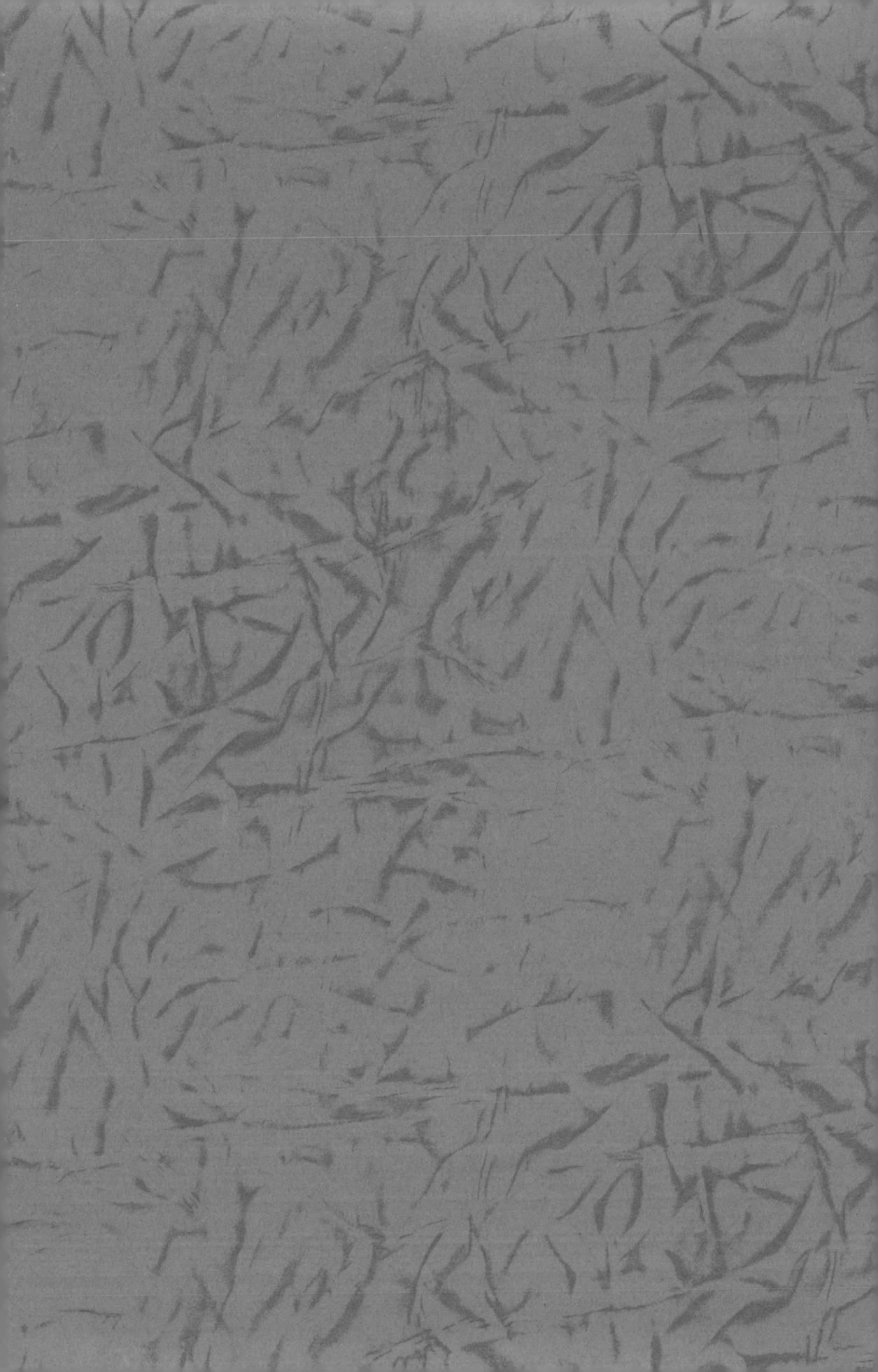